JN171064

占領下の新聞

別府からみた戦後ニッポン

白土康代

Shiratsuchi Yasuyo

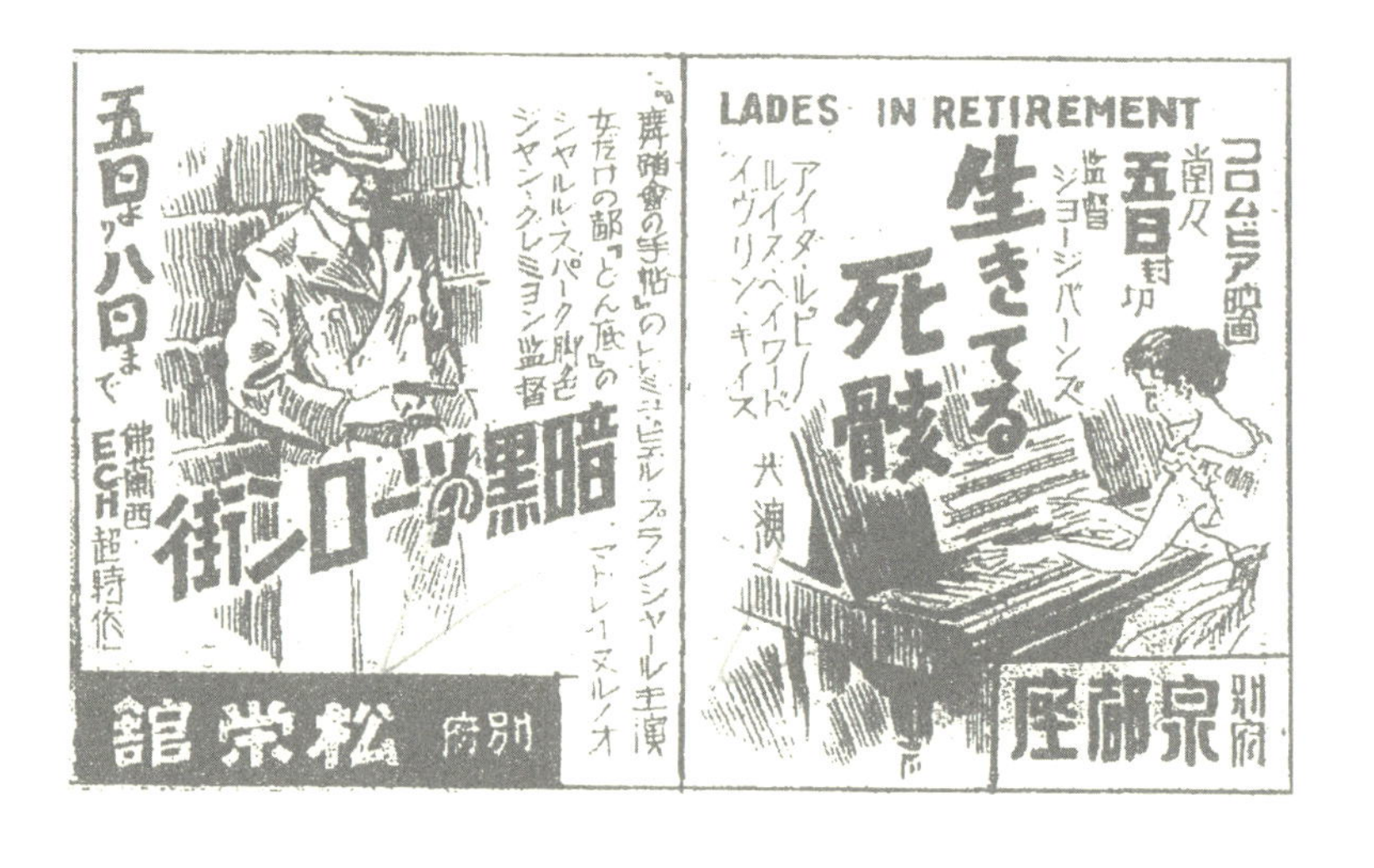

弦書房

◉目次

装丁＝毛利一枝

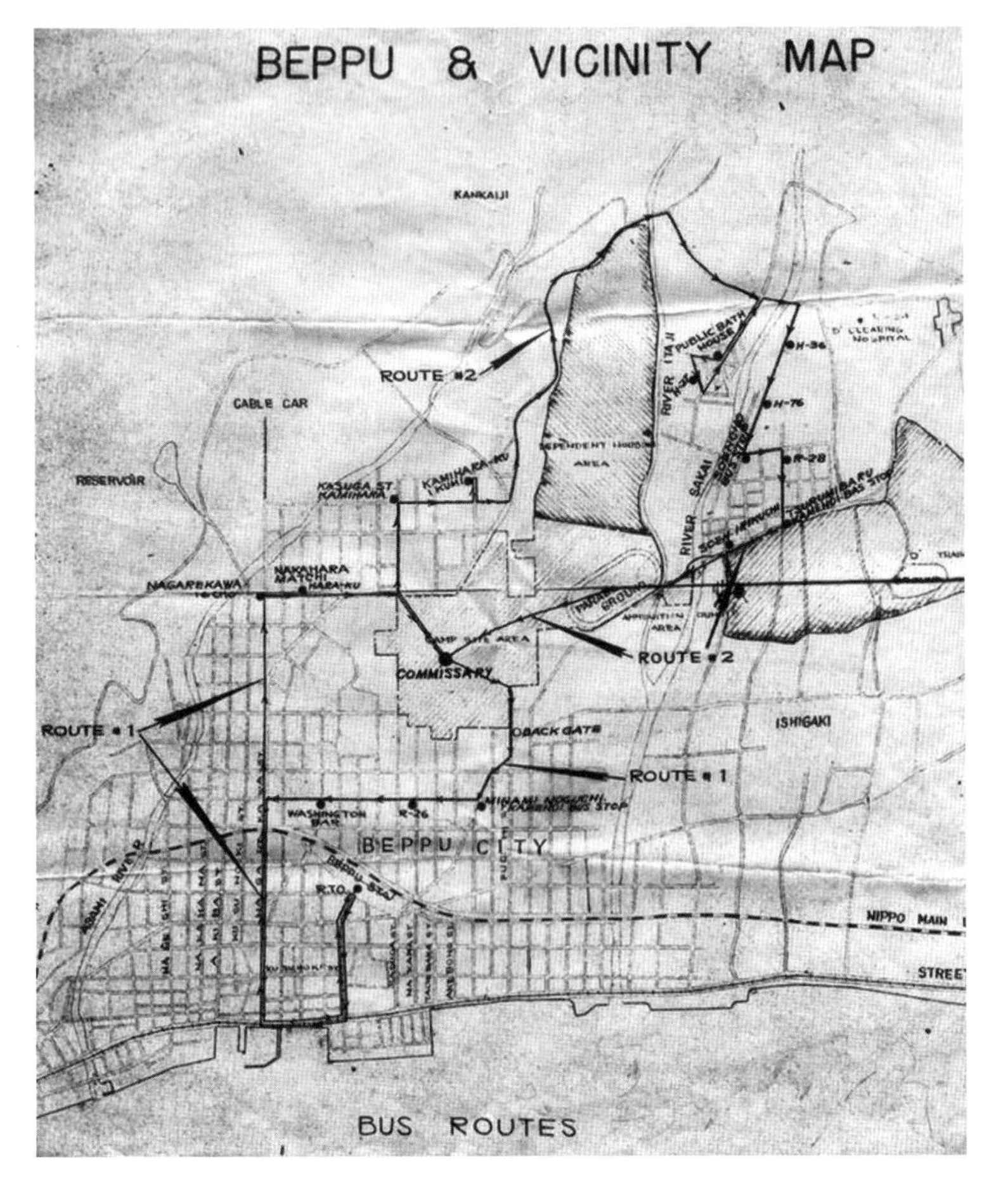

現在の別府公園を中心とした場所は昭和21年から昭和32年にかけて米軍基地として接収されていました。宿舎や下士官クラブ、武器庫、火薬庫だけでなくチャペルや学校、図書館もある「アメリカ村」でした。この地図は、187空挺部隊と交代に昭和30年7月から約2年間駐留していた第508空挺部隊が兵隊に配布した地図で、バスルートが書き込まれています。基地と繁華街、基地と将校の住宅があった荘園町をつなぐ二つの路線があったようです。兵隊とその家族のみが利用できました。基地として使用されていた土地には斜線が引かれています。

左頁はその地図に基づいて作成した昭和30年ころの様子が分かる地図です。本誌に出てくる主な場所を番号で示しています。

米軍基地

1. 別府駅　2. 海門寺公園　3. 中央市場　4. 流川通り　5. 秋葉通り　6. 富士見通り　7. 境川　8. 朝見川　9. 別府市役所　10. 永石マート　11. 松原公園　12. 料亭なるみ　13. 竹瓦温泉　14. ツルミダンスホール　15. 日名子旅館　16. 花菱旅館　17. ナンバーワンキャバレー　18. 本願寺別府別院　19. 野口小学校 20. 中央公会堂　21. 標準市場　22. 温泉神社　23. ＰＸ（酒保）　24. キャンプゲート　25. キャンプバックゲート　26. 大仏　27. 緑丘高等学校（元別府高等女学校）　28. パレードグランド　29. 石垣原演習場　30. 九州大学温泉治療学研究所

昭和 29 年の流川通り
（「週刊朝日」昭和 29 年 1 月 10 日号から）

接収した日本家屋で行儀よく（でも靴を履いたまま）並んでいる家族。裏のメモには「チャンが朝鮮でシベリアからの涼しい風を楽しんでいる間、私達は家を守っています」とあるので、昭和 25 年頃、朝鮮戦争に出兵した夫に送るために撮ったものだと思われます。

米軍基地チッカマウガにあった第 19 歩兵連隊の軍章を刻んだ石碑

はじめに

昭和二十年九月二日、敗戦によりGHQ（連合国軍総司令部）の占領下に入った日本では、あらゆるメディアの検閲が行われました。地方都市の出版物も例外ではありませんでした。本書は昭和二十一年三月十六日から昭和二十四年十月十五日の間に、大分県別府市で出された五十二種類の新聞を紹介しています。個人がだしたガリ版刷りのものもあれば、引揚者団体や米軍基地で働く労働者が出したものもあります。創刊号だけで廃刊となったのもあれば、昭和四十二年まで続いたものもあります。プランゲ文庫の詳細は後述しますが、すべて米国メリーランド大学図書館のプランゲ文庫に収蔵されています。プランゲ文庫の新聞は、同時代性に富んだメディアである新聞、とりわけ全国紙には掲載されない瑣末な事件や風俗の記事、投稿や広告などで埋まっている地域の新聞は、そこに生きて暮らす人々が何を思い、何を求め、何を考えていたかを、その息使いとともに見通すことができます。日本の未曾有の経験である占領がもたらした有無を言わせぬ「改革」とそれがもたらした混乱、希望と不安を伝える記事で埋まっています。記事のひとつひとつが占領期という劇の一幕、一場であるように感じられます。

別府は、今も昔も、温泉の湧出量、源泉数ともに日本一の温泉観光都市として知られています。戦争中は温泉医療基地として多くの傷病兵を受け入れていました。病院からあふれた患者が市内の各旅館に収容され特殊飲食街までも病室となりました。終戦直後の九月二十六日には早くも日本で最初の復員船である「高砂丸」を迎えています。そうしたことからもわかるように、戦災を受けなかった別府には復員兵、引揚者をはじめとする戦争がもたらした様々な事情を抱えた人たちがあふれかえったのです。温泉にただではいれるからという理由で、はるばる東京から一六ケ所も途中下車を繰り返しながら別府までやってきた戦災孤児もいます。さらに昭和二十一年十二月には占領軍の基地が建設され、別府は、基地労働者、引揚者や復員兵、戦災孤児、パンパンと呼ばれる女性たち（街娼）、闇商人がなだれこみ、終戦時は六万五千人だった人口はすぐに十万に達します。人口密度は市街の中心部では日本最高となり、一時は「都会地転入抑制緊急措置令」による転入制限がかけられました。昭和二十四年秋に視察に来た厚生次官が「別府は非戦災都市だが、多数の引揚者、戦災者を収容しているので准戦災都市として考慮する」といったのも頷けます。一万七千七百八十三世帯のうち六千百二十世帯が無職で、一八人に一人が被生活保護者であったという市民調査もあります。にもかかわらず酒税の納入額は県下一で、文字通りの消費都市でした。

日曜日には、近隣の村や町から何でもそろった別府の闇市にどっと人が押し寄せました。ジャズが流れ、輪タクが走り、街頭賭博が行われ、キャッチジープが定期的にパンパン狩りを行いました。人口過密が原因か、公衆衛生に敏感な進駐軍の厳しい「指導」にもかかわらず、天然痘に発疹チフス、腸チフスにコレラに赤痢も発生しました。「日本再建は保健衛生から」とばかりに、消毒隊が結成され、不潔とみなされたら通行人も強制的に消毒され、なにより自慢の温泉も公衆衛生上不潔とみなされ「ＤＤＴで温泉消毒」をするように指導を受けました。

当然、多くの犯罪が発生しました。別府の帝銀事件といわれた毒もなか事件、金槌殺人事件、別荘番姉妹殺人事件、預かり子餓死事件、白昼ピストル強盗などの物騒な事件から、デパートから足袋だけを盗っていったり、味噌入れにするために墓から骨壺を盗んだりするいじましい泥棒も現れました。当時の新聞には「ややこしい困った事件　別府なりゃこそ」「別府は冥土の一里塚」「食と金の別天地」「別府の闇景気」「大べっぷ二十四時間　泉都はいつも起きている。夜はパンパンと泥君　昼は闇市と映画と逢引」といった見出しが躍り、地元紙が言ったように「複雑怪奇な町」でした。事実、まず消費都市、犯罪都市としての姿を語る記事が多かったのも頷けます。

しかし同時に、別府が受け入れた多様な人々がたくましく戦後の生活難を乗り越えようとする姿、また終戦がもたらした解放感と自由を享受する姿を伝える記事も少なくありませんでした。

引揚者たちは団結して市場を開き、傷病兵のための授産施設が建てられました。文化的な活動も繰り広げられています。たとえば元華北交通の幹部社員が指導する「自励運動」が起きます。夜間学校も開かれます。高浜虚子を迎えてホトトギス六百号記念俳句大会が開かれます。また草野新平、高見順、萩須高徳、中野重治らが結成した「火の会」一行が講演を行っています。滝廉太郎音楽祭のために来別した土井晩翠を囲んで座談会も開かれました。オペラ歌手の藤原良江、佐藤美子が歌声を、近代バレーの創始者石井莫が舞を披露し別府の人々を魅了しています。呉清源が訪れ本因坊戦が行われ、別府棋院は日本棋院九州本部へと格上げされました。別府市流川通りにあった出版社ゴー・ストップ社は大仏次郎、林房雄、大下宇陀児らの原稿を集め、総合文芸雑誌『ゴー・ストップ』を発行しています。スポーツも盛んになり、昭和二十四年には進駐軍基地建設で活躍した別府星野組野球部が、都市対抗野球で全国制覇をなしとげ黒獅子旗を別府に持ち帰ります。

占領期の別府はある意味で特殊だと言えます。同時にたとえば別府の戦後について「米軍基地が政治を変え、経済を支えた」という指摘もあります。それは、米軍基地の存在によって経済的にうるおい「繁栄」したという意味において、米国との緊密な関係によって経済発展を遂げた戦後の日本の姿にも通底します。

歴史上日本にとってはじめての占領体験は昭和二十年九月二日から昭和二十七年四月二十八日まで約七年間続きました。そのことが過ぎ去った歴史上の特殊で奇妙な時間に過ぎないのか、その後の歩みにさまざまな影響を与えた体験だったのか、占領期の別府という混沌とした時空間を、そこで出版された新聞を通して振り返ってみたいと思います。社主が元博徒である新聞、個人が出したガリ版刷りのもの、日本全体を視野に入れたもの、町内会長の選挙の詳細を伝えるもの、映画やダンスの専門紙、引揚者団体の出した新聞まで、実に多彩です。戦後初の総選挙が行われた時、別府の乱戦ぶりは「日本の縮図」と言われ、得票数の詳細な分析が行われました。縮図を見つめることで、そこに根を張る普遍的な課題が浮かび上がっても来ます。

当時の別府を歌った以下の詩にあるような「香り高い妖気」「陰惨な腐臭」を放った地域社会の日常生活に分け入ることは、戦後七〇年を迎えさまざまな課題に直面している私達に、多くのことを教えてくれると考えます。

別府

夢町暎二

軽快なジープが街を流れ
引揚者の青空市場が立ち並ぶ
　歪められた　観光の町

日常生活が異例に悩む故に
奇妙な栄養失調症を示す
悲しい別府の町だった

ネオンサインののたうつ中を
　米兵が悠然と歩み去る
「四十八星新聞(フォーティエイトスターズ)」には

此の町の表情を何と記してある事か

ともあれ
香り高い妖気を放ち
或る時は凄惨な腐臭を放つ
ミナト・ベップに
—私は
純粋な愛情を抱くのだ

（『夢』昭和二十三年三月　別府市羽衣町　DREAM編集部発行）

※　作者夢町暎二は、兄弟と思われる夢町宵二とともに広東より別府へ引揚げて来たということ以外は、本名、履歴などは不明。三節目は占領軍兵士の存在に触れたという理由で検閲チェックが入れられていました。

プランゲ文庫について

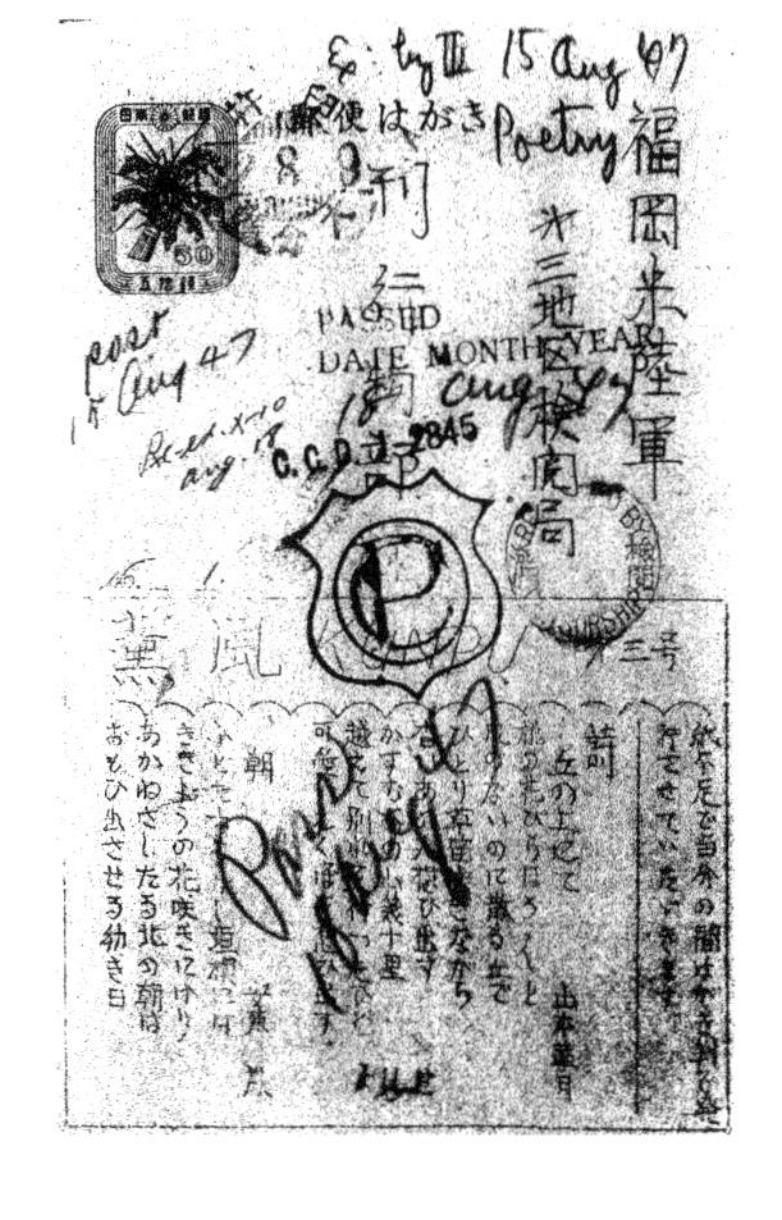

昭和二十年九月二日、ミズーリー号艦上で重光葵外相が降伏文書に調印して以後、日本はアメリカを中心とする連合軍の統治下に入りました。それは、サンフランシスコ講和条約が発効する昭和二十七年四月二十八日まで、六年八カ月の間続きます。日本の未曽有の占領体験です。この間、昭和二十年の秋から昭和二十四年十一月にかけて、日本のあらゆる出版物はＧＨＱ（連合国軍総司令部）により、徹底的な検閲を受けました。新聞、雑誌、図書といった出版物から、放送、映画、演劇、郵便、電話といったあらゆる種類のメディアが対象となりました。それは例えば地方の町の中学生が出した雑誌にも及んでいます。大分県臼杵市の中学生が仲間と出した『薫風』は、紙不足により、第三号は葉書（左上）を「雑誌」として発行していますが、仲間うちだけで読まれるそのわずか一〇部発行の『薫風』にも検閲済みを示すスタンプが押されています。

大分県の場合は、福岡にある第三地区検閲局にゲラ刷りを二部提出することが義務付けられました。そのうち一部がＣＣＤ（民間検閲局）に保管され、もう一部が検閲の後に返却されました。

検閲局は何度か移転しており、確認できた住所は「福岡市橋口町松屋ビル」「福岡市奥ノ堂町元第百生命ビル」の二ケ所です。宛先の表記の仕方は時期によって異なり、「米陸軍第三地区民間検閲局刊行物部御中　極東軍最高司令部民間情報部民間検閲所第三地区検閲局　エリック・M・ヴォンハースト殿」あるいは「福岡市第三地区検閲局米軍郵第九二九号　検閲官歩兵大尉ジョージ・ソロブスコイ殿」などまちまちです。大分軍政部に直接持参する場合もありました（注1）また、なんらかの問題があると思われた出版物は福岡ではなく特に「東京都連合軍最高司令部（米郵五〇〇号）民間情報教育部出版物部雑誌係　マリヤン・ミッチェル大尉殿」宛てに再提出するように求められることもありました。

昭和二十二年十月十五日より一部の極左極右の出版物を除いて事後検閲になります。検閲は昭和二十四年秋に終了しますが、CCDには日本中から集められた膨大な量の紙の山が残されました。この紙の山こそ、のちに「プランゲ文庫」と呼ばれるものですが、当時は単に占領軍資料と呼ばれていました。この資料のなかには検閲のために日本中から集められた出版物と、そのゲラ刷りのみでなく、出版届や、英文とその翻訳文からなる検閲文書なども含まれています。これら占領軍資料の処分が問題となった時、勤務校であったメリーランド大学へと持ち帰ることを希望したのが、歴史学者のプランゲ博士（一九一〇〜一九八〇）です。当時、博士は大学に在籍のままGHQ参謀Ⅱ部戦史室に勤務していました。歴史家としての慧眼が、これらの資料の歴史的価値の重要性を見抜いたのです。プランゲ博士は『トラ・トラ・トラ　真珠湾奇襲秘話』の著者としても知られています。

プランゲ博士（1910 ～ 1980）

持ち帰るにあたっては、さまざまな課題もありましたが、博士の粘り強い努力により、一九五〇年から一九五二年にかけて、五百余もの木箱に入れられ船積みされ、海を渡り、米国メリーランド大学に送られました。

人手と資金の不足からそのままメリーランド大学マッケルディン図書館の地下に置かれていましたが、少しずつ整理が行われ、二八年後の一九七八年にメリーランド大学理事会から、博士の名に因んで「ゴードン・W・プランゲ文庫」と命名されました。新聞一万八〇四七タイトル。雑誌一万四七九九タイトル。その他図書、パンフレット、放送写真、地図などが含まれています。

目録作業は一九六〇年代から行われていましたが、日米が協力し、本格的なカタログ化、マイクロ化が始まったのは一九九二年です。その後、デジタル化、データベース作成などの取り組みが進み、資料利用の利便性は飛躍的に高まりました。

昭和二十三年にできたばかりの納本制度が十分に機能していなかったこともあって、プランゲ文庫収蔵のほとんどの出版物は、国立国会図書館に収められていません。本書で紹介した地域紙はもちろん、職場で出された文芸誌や高校生が仲間と出した文集、青年団のガリ版刷りのミニコミ誌などは、プランゲ文庫がなければ、その存在さえ知られることなく、時間とともに消えてしまうはずのものです。しかし日米の忍耐強く持続的な協力によるプランゲ文庫の整理保存とアクセスの努力が実り、そうした出版物をマイクロフィルムからの複写で読むことができます。さらに二〇世紀メディア情報データベースを利用すれば、タイトル、著者、出版地、出版年月日といった基本的な書誌情報に加えて、小見出し、ゲラ・原稿の有無、改題継続の有無、検閲情報などを調べることもできます。日米という距離と、七〇年という時間を超え、不鮮明な活字の向こうに、あらゆる階層、あらゆる分野の日本人、特に地方の名もなき人々が語る占領体験が姿を現してくれます。

注　大分工業文化部（※現・県立大分工業高等学校）の生徒たちが出した『黎明』（昭和二十二年十二月発行）の編集者の田邉義信氏談。

Ⅰ　占領下の新聞は語る

凡例

一、収録した新聞およびその紹介文は、五つのテーマに分類して、それぞれ発刊年順とした。

一、本書は国立国会図書館に収蔵されているプランゲ文庫のマイクロ資料を複写したものに基づいている。原本は米国メリーランド大学図書館のゴードン・W・プランゲ文庫に収蔵されている。

一、新聞の発行年月日や出版者、欠号などの書誌情報は国立国会図書館の基本情報、ならびに各新聞に記載されている情報にもとづいている。出版届のあるものはそれも参照した。たとえば、一号からプランゲ文庫に収蔵されている別府女専新聞の場合などは、一号は欠号としては記していない。日本国内では実物を確認することはできないので、新聞の正確なサイズ（タテとヨコの長さ）については表記していない。

一、本文中、◆は記事を要約したものであることを示す。

一、本文中の（注）は、筆者の注記を示す。

一、本文中（※）は筆者による注釈である。

一、本文中の「　」は新聞記事の一部、あるいは要約したものを引用している。

一、（　）で囲った部分は原文にある注釈である。

一、引用文中、旧字体は原則的に新字体に直して表記した。

一、引用文中、旧仮名遣いは新仮名遣いに直して表記した。

引揚・住宅難・闇市

温泉保養都市である別府はもともと亡命者や逃亡者など、隠れ住むことを余儀なくされた人々の「アジール」という面をもっていました。加えて戦後は戦災を受けなかったということもあり、多くの引揚者、戦災者が別府に押し寄せました。住宅難となり、鶏舎や牛舎、お寺の軒下などにも人が住みつきました。道路が狭く、家屋がすき間なく立ち並ぶ街の中心部は、日本最高の人口過密となりました。そのことは昭和二十四年に視察のため来別した厚生次官の「別府は非戦災都市であるが、准戦災都市として考慮する」という発言にも表れています。実際、どの紙面にも生活難、とりわけ住宅難にあえぐ引揚者の姿が見えます。同時に、引揚者団体である協生会の機関紙・協生新聞などを読むと、強い決意で再出発を図る姿が感じられます。標準市場、中央市場、永石マートなど、一階が店舗、二階が住居となっている市場が次々に立てられました。ほとんどが間口、奥行きともにわずか一間半の建物ですが、引揚者が住居と職場を同時に確保できたのです。現在、市内には別府海外引揚同胞自治会が登記したままの市場跡が廃屋となって残されていますが、そうした市場の建設時の苦労をうかがい知ることができる記事も掲載されています。

この章では引揚者、戦災者を迎えた別府の街の様子が分かる記事を多く掲載していた新聞を紹介しています。

西日本医界

引揚医師の苦労

十八号（昭和二十一年三月十六日）〜一七三号（昭和二十四年十月一日）
発行所　西日本医界社　別府市大字南石垣八五三
振替　福岡二一六四〇
編集兼発行人　佐藤　勇
定価　一部　五〇銭（送料五銭）購読料　一ヶ月二円　三ヶ月六円　半年一二円（以上郵税共）
毎週一回　土曜日発行　第三種郵便物認可

「西日本医界」は終戦直後の昭和二十年十一月十八日から、実に昭和四十二年二月十一日まで続いた医療関係の新聞です。全国的にみても貴重なものだと思われ、プランゲ文庫収蔵のものとは別に、国立国会図書館によって、四百十七号から最終号である九百二十号までがマイクロ資料として複製されています。全体を把握できないので明言できませんが、終戦直後に問題となった医師過剰への対処が創刊のきっかけの一つだったようです。外地へ派遣するため戦時中に「粗製乱造され、免許はあるが下手をすると合法的殺人を犯さぬとも限らぬ医師」が引揚げてきて医師過剰となっていました。さらにGHQによる種々の医療制度の変更などにも対処しなければなりません。「いかなる医療制度になろうとも診療技術を有し、病人がいる限り、医者は先ず食い外すことはないという安易な考えは捨てねばならない」などという記事を読むとお医者さんも大変だったことが分かります。

別府は日露戦争後から傷病兵の転地療養地となっていましたが、戦争中も医療基地として、戦地から船で運ばれて来る多くの傷病兵を受け入れていました。それでも終戦直後は医師が過剰だったらしく「いつも大分県を引き合いに出して気の毒だが、生産県である大分は食糧事

昭和二十年十二月十五日第三種郵便物認可

昭和二十一年六月十五日　第三十一號　西日本醫界　第三種郵便物認可

醫藥品配給樂觀は禁物
再び枯渇の時到來せん
現在の出廻りはストック品

醫藥品の配給は依然十分ではないが昨年あたりに比すると大分よくなつた。返還物資としての醫藥品配給は、ものに依つては多過ぎる位診療所の藥室を豊かにした。そこで一部からは、もう藥は澤山だ、から押し付けられては却つて迷惑だ殊に近頃の配給は抱き合せの形で、不要の品があり、困る、といふ聲が出て來た成程この樣な傾向がないではなく、返還醫藥品にしても無闇に大量の品目があり其の代價も莫大な額に上り一擧にさう多量の藥は受け入れ切れぬといふ醫師會の言ひ分も一應尤もである。

然し統制醫藥品にせよ返還醫藥品にせよ、配給面に現在出廻つてゐるのは概ね從來のストック品で、そのすべてが新に生産されたものでないことは云ふ迄もなく、生産部面の活動が近き將來醫藥品を潤澤ならしめ配給統制を廢して自由販賣に戻すことが出來るかどうかといふことは、燃料石炭の不足、資材原料の不足といふ點に鑑みれば、否と答へざるを得ないであらう。

偶々條件に惠まれて多量に生産される醫藥品があつたとしても、それが見返り物資として海の外に出て行き、國内に殘されるのは統制配給に依らざれば醫師の手に届かざるほどの限られた一定量になるといふことも十分に考慮して置かなければならない。

斯くて現在診療所の藥室が賑はつてゐるにしても、これは一時的の現象で、自由販賣にしても差支へないほどの醫藥品が出廻るといふやうな事は、當分は望み薄だと觀るのが關係筋の一致した見透しである。

臨床醫家としてはストック品の出廻つてゐる今日、備用の置ける品ならば之を確保して置くといふ措置をとるに如くはないであらう。

滑稽なる不滿

醫藥品配給に對して色々不滿不平の聲があるといふことが大分駐在占領軍當局の耳に入つたと見ゑ、ワイズ大尉は十七日大分縣配給委員會を開催せしめて之に臨み、對決的處理をなして配給の明朗化を期せしめんとしたが、當日はワイズ大尉の質問に對しても、配給面の何處が不可ないといふやうな具体的意見を陳べる者もなく、結局「まことに滑稽だ」といふ感想を同大尉に洩らさしむるに終つたが、これは日本人の通弊たる蔭での不平不滿が、開き直つて反問さるれば格別の内容を持たず、何處までも主張するといふていのものでないのが、占領軍當局に依つて眞面目に取り上げられ、遺憾乍ら面皮を剝がれたといふ恰好である。日本人としては反省を要する問題である。

空壜回收
容器が無くて配給が出來ぬ

食糧飢饉、石炭不足、資材不足。不足のお鉢廻りで醫藥品の容器も愈々底を突き、配給に差支へるといふ世智辛さとなつた。そこで藥統、地配が主体となり關係當局や醫藥兩界の協力をもとめ空壜を回收することになつたが、醫師の所有する空壜は醫療向配給所が回收に當ることにならう。容器の回收はどの面でもやつてゐることで、醫師などは輕く聞き流し勝ちの事柄であるが、事態は相當に深刻で配給を受けるに必要なだけの空壜を提供しないと配給を貰へなくなるかも知れぬといふ程に切迫してゐるやうである。回收實施は準備その他の都合で各都道府縣一齊ではなく順次に行ふことになつてゐるが、回收は有償で大体一ポンド入壜が一圓位にならうとの話である。實施に當つては醫師の協力が要望されてゐる。

大分のペニシリン使用禁止

日本製ペニシリンが自由市販されてから、それを用ひまた大分縣のペニシリン使用は十七日禁止された。

社説
目標を明確に

國民醫療法の根本改革、醫師會に對する新性格の附與は最早必至の事案に屬する。然し法規に依つて醫師會が更に新になつても、それは新醫師會の型が決められたといふのみで、それを生きたものにするのは醫師會自らの責任でなければならぬ。これは現在に於ても然りであつて、國民醫療法の根本改正を俟つといふ事とは別に、醫師會がその時に應じて生きた存在たり得る餘地の存することを吾人は確信する。

一体從來の醫師會は如何なる地方の醫師會でも大体似たり寄つたりの仕事をしてゐる。地方の實情に即して特に重點的に何事かに熱を入れてゐるといふ醫師會は稀である。

日本醫師會の指令に依つて通り一ぺんのことをやる從つて會員もあまり熱を上げぬといふのでは、お役所然たる醫師會の存在は認めることが出來ても、一般民衆に對し醫師會が如何なる存在であり、今何をなしつつあり、何を爲さんとしてゐるかの認識を與へる力を持ち得ないのではないか。

無血民主革命を經驗し推進しつゝある民衆から、醫師が特權階級視さるゝの惧を防ぎ、民衆と共にある醫師であらんが爲には、醫師各個の態度、心構の切替が必要なのは云ふ迄もないが他面醫師團体たる醫師會が明確な目標をもち、團体行動に於て民衆の中に飛び込み、緊密に之に接觸し、民衆から親近感を以て迎へられるといふことが必要である。

その方途としては、醫師會が型を破り、特色を持つといふことが重要であり捷徑である。例へば民衆の衛生思想向上、或は社會保險の面からの被保險者教育、又は徹底的な寄生虫驅除とか徹底的な學童衛生とか、お座なりを排して最重要事に重點的に力を注げば、業績にも見るべきものがあらうし、醫師會も見直されるやうになるであらう。何事を選んで重點的に活動すべきは地方の實情に依るが、とに角特色を持つといふことが必要だと信ずる。

医者の業界紙です。発刊後直ちに第３種郵便物の認可を受けています。

情に恵まれているので医者がとにかく増えるわ、増える、急ピッチで増えている」と嘆いています。

「医師制度協議会設立」「ペニシリンの使用申請について」「国民厚生組合法立案について」「医家出身衆議院議員立候補者一覧」「欧米並みに役所の衛生課長は医師がなるべきだ」などの記事のなかに、別府に関する記事がいくつかありました。

◆別府市衛生課長の罷免要求　屎尿汲取不誠意怠慢を憤り別府蓮田校区衛生組合連合会は総会決議で市衛生課長と市連合会主事佐々木某の罷免を要求、火の手は全市に波及せんとしている。

◆出動手当金問題　別府支部の怪談　県医別府支部では看護婦の出動手当金二千円の寄付を受けたということが岡嶋副支部長の言により明らかとなったが、医師会員の手当金は分配し看護婦の分を寄付として医師会が貰うというのは手当金分配の趣旨に反し、不見識極まる。医防支隊では看護婦会長の日高ミネ氏に経緯を質したところ二千円を寄付した事はないと明答。支隊ではこの怪談の正体をさらに聞くことになった。

注　大分・別府両市の医師は、飽和状態でしたが県下には無医村がいくつもありました。

ペニシリン交付申請書

1.交付申請年月日　昭和　年　月　日
2.申請醫師　住所
　氏名　印
3.患者　住所
　氏名　年齢
4.交付申請事由
5.使用せんとする年月日
以上及申請候也
大分縣衛生課長殿

ペニシリン $\frac{\text{NO.}}{\text{NO.}}$ ——の交付を認可す
…………
交付年月日

大分、別府市を除く他市郡部の開業医はペニシリン交付申請書を県衛生課に提出を義務づけられました。

協生新聞

引揚者が協力して生きる

一号（昭和二十一年七月三十日）～四号（昭和二十一年一月一日）　欠＝二号
発行所　別府市役所内大分県海外引揚者団体連盟
編集局　佐伯市是谷五班
編集発行人　香川友見

広辞苑などにも掲載されていない「協生」という名をタイトルにもつこの新聞には、大分県下の海外よりの約七万人（※一号では七万人、二号では十三万人）の引揚者が「互いに協力しあって生きる」ために出されたものです。県下の各地域に海外引揚者協生会や内外戦災者同盟などの引揚者の団体があり、別府市役所内にその全体をまとめる大分県海外引揚者団体連盟の窓口が置かれていました。責任者は佐藤徳重氏です。県下の連盟加入団体は八三に及んでいます。

「戦争が終われば、住む家や職場の待っている復員兵や、一般の戦災者には政府が夫々の援護機関を設けたが、引揚者にはそれがない。ただちに海外引揚省を設けるように」と主張しています。「外地に骨を埋める覚悟の者が大部分の引揚者」は「日本上陸第一歩から難民となり、心なき役人達や隣人などからも厄介者扱い」されること、「築いてきた財産は連合国への賠償金の一部となること」などを嘆いています。もちろん嘆くばかりではなく「常態ではない世相に負けてはならない、引揚者はまず団結し、相互の面目を尊重することだ、徒に哀感に捉はれて身をあやまってはならない、強く生きよう、兄弟よ共に起上ろう」と再出発の決意をのべています。

協生

發行所 縣海外引揚者團体聯盟
編輯所 佐伯市役所各班
編輯兼發行人 香川友見

引揚團体は一本建
國庫補助で家財配給

細田知事談

現在縣下に於ける海外よりの引揚者は約七萬人で、或者は生活に疲れて前途の光明を失ひ或者は漁夫の利を求めて巷に彷徨ひ、或者は困窮の中より雄々しく起上る等悲喜交々將に戰後に於ける我國の縮圖を見る如き感が致すのであります。縣と致しましてはつとに縣民の相互扶助の精神を喚起して援護思想の普及につとめると共に、衣糧の配給に、就職に、企業、開拓に、特殊物件の拂下げに、又子弟の轉入學等についてそれ〲の措置を講じ更に近く國庫の補助を得て相當の家財を配給する手配を進めるなど、その生活の安定に意を用ひてをりますが、何分食糧問題その他の社會問題、經濟問題と深く關聯し根本的解決なくしては眞の引揚者の更生はあり得ないので、この點全縣民一体となつて窮乏に堪へ再建の道を開く覺悟と努力が必要であらうと思ふのであります。同一の環境と條件の下にあるものが相寄り相扶けて、共同の目的解決のため團体をつくることは人情の自然でありまして本縣ではかゝる意味での引揚者の互助團体に對して

一、[illegible]況下では引揚者更生のためかゝる團体が必要であること
二、[illegible]その性質上あくまで自主的なものであること
三、縣下を一丸とする統一あるものであること從つて一團体であることが望ましい
四、單なる援護に止らず事業開拓がある條件下になされ引揚者の更生に有効適切であること

の根本觀念を以て臨んで參りました。幸ひに各位の御盡力によりまして、引揚者の團体は比較的健全なる發達をとげ、最近は懸案とされてゐた融資の方面にも曙光を得て、その活動がいよ〱具体化せんとしてゐることは誠に慶賀の至りであります。省みまするに聯盟も結成以來日尚ほ淺く、その組織運營等の整備は未だ必ずしも十分とは云ひ得ず、あるひは世人の誤解もあり、あるひは部内一部に不平の聲を聞くなど遺憾な點なきにしも非ずでありますが、これまで成長し、なしとげて來た業績は聯盟役職員の異常な熱意と努力の賜物であり、その背後にある縣下すべての引揚者の支援によつて始めて可能となつたものであります、さればまだ包含されてゐない各種團体に於ても、この際小異をすて大同につく[illegible]相互[illegible]の上、採るべきは採り捨つべきは捨てて縣下[illegible]の引揚者のための團体であるとの自覺の下に、名實共にうつて一丸となつた團体の生れ出んことを引揚者と地元民との關係に於て切望するものであります、次に一言附言致したいのは事業開始についてであります、これはかゝる團体としては全く新しい試みであり、これが成否は團体の將來を決する鍵でもありますが、それだけに現在の經濟組織の下に事業主体としての性格を如何にするか、又本來公益團体たる聯盟と營利性をおびた事業を如何に結びつけるかなど種々問題を藏してをり、この間に誤解疑惑を介入させて相互の分裂を招くごときことなきやう希望致す次第であります

○朝鮮から引揚げた方へ
もと朝鮮忠清南道論山邑米町から昨年末引揚げてこられた宇佐郡の[illegible]さんの家族および元朝鮮慶尚南道晋州府から引揚げてこられた竹田町の[illegible]さんは當縣へ現住所を知らせて下さい。又この二家族の現住所を御存じの方があつたら當縣へお知らせ下さい
大分縣社會課

共同提案議會通過
佐藤縣聯會長の上京報告

今回西日本十六縣代表とともに上京した主要務は、かねて六月六日に別府で郷土出身の議[illegible]原一流、村上勇、八坂善一郎、原尻東、平野八郎諸代議士と懇談済みの一、政府要請事項の徹底實現二、帝國議會開會中全國民の輿論を起し議會を通じて海外引揚促進、引揚者救護、この爲の各派共同提案決議案提出三、政府實行の促進四、▼司令部への了解等の即時徹底方運動のためであつた、六月廿三日別府發、福岡縣代表丸山氏始め德島、香川鳥取各縣代表等一行五名と合し廿四日東京着、廿五日午前十時から前朝鮮總督府事務所内の朝鮮關係保護處理所に集合、御手洗衛藤金光氏等と共[illegible]の狀況及び對策について懇談した、廿六日午前八時半高島屋七階で池田理事長と會ひ、十一時から朝鮮事務所で西日本選出代議士團と會見し、十二時半から自由黨の稲田直道代議士(鳥取)始め上林山(鹿兒島)小林、本田、村上(大分)諸氏及び武田キヨ(廣島)他五氏、進歩黨古賀喜太郎(福岡)八坂善一郎(大分)他七氏、社會黨田村定一(山口)宮村又八(熊本)杉本勝次(福岡)吉川兼光他三氏、無所属山下恒子(熊本)他二氏及び本縣出身の金光、松原兩氏と懇談打合せを行つた結果、各黨各派を超越して共同提案の用意あること、決議文作成等が成立した、廿七日外務省に塩月參與官を訪問、十一時議會見學、十二時から河合厚生大臣を訪ひ政府の促進方要望の意見を述べたが終始熱意ある應答振りであつた、廿八日は引續き議會を傍聽、外務省では財團法人外地引揚者援護會松田氏や外地引揚中央聯合會の方々とも連絡した。廿九日午前中大藏省を訪ひ大臣に陳情した、議會では午後一時卅分本會議を開き、各派共同提案になる外地在留同胞引揚促進並びに外地引揚者、復員者救濟に關する決議案を上程、自由黨の稲田直道氏(鳥取)各派を代表して趣旨辯明にたち、これに對し進歩黨大久保傳藏(山形)社會黨米山久子(石川)協同黨船田淳二(栃木)無所属近藤鶴代(岡山)新光倶樂部安藤はつ(長崎)日本民主黨田中たつ(鳥取)共産黨柄澤とし子(北海道)の諸氏から賛成演説があつて、吉田首相ならびに幣原國務相これに答へ滿場一致可決した、卅日を休んで七月一日から三日まで厚生省外務省を訪ひかたはら議會を見學し、四日には高島屋七階で再び衛藤、御手洗氏等とお會ひして午後八時東京發歸郷した。要するに政府當局は熱はあるが徹底しない、だが戰災者と引揚者の判別をつけて貰つた丈でも有意義であつた。地方の各團体は此際一致團結して救濟促進に邁進されたい、今次議會に提出の生活保護法案施行に伴ひ豫算三十億圓が計上され、引揚者中特に困窮せるものに對し一世帶五百圓程度の家財道具の無償配給が近く實施されることになつたのは朗報である

祝發刊

縣團体聯盟會長 別府協生會長 佐藤德重
大分市協生會長 岩本運平
中津協生會長 白石明治
佐伯協生會長 兒玉秀雄
日田協生會長 中川利吉
高田協生會長 賀來豊司
臼崎協生會長 織田太藏
東國東郡協生會長 栗本正隆
國東協生會長 清水新七

伊美協生會長 [illegible]海正治
武藏協生會長 長野與吉
眞玉協生會長 祐成善市
田野協生會長 末綱哲太郎
杵築協生會長 中野勝
由布院協生會長 杉村逸樓
日出協生會長 松田定久
豐岡協生會長 河越順市
立石協生會長 宇留島喜六
山香協生會長 長野恒一
大神協生會長 小石積

川崎協生會長 工藤敏雄
鶴崎協生會長 齊藤善三郎
庄内協生會長 小川誠一
鈎田協生會長 丸山直
津久見協生會長 巖義圓
臼杵協生會長 成松緣
坂ノ市協生會長 鹽澤實藏
大在協生會長 小川勝平
佐賀關協生會長 太田富士太郎
南津留協生會長 渡邊一忠
下ノ江協生會長 伊藤靜江

協生のタイトルをもつ全国的にも珍しい新聞です。

別府市老松町鶴水園内にあった明星美容専門女塾はソウルからの引揚者である貝沼梅子氏が塾長となり、引揚者、遺家族、戦災者を中心とした生徒を募集し、結髪、着付、美容術など通常の講義のほか権藤種男画伯、長田シゲ氏（注）、依田弁護士の特別講義などを行い、引揚者を励ましています。

連盟の信条として「一、我等は裸一貫なり　互に力を合せ強く立上らん　二、困苦は勇気の源泉なり　等々」とある一方で、援護議員連盟の信条には「引揚者はひがまず、内地の人はひがませず」とありました。両者の立場や考え方の微妙なちがいが感じられます。

別府協生会会長は尾無安右衛門という方です。その名前からうかがえるように、古武士のような方だったらしく、「硬軟両派に巧味のある心遣いで」別府協生会をまとめていました。

五号からは「産業文化新聞」と改題し、佐伯市の産業文化新聞社に引き継がれました。

注　長田シゲ　戦災孤児のための施設「光の園白菊寮」園長。別府愛国女塾塾長。

大分時報

六ヶ月で米軍基地建設

一号（昭和二十一年九月一日）〜二号（昭和二十一年九月八日）
発行人　香椎直　別府市亀川駅前
印刷人　清水實　熊本市京町
週刊　定価一ヵ月三円　一年三六円

大分時報が創刊された昭和二十一年九月は、まだ地方自治法が公布されていません。「祝新聞創刊」の欄に、別府市長末松偕一郎氏の名前がみられますが官選最後の市長で、任期終了一か月前です。この時期、別府は、現在の別府公園を中心とする場所にあった進駐軍基地建設の真最中です。クリスマスまでに完成させなくてはならないという絶対命令を果たすために、建設の中心的な役割を果たした梅林組の梅林時雄氏が「英知と熱情を傾注渉外工事は技術の国際的発揮土建人よ真の憂国の至情に燃えよ」と県内の土木建築関連の会社に発破をかけています。

なにしろ基地建設は「ポツダム宣言の履行に伴う最も重要なる役割を有している」からです。資材も機械類も不足だらけの敗戦国日本が、原野だった土地を整地し、わずか六か月で基地建設をやり遂げたのですから、大きな苦労があったと思います。彼が言っているように、何より労務に携わる人々の「熱情」が頼りだったはずですが、「土建就労への福音」という記事には、その促進策が述べられています。

たとえば健康管理のために建設本部に無料の「簡易医局」を設置し、鉄輪には「大分県土木慰安保養所」を設

發行所　大分時報社
定價1ケ月3円 1部30錢

放出物資で一ケ月分食ひ繋ぎ
甘藷早食穗肥も順調
この分なら豐作二合八勺は出來る

知事と記者問答

饑死か生か食つて行けるのか食へないのか、食生活の確保生きて行けるだけは縣民は安堵してゐる。何とかして生きて行く對策を細田知事に聞く

【問】縣下稻作の狀況及び新米供出までの食糧對策如何

【答】豐作型だ。それに甘藷してゐた成田說言り二貫を確保出來た、これで乏しいながらも農家に約束が果せるわけだ。この分なら平年作百萬石は確保絶對、朗かな明るい晴晴した氣持になつたよ。縣民に對して現況の現況を相濟まんと身を切られる思ひで夜も眠れぬ日が續いたことが幸ひ占領軍の好意で輸贈七〇〇噸、石に換算して四六〇萬石が縣下に放出されることになつてゐる。勿論その内にはコーヒ等の嗜好品も含まれてゐるが大体一日分の食糧に相當する量である。又藷の供出四一%を補促するに甘藷の早食を強化してゐる。十月分は甘藷のみの配給になるかもしれぬ。まあ樂觀するといふわけではないが絶對食ひ繋ぎ出來る確信を得た。

【問】農相の成田食糧營團會長に對する二合八勺配給の「十分行つてゐる」との回答に對する本縣の見透し如何。

【答】主食が欲しい。食ひたい欲しいで闇買をやる。本年度は六千萬石確保の見通しがついてゐる。先づ二合八勺の約束は可能性を見出せると思ふ。

【問】麥供出不振なる理由如何。

【答】實際農家の食糧事情も相當度の困窮を示してゐることは事實だ。又農家は戰爭中政府は濫堀に供出を强ひられたので今度は騙されんぞとの反撥もあり强權發動に對する反感も伴つて「光つ日和を見ての供出だ。」の氣分を釀し出してゐる。就中一線指導者、町村長、農業會役員等の總員の不足、食糧危機突破對策に

點が大きな理由として擧げられるものであらう。然し配給を以つての生活者は農家よりも事情のよいものを望むことはいけないし、又希求してもゐない筈だがそれについて餘りにも他物價に比してこれら主食類の統制價格が低く全く合理的でない。政府に於ても研究の要がある、經濟安定本部の生れたのもその爲であり、要するに指導力の低下、政府がこれまで農家に對する約束の不履行、これに伴ひ政府及指導者に對する不信任並びに國家情勢の過渡期なるため國民の自由思想のはき違ひ等が大きな理由であらう。

【問】鐵合供出制を續けるか

【答】農家の實情に依り農家自らが希望すれば差支へないと思ふ。

【問】米供出に對する對策如何。

【答】まだ具体的な案は持合せない。能く〳〵因り萬全を期することを誓ふ。

涉外工事建設用材
八割五分はね上げ
業者幾多の隘路克服

山國川專用漁業權
獲得近く南海へ出漁

大水漁業成る
縣民期待絶大

開墾即營農
開拓戶數一五三一戶
人口五〇〇〇名
農村新建設進む

味噌醬油心配なし
減量は麥供出の不振から

別府の「競馬」復活

急募
支局販賣店
市町村各地區販賣者
支局へ至急一報

戦争中は海軍の発動機工場だった中島製粉機製作所の名前が見えます。

置しています。よく読み取れない部分がありますが、「無料で一切を世話し一日三食分の食費を支給、小遣いとして本人に五〇銭、家族一人三〇銭を給与する。一日の収容人員は三〇名。今後漸進的に施設拡張の計画。月に一回はぜひ従業員の家族そろっての保養慰安あるを切に希求」とあります。

まだ基地は完成していませんが、北町二丁目の宮住組の広告記事には「土木建築重量物鳶工事」、さらに「兵器処理作業」「占領軍キャンプ廃品処理」とあります。鳶工事はともかく、兵器処理、占領軍キャンプ廃品処理は具体的にどういうことをしていたのか興味を引きます。社長の宮住好一氏は養豚業も営んでいたので、キャンプの食堂からでる残飯などを活用していたかもしれません。

その他「別府の競馬復活」も目を引きます。

◆別府の競馬はこのほど復活　九月七日、八日の両日、野口原の別府競馬場で久々の駿馬の疾走を見ることができる。

注　この戦後初の競馬は、馬券を発売せずに行われました。入場料は一〇円。翌月には馬券も無制限に発売されます。大分、福岡から五〇頭出馬。

日本公声新聞

標準市場の苦労談

一号（昭和二十一年一月十日）～七号（昭和二十二年四月十九日）
発行所　別府市竹瓦温泉前
編集兼発行兼印刷人　香椎直
定価　一部　五〇銭
二、三号合併号、四、五号合併号
発行所　別府市永石通七丁目
発行編集印刷人　碇茂雄　（六号は碇鐵舟　七号は碇實舟）
定価　一部一円　一ヶ月五円

日本公声新聞社は竹瓦温泉前からすぐに永石通りに引っ越し、発行人も、二、三合併号では香椎直氏から碇繁雄氏へ変ります。最初は月刊でしたが、六号から週刊へ。また当初は活版印刷のきれいな仕上げの新聞でしたが四、五合併号からガリ版刷りへと変わります。名前も九州公論新聞から七号で日本公声新聞となり「祝　社名変更発展」という広告を掲載するなど何か落ち着きのない新聞社です。

占領軍基地建設のおかげで流川通りには雨後の筍のように土建会社が軒を連ねました。創刊号の論説欄「新別府の歩み」はその「土建の別府」の今後を一応案じています。しかし「基地建設第二期工事も正式に梅林、星野、後藤組に下命があった。完成した暁には国際都市湯の町別府を中軸に全九州へ平和文化が湧出する日も遠くないであろう」となんとものんきな感じです。

創刊の辞に「新聞人はいかなる悪にも屈せず正しき民論を基礎に悪徳業者と戦うものである」と述べ、闇商売や「戦災孤児をダシにして稼ぐ偽偽善者」にはきびしい目を向けています。また戦災引揚者の命綱ともいえる「戦災引揚証明書」「移動転出証明書」や手持ちのささやかな食糧や衣類を盗み、密かに売買する「暗躍する私設即

(一) 第七號 (定價一部一円) THE NIPPONKŌSHEI (土曜日) 昭和二十二年四月十九日 (週刊)

発行所
別府市永石通七丁目
日本公聲新聞社
発行編集印刷人
碇 寶舟
定價 一部 一円 一ケ月五円

日本革命の嵐に乗つて登場した

大分縣青年同志会を批判す

青年よ目を覚せ、而して大局を静視せよ、明治大正を通じて社会あらゆる分野に於て青年の進出は目覚ましいものがあつた。然るに終戦後の青年層の動きはどうであるか。社会的に何一つとして有利な動きは見せて居ない。新日本の建設は今だ千載一遇青年よ起ち上れ。終戦以来新日本革命の嵐は山間僻地まで吹き捲つた敗戦日本の建設に担当するものは理想的に堅固なる青年を措いて誰がある。政治に経済に将又文化に何一つとして若き力を寄せざる物があらうか。三千年の歴史は崩壊し、真の民主々義日本を打ち立てるには若き力を綜合して始めて可能なりと吾人は信ずるものである。敗戦後国内の情勢を達観するに、あまりにも青年達の意気力さが目に映る。戦争のさ中血みどろになつて働いてきた青年が、敗戦と同時に理想が乱れ、道義の低下は今は甚しく自己満足にふけり再建日本の前途を憂ふる者数人あるであらうか。実になげかはしい次才である。然るに今度縣下の青年を綜合して青年同志会の誕生を見る、正に機宜に適したものと云へよう。青年同志会とは読んで字の如く、血気の青年が一心一体に結合したものである。その強力なる団体は國家の指導力であらねばならない。平和日本の建設は青年の力に期待する処が大である。青年は国家の礎である事をよくよく認識自重して明るき百年の大計に向つて邁進せんことを吾人は望むものである。終りに同会の健闘を祈るものである。

論説

[illegible]

櫻と日本人

櫻は百花の王として我々少年時代から日本人の表徴として教へられ又親しまれてきたものである。春ともなれば花は櫻と喩にも思ひ起される程日本人と櫻は切つても切れない因縁がある。

[illegible]

同胞を苦しめる悪徳医者の反省を促す

醫は仁術の教を完ふせよ

永年に亘つて無謀な戦争に狩りだてられ一家の大黒柱を失ひ或ひは親兄弟を失くし家業は敗戦と共に國民は塗炭のどん底に突き落された。終戦と同時に立上る暇もなく[illegible]つた食料不足の為に否応は病人続出かて加へて医薬品の欠乏の為益々病人は増加の一途を辿つてゐる今日聞く所によれば医は仁術と自他共に許せし開業医が、貧病人の往診に応ぜぬのみか、言を左右にして往診を拒絶金のないものには投薬を拒絶あるいは果物を強要し目の飛出る程の薬價を請求する悪徳医者が居ると聞く。聞くの噂さ医者が事実存在するとすれば由々しき社会問題である。[illegible]

社告

社名変更御通知
旧大分公論新聞社
新日本公聲新聞社
右之通り社名変更致シマシタ
旧ニ倍シ御引立ヲ願ヒマス
昭和二十二年四月十九日
社長 碇 寶舟
読者各位

祝 社名変更 発展

創刊時は活版印刷でした。途中でガリ刷りになりますがそれでもきれいな仕上がりです。

席競売所」と警察の取り締まりに甘さに憤慨しています。流川通りの某食道内にあったとうことです。

一方で、流川九丁目に開かれた標準市場については、その苦労談に紙面を割いて紹介しています。標準市場は中央市場と同様に引揚者が団結して昭和二十一年八月に開いたもので、闇値ではなく、公定価格で商売をしていることを自負して「標準市場」と名乗りました。七〇軒ほどの店があったこと、市場内の各区画は志高街、由布街、鶴見街、高崎街と名付けられたこと、線路より下の客を呼ぶのに苦心していること、インフレで物価が上がり、仕入れに困り、線路下の露店でカマボコ、テンプラを買い、その買ったままの値段で売ることもあることを標準市場協同組合長の深瀬達兄氏が語っています。現在でも「標準市場」の看板などがかろうじて残っています。

「私ね、共働きでも良いから27、8才位のおむこさんがほしいわ」

九州民報

飢えと寒さで毎日行き倒れ

一号（昭和二十二年一月五日）〜十四・十五号（昭和二十二年八月三十日）
発行所　九州民報社　別府市南町々内会第四班
編集兼発行人　小野護
印刷人　此花町一六班　別府プリント社

発行所の住所表記が南町々内会第四班となっていますが、町内会報ではなく隔週発行の新聞です。ガリ版刷りで、創刊号は当時としては珍しく八面ありますが、次第に四面、二面と少なくなっています。別府発行の新聞には珍しく「子供の頁」欄があり、なぜか三重町や大野郡からの投稿が目に付きます。

別府発行の新聞には必ず掲載される、引揚者の問題、住宅難、闇市の記事が九州民報にも満載です。

◆行倒れの多い別府市は一日平均一人、費用支出に困る状態　寒さと共に別府市内には行倒れが目立って来た。戦災や外地引揚で生活の拠り所を失い、海門寺、駅前などでルンペン生活をする者は百名近くいるが、食物の不足と寒さのため街頭で行倒れが出ている。平均毎日一人、昨年暮からこの一月まで市社会課が市設行路病者収容所に収容し手当を行った者だけで二十四名になる。収容後一週間で死亡するのはよい方で、わずか数時間で死亡する栄養失調者がある。引取人がなく仮埋葬料二二〇円、食費に一円かかる。すでに歳出一万円を超過、今後の支出に行き悩み救済資金の下付方を県に催促しているが、全く困っている。

亀の井ホテル再開を告げる記事がありましたが、その

8-9-47

発行所 別府市南町第四班 九州民報社
編集兼発行人 小野護
印刷所 別府市北浜十六班 別府プリント社
定価一ヶ月六円

奨励のため當りくじを発行
縣が木炭夏季増産に

大分縣は木炭事務所と共同で新炭増産協議会を去る七月十九日開いた結果、木炭三十万俵、薪百七十三万七千五百束を目標に、次の様な方法で夏山大増産運動を行うことになつた。

一、関係官公署団体の責任者は産地に出かけて、生産者、輸送者に協力を依頼する。

二、本運動期間中に個人生産者で木炭二百俵以上を供出した者の中で、百俵以上の生産実績者、薪三千束以上供出した者の中で二千束以上の生産実績者、企業生産者で木炭一千五百俵以上を供出した者の中で一千束以上の生産実績者、生産関係の単位団体で木炭一万五千俵以上を供出した者の中で一万俵以上の生産実績団体、薪三万五千束以上を供出した者で二万束以上の生産実績者団体、輸送関係では政府木炭一千俵以上、薪五千束以上を輸送した馬車輸送業者、政府木炭三千五百俵以上、政府薪一万束以上を輸送したトラック運転労務者、其他指導者または、特に本運動に功績のあつた者で知事が必要と認めた者について知事の表彰状ならびに物資の特配賞品等をも贈つて表彰する。

期間は八月一日から九月末日迄の二ヶ月間、別に木炭や薪の供出数量のうち一定量を定めて（あたりくじ）を発行し、當つた者には賞金や労務用物資を贈る計画である。

本運動に依つて本県の毎冬不足の薪炭はその成績宜しきを得ば随分緩和の見込。

ポスト欄

◎石炭なしでは汽車は走れないように、人間も食わなくしては力一杯到底働くことはできる者もない。而し現在我が日本人はまさに興亡の岐路に立つて居ても生産の復興と増強によつて再建せんとしてゐる。この大切な時機にあたつて食糧不足であり、假りにあつても勤労階級には手の出ない程高価であつては生産増強を阻害することこより大なるものはない。

◎こんな重大時機であるにも拘はらず政府の政治力の弱さから今や勤労大衆は飢餓の一歩手前に追ひ込まれ一部の高給階級や新興成金者許りが闇取引によつて飽食をしてゐることは日本再建のため実に悲しむべき現象である。

私は、新日本建設にあたつて國民大衆の生活を顧みず勤労者をにぶらす様な生活態度を採る之等ブル階級のやり方は將に日本の獅子身中の虫であり、戦犯者以上に罪人であると思ふ。

政府の無能政策振りにいやく作ら料理屋、飲食店等の主要食糧を主として使用してゐた店が一斉に戸口を閉じたかと思うたのも寸間、又（喫）とか特殊喫茶店とかで店開きをしてゐる、表は氷物、裏は主要食とは之いかん。

エライ者に注意せよ
日農支部長のヤミ

大分郡松岡村大字毛井日本農民組合松岡支部長瀬田留（四九）は日本農民組合連合會經済部から女物モンペル製カンタン服地上等品一ヤール百四十円で四十三ヤール其他男物紡綿用さんシマツ、純綿タオル、自転車用タイヤ、チユーブなど（公）より五万四千百三円八十七銭高く買受けて自己用にした外、支部組合員に販売したことが発覚し錦織署で取調中の処去る三十一日物價統制令違反として書類を送検された。

市役所暑中半休取止め

七月廿一日より実施致して居りました執務時間半休を去る八月八日より午前八時より午後四時迄平常通り執務致すことになりましたから御知らせ致します。

三重町に検察廳簡易裁判所

三重区検察廳、三重簡易裁判所新築協議会を去る八月廿日三重高女に開き中村検事正吉武裁判所長始め関係者地元から地方事務所長、三重太田町長、郡内町村長等出席の上懇談を重ねた結果予算二百万円は全部地元負担とし三重町は單独で必要なだけの土地を無償提供して新設することに意見がまとまり、近く町村会議を開き具体的方法について協議することになつた。早急に完成の要あるために郡民の真剣な協力が要望されてゐる。

甘諸の二回收穫
別府市の安部氏の試み

大分県温泉育成園主任安部榮次氏は甘諸の二回收穫を試みて五月八日に第一回を植付け七月廿一日掘上げたところ反当り四百五十貫の收穫があつた、氏は直ちにその畑に第二回分を植付けたが十一月には同量以上の收穫をあげると意気ごんでゐる。

地方雑色々

輸出向きに麦ワラ集め

貿易再会で麦ワラが輸出品として大きく浮かび上つてきた。戦前帽子、敷物用ストローとして米國向けに出されていたものが再び開始されるかも知れない、先づ今年は六万貫輸出の見込み、供出とにらみ合せて早めに刈りワラを腐らせぬことである。

警察官章決る

全國の警察官が警察官章という番号入りのマークを左胸部につけることになつた。大きさはタテ六・五幅四・五センチ、金地に銀色で平和を象徴する鳩の上に警察官の正章を配し、その間に警視総監を一番に以下順次にアラビヤ数字の番号を入れた記章である。私服の場合は洋服の裏に表示出来るところへつけることになつた。

神奈川県に貿易課

神奈川県では昭和十九年以来に廃止されてゐた貿易課を近く復活して貿易行政の強化を図ることになつた。なほ同県では商政課に商工経営相談所を設置することになつた。

本社に金融部

我が社は皆様のために今回金融部を設けましたから御相談下さい。

國東水泳大会の盛況

大分県國東町青年団主催の國東水泳大会は去る三十五日午前九時より國東町下ノ台東港で中等学校初級中学小学校等多数参加地方事務所鹿野教学課長の模範指導等もあり盛会裡に終了した。

ラクガキ

料亭臨時休業に伴ひ、藝伎連の鉄死よりもと水俗の出入りがはげしくなつたと云はれてゐる時別府市の藝伎百十名は世間の口はほんとにうるさいものだと、去る十八日全部廃業届を出し、その大部分は旅館の女中となつて涼しい顔。

欄外に検閲日の日付けが書かれています。

同じ紙面に同ホテル社長の死亡記事が掲載されているのには驚きました。胃がんのため不老町の自宅で亡くなったということです。

◆泉都別府返り咲いた亀の井ホテル
戦前は故油屋熊八翁の名と共に泉都別府を訪れる浴客に親しまれていた大分県別府いな世界の別府亀の井ホテルは戦時中昭和十九年春、日本医療厚生団に身売りして以来工場で外傷を負った労務者の休養所となっていたが、このほど前経営者の手に戻った。曽根末松氏が代表取締役となり、去る一日より従来通り営業を始め高級入湯ホテルとして返り咲いた。

◆歌舞伎マーケット　井田栄作代表の下に市内松原、松濤館横に海外引揚者及び戦災者約六〇名を以て予算百万円を投じた歌舞伎マーケットが完成。去る七月十五日より開場。商品の豊富さと新鮮さ、親切さがモットーで、人気を呼んでいる。

別府市松原公園
歌舞伎マーケット
一同

別府市議選を諷刺しています。

注　井田栄作代表は市議もつとめた井田組の組長。昭和三十二年の「別府大博覧会」の権益をめぐっておきた「別府抗争」で石井組と対立、殺人事件に発展し、凶器準備集合罪制定の契機となりました。

九州新聞

満蒙引揚文化人連盟

三号（昭和二十二年二月八日）〜四号（昭和二十二年三月八日）
発行所　九州新聞社　別府市松原通六丁目
編集発行人　三号　臼杵行雄　四号　香椎直
印刷人　三号　五味川真一
　　　　四号　熊本市正妙寺町二二
週刊

九州新聞は「大分時報」が改名したものです。二年後には再び「別府青年新聞」と改名しています。四号の発行兼任印刷人の香椎直氏は満蒙引揚文化人連盟のメンバーの一人です。満蒙文連とは終戦前まで満蒙でジャーナリズム活動をしていた人達が大阪で結成し、広く文化活動を展開していたものですが、九州支部が別府にありました。「大分民報」を始めた三井実雄氏や農業評論家で活躍した古長敏明氏なども満蒙文連のメンバーですので、大分の文化活動は引揚者が牽引していたことが感じられます。

「青史一週の敢闘大絵巻」は占領軍工事を担った後藤組社長の後藤肇氏へのインタビュー記事です。多くの請負会社の中でもその仕事振りは群を抜き、その秘訣を尋ねた記者に「我社は他社と違い幹部が遊興は絶対しないから」と答えています。料邸などでの話合いや打上げは一切しないということです。本当でしょうか。「その費用を家族に与えたらどんなに喜ばれるか」とも言っています。

目についたのは「海の家の父　桑原武氏にきく　義人今世の佐倉宗吾だ」という記事です。桑原氏は商店街商業組合理事長で、浜脇の方です。露店統制組合の理事長

發行所 株式會社九州新聞社
別府市松原通六丁目
編輯兼發行人 白井行一
印刷人 五味川實

品納日照
白光堂
大分市竹町

産業振興が祖國再建の鍵

お互に國狀を顧み生産に全力 傾注だ勞資の對立は絶對不可

叫ばれてゐる三月危機は民族問題にまで擴展し日本國民の前途は洵に暗たんたり。言ふ、石炭の不足、言ふ勞資兩者のからみ等々と。民主日本を再建せねばならぬ我ら日本民族は一人一人に眞に責任の重大なるを銘ぜねばならぬこの秋、一路産業の復興へ建設へ邁進、着々と具現に力めつゝある郷土の志士三者に聽いてみよう。

ストライキ問題と産業振興について

竹田町　農業　山崎豐吉

一、重要産業公共事業等のストライキに關しては要求貫徹の最後的手段としては是認すべきも自分等の要求貫徹のみの爲めに第三者へ（大衆に）に迷惑を掛ける事があつてはならない又要求事項はスト斷行迄極力解決に努力すべきであつて出來る限りストを避くるべきが至當と思ふ。

二、産業振興については（1）紡績工場の復興（2）紡織物工場の充實等又これらの原動力となる炭鑛の勞務者優遇等も考慮すべきである。

二つの愚見

大分市　高橋竹松

一、産業振興に關しては勞資の對立は不可である、お互に現下の國狀を顧み、生産に全力を傾注すると共に勞資間の各會社、工場内に産業研究會（假稱）を設け如何にして增産し如何にして勞資の福利を向上するか等を常に研究、討議して勞資間の融和をも計ることが必要である、其處にはストライキも減少し明朗な勞資の關係が生ずる。

産業振興への道

別府市　山崎秀夫

産業政策に關興する諸子は須からく其の全力を以て陋習を打爆し民主々義の基盤により自主的政策を斷行し産業振興の發足を迅速圓滑ならしむる事が急務である、一日も早く現今の無爲と混亂より、より明朗化へ轉廻すべきである、而して産業人それ自體の持つ公的性格を擁護確保し其の施設、資産、信用、技術の運營に晦を全的に運行すべく更らに吾人は政府が其の指導と監督に躊ちよなきを切望するものである。

大分土建新聞

一問一答

青史一遇の敢闘大繪巻
占領軍工事に描き出された後藤班共存共榮の大道
株式會社後藤組社長後藤肇氏との

別府市長公選を巡ぐる噂七人男

脇　鐵一	（進歩）
豐田藤助	（自由）
大塚將憲	（社會）
葦刈末喜	（社會）
山田一郎	（勞農）
松田三郎	（共産）
八阪直兵衞	（中立）

豐田氏の巻

引揚者言論界の集ひ
結成の機熟す

引揚者の消息雜誌發刊さる

生活を樂しむ農民の啓蒙
農村指導者よ蘇生せよ

社の聲

本紙改名廣告

今般『大分時報』を讀者各位の聲に應へて『九州新聞』と改名致します。眞に社會の木鐸として頑張ります。舊倍の御支援をお願ひ致します。

大分時報から九州新聞へと改名しました。

もしていました。海の家とは、被災者や引揚者三家族のために、冬の間、とりあえず無料の宿泊施設とした開放していた餅ヶ浜臨時海水浴場の脱衣場のことです。市内には他に新生の家、希望の家などの無料の宿泊施設があり、婦人会などが食料を持って慰問活動をしています。この宿泊施設から進駐軍基地建設の工事に日雇労働に大勢出かけていましたが、桑原氏は日雇い労働のピンはねをやめさせるために心を砕いています。見出しにあるように、まさに今様佐倉宗吾です。

「旅の手引き」という欄に、「三人目の人は腰を肘掛けの下に入れ、脚を通路の方に出すのが模範になっている」とあります。今では考えられないことですが、当時は満員列車では立っている乗客が座っている乗客に座席の三人掛けを当然のように強制していたことです。「乗務員に申し出て三人掛けの世話をしてもらうことだ」とも言っています。

印章
ゴム印
技術本位
白光堂
大分市竹町

兵器處理作業
占領軍大分キャムプ廢品處理
養豚の宮住組
別府殖産商會
宮住好一
別府市北町二丁目
電話九七〇番

土木建築設計施工
塩田造築水道電氣工事請負
久大土建工業株式會社
取締役社長　木下喜助
本社　大分縣玖珠郡森町　電森二番
出張所　別府市北町下　電話一六三番

土木建築設計施工請負
梅林土木株式會社
取締役會長　梅林時雄
取締役社長　梅林　嚢
本社　大分市大分二七八三ノ一
電話代表大分一七一〇番

宮住組の〝兵器処理〞作業は具体的に何をどうしたのでしょうか。

大分報知

海門寺マートの建設佳話

一号（昭和二十二年八月一日）
発行所　大分報知新聞社　別府市楠町三〇九
発行人　柴田栄　別府市楠町三〇九
印刷人　稲本新吾　熊本市京町本丁
編集人　橋本迪　別府市楠町三〇九
発行部数　二〇〇〇部
週刊

大分報知新聞社ときけば、大きな新聞社のような感じがしますが、楠町の柴田栄氏個人が出したものです。タブロイド判型四頁のきれいな仕上げの新聞です。その四頁に対して検閲関連の文書が一四枚も付いています。この時期には新聞は事後検閲だったにもかかわらず柴田氏は手書きの発行許可申請書を新聞発行より一か月ほど前に提出しています。用意周到な方だったのかもしれません。しかし、手書きの申請書が通用しなかったらしく、検閲局からあらためて送ってきた書き込み式の申請書を再提出するなどしています。手間ばかりかかるのに嫌気がさしたのか、プランゲ文庫には創刊号しか収蔵されていません。

申請書の「新聞紙の種類」の項目には「時事報道新聞」と記されていますが、自ら、「日本ノ民主化、厳正中立、健康的デ明ルイ生活ガ目標」と、記載を要求されていない編集方針をあげています。

時事報道新聞だと言っていますが、トップ記事が「引揚諸団体長会議開催」となっているように、記事のほとんどは引揚者の問題を扱っています。所有する美術品のコレクションをソ連に譲渡し大連居留民の安全を図ったことで知られる、元大連商工会議所会頭の首藤定氏が会

（一）　昭和二十二年八月一日　THE OITAHOCHI　第一號　週刊

C.C.D. J-2848 Post-passed 5 Aug 47

大分報知

發行所　大分報知新聞社　別府市楠町三〇九
編輯人　橋本迪
發行人　柴田榮
印刷人　猪本新吾

引揚諸團体長會議開催

新會長に首藤定氏

縣聯陣容を整へ前進

大分縣海外引揚者團体聯盟の第七回團体長會議はさる七月十六日午前十時半より大分市會議事堂において開催され九議案について愼重審議をかされ五時過閉會したが當日は役員選擧の結果新會長に北海部郡協生會聯合會長首藤定氏（前大連商工會議所會頭）が選任され、副會長には新會長の推薦指名によつて新規約に基き前副會長の山本貢平氏（大分縣在滿引揚者互助會々長）と常勤副會長には速見郡協生會聯合會長松田定久氏の二名が選ばれた。なお幹事は二名のうち一名は大野郡の清水氏が選ばれ他の一名は縣聯の運營上近接地よりとの建前から大分か別府より出てもらひたいとの意向によつて後日話合ひの上決定することゝし、新な職席として聯盟の常務處理の責任者となる事務局長には總務部長の河野原市氏が選ばれ、こゝに縣聯盟は規約の改正と相まつて新陣容を整へ今後愈々強大化せんとする引揚者の更生に有力な推進母体として再出發することになつた。

會議は午前十時半河野總務部長の開會の辭に引續いて佐藤會長議長席につき一ケ年の經過報告をなし直ちに議案審議に移り第一、二、三議案を一括上提異議なく可決、第四議案定期免税興行終了に當り關係當局並に業者に對し別項の如き感謝文を決議した、次いで第五議案の役員選擧の件を審議するに當つて佐藤議長は收大分協生會長を座長に推薦して退席、よつて收壽雄氏座長席につき、役員選擧の件について選擧方法を議場に諮れば銓衡委員を擧げて、これに一任せよといふ説と、加盟團体の總意を必要とするから後日更めて選擧すべしとの二説に分れたが結局銓衡委員一任説が多數決で採用され以上の二十四名が銓衡委員として選ばれたが役員の銓衡は午後にせよとの意見に從つて收座長は中食の爲午後一時まで休憩する旨を宣告して休會午後は再開直ちに役員銓衡のため十分間休憩を行ひ銓衡委員は大分協生會内に席を移して收座長を委員長として銓衡委員會を開催した。會は愼重協議の結果將來縣聯が引揚者更生への強力な推進体として目的完遂のため一路勇往邁進する上には首脳者の一心同体的な和があくまで必要であるとの根本的建前に立脚して委員會の總意に基き北海部郡聯合會長首藤定氏を會長に推し副會長二名は新會長より指命推薦することにして委員會を終了した從つて銓衡委員は會場に歸り直ちに本會議を再開、收座長より銓衡事情の報告あつて新會長、幹事一名、事務局長の氏名が發表され滿場一致拍手を以て迎へられた。よつて佐藤會長は就任當時の事情を簡單に述べ左の如き要旨の退任挨拶をなした。

[illegible]重大なるに鑑み就任を受けた際適當の人物までといふ條件でお引受けしたがその後一ケ年いろ〳〵の問題のため殆んど毎月東京を往復多少の無理が手傳つてか數ケ月二回に亘つて病床につくやうなことになつて各位の御期待に副ひ兼ね、その任を全うし得ない結果に終つたが自分としてはどこまでも縣下十六萬引揚者の更生を根本理念として決死的覺悟でやつた。今後益々引揚者は一致團結更生自立の基礎を確立せねばならぬ秋、その職を去るのであるが後任には、かつて大連商工會議所會頭として敏腕を揮はれ、また經濟人としても中央にその名を知られると共に多くの知友をもたれる首藤定氏を得たことは實に心強く重大使命を擔ふ縣聯として誠に申分のない立派な人を會長に迎へたといふもので、自分としても何等心おきなく退任のできることは非常に嬉しい。例へ會長の職を去つても自分は別府にながく御厄介になる考へであるから直接間接に縣聯のため十六萬引揚者のため協力したい。終りに各位の御鞭撻を祈り今日までの御交誼を深く感謝して退任の挨拶とする。

次いで新任の首藤會長は大要左の如き就任の挨拶を述べた。

只今御紹介にあづかつた首藤である。今回はからずも滿場一致の御推[illegible]術語にして心強い感[illegible]いたことは私の光榮とするところであり、その責任の重且つ大なるを痛感するのである。御承知の通り日本は敗れ、特に引揚者は物的にも[illegible]操になつた。内地に於ても[illegible]る有慮[illegible]等でお互日本全体が[illegible]なつた。然しかく[illegible]が當然と思ふ。しかるに[illegible]ツクアーサー司令官は日本人に對し[illegible]情をもつて國民大衆の生活確保に[illegible]に盡力されることはわれわれとして感謝に堪へないところである（二面へ續く）

免税興行を感謝

定期免税興行終了に當り關係當局並に業者に對し感謝決議　昭和二十一年七月より昭和二十二年五月に至る間縣下五市一町に於て施行したる定期免税興行は極めて優秀なる成績を以て終了し本聯盟事業運營財源の大部を獲得し得たるは關係當局並に縣興行組合その他關係業者各位の絶大なる御援助の賜にして眞に感謝の至りに堪へざる所なり、玆に加盟引揚者團体長會議の決議を以て深甚なる感謝の意を表す

昭和二十二年七月十六日

財團法人　大分縣海外引揚者團体聯盟會長　佐藤徳重

次位好

△大分市收壽雄△別府市黒見林藏△中津市鉄席△佐伯市花崎敏明△日田市中野晃和△南海部郡久壽米木信平△直入郡清水十濟、柳瀬逸郎△下毛郡三宅政則、江口辰巳△玖珠郡加藤一孝、甲斐正之△東國東宮崎迪炎、高橋茂夫△西國東國見正隆△速見郡堀川政司、松田定久△大分郡堀野實、馬見塚久義△北海部小川勝平、宮本嘉太治△宇佐郡渡邊俊也、六尾榮次△大野郡小島茂、梁

☆創刊に寄せる言葉☆

健闘を祈る

別府市長　脇鐵一

今回引揚者を對象とした大分報知新聞社が創立されることは非常に欣快とするところである。創立趣旨書にある如く終戰以來二ヵ年を經過しようとしてゐる今日尚海外よりの引揚者は續き、特に最近引揚げた者の生活状態は文字通り赤貧洗ふに等しく、住むに家なく、着るに衣なき悲慘な状況の下におかれてゐる。早く引揚げた者でもその大半の者はまだ生活の安定を得てゐない。かうした折柄新生大分報知新聞社が縣下十數萬に及ぶ引揚者の代辯者となつて更正の途を講じ併せて縣民全体の融和に資せんとされる、くわだては誠に結構なことゝ思つて居る。然しながら率直にいへば別府は戰災の影響をひどく受けてゐないので、どうしても引揚者に對して充分な理解が持てないといふことは無いとも思ふが非常に遺憾と考へる。又一方引揚者としても最早今日では引揚者なるが故の特權を主張したり、甘えた考を捨て自ら進んで地元にとけこんでいく雅量を以[illegible]て自力更生の途に敢闘すべきである。

なんといつても別府は戰災都市でないから引揚者に對する關心は低いであらう。然し引揚者が團結して、如何なる難關も突破して行く氣魄と、齒をくひしばつてやる忍耐があれば遠からず光明を見出すものと確信するものである。

自分は引揚者各位の大きな支持によつて市長の職に就いたとはいへ別府市長として、あくまで別府市民全体の利害のためにその職分をつくしたいと考へるもので、利己的な[illegible]い と考へるもので、別府はどこまでも日本としての別府である。それが新日本建設への捷でもある。その意味に於いて引揚者の奮闘と貢献とを念願するものである。

荊の道切り拓け

大分縣引揚者團体聯盟會長　首藤定

大分報知新聞社が御趣旨のやうな意圖をもつて創刊されることは我々引揚者の味方と言ふか機關紙と言ふか誠に喜ばしく、力强い限りである。

我々引揚者としては敗戰によつて物質的にも精神的にも破壞つくされ、又日本國家としても個人としても無力となつてしまひ、祖國に歸り最初は縋つて見たい氣持から政府の力、長次有產の人々に期待を持つたが昔日したやうに政府民間とも無力で自力更生で起ち上る外ないと言ふのが我々の立場であり現狀である。

備ふに今日の日本は敗戰による破產整理遂行途上にあり又一面新日本經濟の建設に發足した秋である。我々は外地に於て過去一切を淸算して裸のまゝ引揚げて來た。即ち敗戰の責を負ふて、これを果して歸國したのである、内地に於ても戰災者や非戰災者の方にもなんらかの形に於て我々と同じやうに敗戰の責任？を負はされるであらう、否負ふことが敗戰國民として當然の義務である。かくして同一の條件の下に新日本の建設は發足すべきではないか。

幸ひにマツカーサー司令官からは非常に寬大な取扱ひを受け日本國民生活について御配慮をいたゞき又今後の産業經濟の水準を確定計畫せられ更に貿易再開まで決定されて我々の前途に對して光明をあたへられたことは我々國民として特に感謝感激に堪へない次第である、我々はこの線に沿つて日本再建に最善の努力を揚はねばならぬ。それには引揚者とか戰災者とかいふ氣持を一日も早くかなぐり捨て裸一貫の日本人として縣民の中にとけこんで相携へて日本の再建といふ荊の途を切り拓いて進んでいかねばならぬその道標として貴新聞の發刊されることは誠に喜びに堪へない次第である。どうかその意味に於て御奮闘、健全なる

しかるに言論の自由を獲得した今日に於いて[illegible]と同じやうな[illegible]した大分の新聞[illegible]誠にいかんであ[illegible]に相當數の引揚[illegible]れらの新聞は引[illegible]ついては關心が[illegible]る、かゝると引[illegible]とした大分報知[illegible]れるとき誠によ[illegible]とだと思つて[illegible]は闇屋と云へば[illegible]風に思はれて我[illegible]の間にみぞが出[illegible]に見受けられる[illegible]報知の紙面を通[illegible]實態を傳へ一日[illegible]引揚者が渾然一[illegible]日本に邁進せら[illegible]分報知新聞の創[illegible]の一端を述べ[illegible]念するものである。

敗戰日本の再建[illegible]機關の活動一[illegible]

市民と渾然一体となれ

前縣引揚者團体聯盟會長　佐藤徳重

發展を新つて[illegible]

[illegible]

☆祝☆創☆刊☆

大分縣會議員　加藤柔郎
大分縣會議員　西田熊太郎
大分縣會議員　安部雅也
大分縣會議長　荒金啓治
大分縣海外引揚者團体聯盟　會長　首藤定
大分商工會議所　會頭　一丸伍兵衛
別府商工會議所　會頭　藤澤徳太郎
大分市長　上田保
別府市長　脇鐵一
大分縣知事　細田徳壽

知事や市長、市議が創刊を祝っています。

長に選ばれ、「十六万大分県引揚者の自力更生如何は県連に負うところ大きく、その責任は大きく、不肖首藤は微力ながらお引受けした以上は自信をもって打開の道を講じて行きたい」と挨拶をしています。

「海門寺マート建設佳話　不撓不屈　遂に完成　熱意に動く後藤肇氏」では仁川から引揚げてきた二七歳の長谷川勇氏が、二〇円で六畳間を借りている人から又借りをしたところ二〇〇円を要求され、引揚者の生活の安定にはとにかく住むところが必要だと決意し、建築資金の交渉から、土地の借り受け、役所との折衝などを一手に引き受け、海門寺の東に五十余軒からなるマートを竣工したことが書かれています。彼の熱心さに建築業社後藤組の後藤肇氏が利益度外視で引き受けたということです。

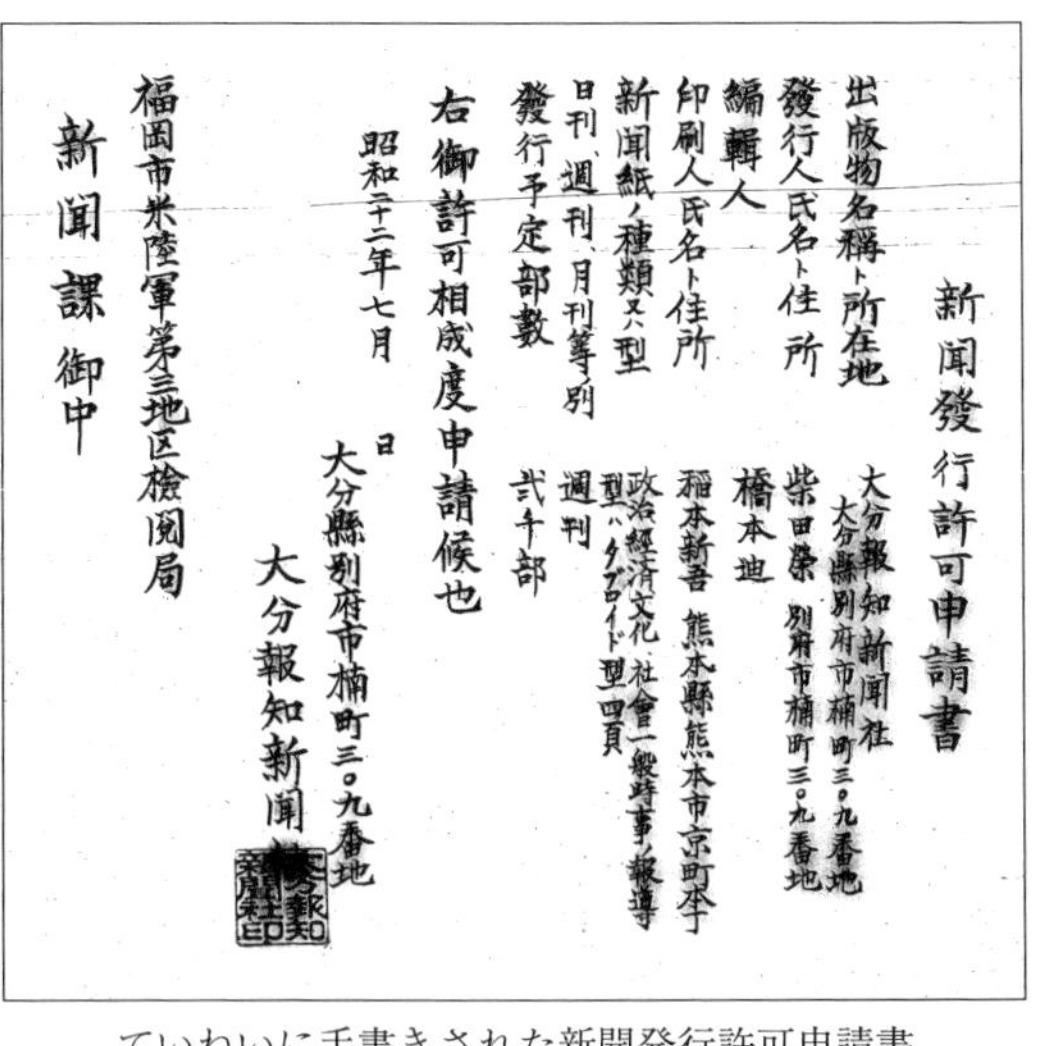
新聞發行許可申請書
出版物名稱ト所在地　大分報知新聞社　大分縣別府市楠町三〇九番地
發行人氏名ト住所　柴田傑　別府市楠町三〇九番地
編輯人　橋本迪
印刷人氏名ト住所　稲本新吾　熊本縣熊本市京町本丁
新聞紙ノ種類又ハ型　政治経済文化社會一般時事報道　型ハタブロイド型四頁
日刊、週刊、月刊等ノ別　週刊
發行予定部數　弐千部
右御許可相成度申請候也
昭和二十二年七月　日
大分縣別府市楠町三〇九番地
大分報知新聞社
福岡市米陸軍第三地区檢閲局
新聞課 御中

ていねいに手書きされた新聞発行許可申請書

衛生新聞

占領軍の指導のもとに「衛生報国」

一号（昭和二十三年四月十五日）～三号（昭和二十三年六月十五日）欠＝二号
発行所　衛生新聞社　別府市濱脇四〇三八番地
編集発行人　小池親鑑
印刷所　民主新聞社　別府市北末廣町二三一三ノ二
印刷人　有田耕也
定価　一部五円
発行部数　二〇〇〇部

「衛生新聞」は衛生思想の向上を目的として出されたものです。編集発行人の小池親鑑氏は大正八年に浜脇病院を作った方です。監察医も務め、現在の浜脇記念病院の前に胸像があります。森閑という俳号をもつホトトギス派の俳人としても知られ、紫苑社を主宰していました。創刊の辞には「敗戦により、わが国の衛生状態は二、三十年も逆戻りしたかたちだ。食糧不足、母乳問題、寄生虫禍などから国民の体位は著しく低下。チフス、赤痢などの消化器系伝染病は絶えず発生し、結核は増加の一方で二百万、野蛮国の表徴である性病は全国に八百万人の罹病者をだしている」という現状と、占領軍の指導のもとに、「衛生報国」に貢献する志が述べられています。

また昭和二十二年にGHQと日本との間に衛生組合に関する覚書を交換し、戦前からあった衛生組合の存立が確認されたものの、敗戦にともない町内会制度が廃止された影響で、衛生組合が町内会の復活と見られ、衛生活動が不活発であることを嘆く佐々木別府衛生組合連合会会長による記事もあります。

そうした事情もあってか「衛生の完備なくして文化都市はない。蚊も蠅もノミもシラミも居らぬ樂土を建設」するために開かれる「鼠族こん虫駆除会議」には大分軍

（第一號）　衛生新聞　昭和二十三年四月十五日　（一頁）

月刊 衛生新聞

別府大字濱脇四〇三八番地ノ六
發行所　衛生新聞社
編集發行人　小池親鑑
別府市北濱町二三一三ノ二
印刷所　民主新聞社

創刊の辭

大分縣衛生組合連合會長
別府市衛生組合連合會長　小池親鑑

戰爭と傳染病のまん延は、既に世界の例に徴して明かな事實である。殊に敗戰國ほど甚だしいといはれてゐる。終戰後我國の衛生狀態は二、三十年も逆戻りしたかたちで、國民の体位は著しく低下し腸チフス、赤痢などの消化器傳染病は絶えず發生し、恐るべき結核性病は漸次新國民の間に浸透してゐる狀態である。

更に戰後の食糧事情による國民の榮養不足問題、その日の生活に疲れたる母の母乳不足問題、牛乳や乳製品の不足による人工榮養兒問題、人ぷん肥料による寄生虫禍問題、數え來れば十指を屈する重要なる衛生問題が敗戰後の日本には餘りに多く山積されてゐる現狀である。

もつとも進合軍が我國に進駐して以來軍政部も我國の衛生狀態に非常な關心を持たれ、政府をべんたつして地方衛生行政のこれらの施策に對し適切なる指導と好意ある援助協力とによつて漸次我國の衛生狀態が好轉しつゝあることは慶賀すべきことではあるが未だ滿足すべき國民の自覺のないことは誠に遺憾に堪えない次第である。

今や我國は明るい住みよい平和な文化國家を建設すべく努力邁進してゐるのであるが、現在のような無自覺なる衛生狀態を推移するならば、この目的を達成するには前途極めて遼遠であると斷じなければならぬ。近時豫防注射強化により消化器傳染病の數は幾分減退の傾向を示しつゝあるといへども性病に至つては全國に八百万人の罹病者を出し、さらに結核は戰後年々增加の一路をたどり、現在では二百万人以上の患者を出しその一割は青年男女が之が爲に貴重なる生命を亡つてゐるのである。こうした狀態にあることは我國の文化水準が如何に低いかといふことを如實に示してゐるものであつてまことに恥しい次第であると謂はなければならぬ。のみならずこの狀態に推移するに於ては我が[illegible]民衆の[illegible]實に憂慮に堪えないものがあ[illegible]の秋に當り我が國民と[illegible]正しい科學的衛生思[illegible]生に對する正しい認[illegible]と自覺[illegible]公共の福祉增進に誠意と熱意とを以て自らの手による公衆衛生運動の推進と實踐が最も緊要な問題である。これによつて野ばん國の表徵となつてゐる急性傳染病や性病、結核などを根絶しなければ、いつまでたつても文化國民として世界各國の仲間入りをすることができないことを知らなければならぬ。

こゝに於て吾が衛生組合は衛生思想の普及、傳染病の豫防、清掃衛生の徹底に主力を注ぐと共に國民の榮養改善、母及び乳幼兒の保健、衣服、住宅、上下水道の衛生及び汚物の處理、浴場その他の環境衛生、その他公衆衛生の向上增進等に就て、市町村衛生行政の協力機關であり補助機關として活發なる活動をなすことがその使命である。

從つて我が衛生組合がその存在の重要性を連合軍最高司令部に認められ、こゝに存續することを得たのも全くこうした重大なる使命を帶びてゐるからである。吾々は衛生組合の責務の重大なることを痛感すると共に、これが使命達成に向つて勇往まい進し、文化國家建設の一翼たらんことを期するものである。

吾等は組合の連絡統一、衛生思想の普及向上を圖る目的のために、こゝに衛生新聞を發行し、これが批判者たり、指導者として組合の健全なる向上發達の爲いさゝか微力を盡し、衛生報國のため貢獻したいと念願してゐるものである。

發刊を祝して

別府市長　脇鉄一

本市が國際的文化觀光地として華々しく再出發せんとする時、衛生組合連合會が市民の衛生思想を普及向上せしむる目的の下に衛生新聞を發刊することを聞き誠に喜びに堪えない處であります。

衛生の完備なくして文化都市はあられない。この意味に於て本市の文化を高揚し、國際的安住保健地としての衛生都市を建設するためにも『衛生新聞』の持つ使命はけだし重大であると思ふ。希ひ願くば衛生新聞が飽くまで公正な立場に立つて目的達成のために敢闘されんことを望みます。

發刊を祝す

大分縣衛生部長　朝倉大吉

社會の各層を通じて事實の正しい認識と思想の啓發に貢獻する新聞の役割は實に重大である。過去に於ける我國の公衆衛生が振わなかつた原因も民衆を對象とする斯うした新聞雜誌の少かつたことも一つの理由といつても過言ではあるまい。然るに今回縣下で最も古い歴史と傳統を持つ別府市衛生組合連合會が時局と民衆の要望に應えて衛生新聞の發行を見るに至つたことは公衆衛生問題が活發に論議さるゝ樣になつた今日まことに時宜に即した事業であつて喜びに堪えない。

先般公衆衛生列車展覽會開會式の席上知事の挨拶の中に『我々のしずが伏屋式の生活樣式が必ずしも歐米人の「ビルディング式」の生活に比較してひけ目を感ずるものではないが十歩譲つて我々の環境衛生の点を見るならば實に嘆かはしい狀態である』と嘆じられたが實にその通りであつて衛生の点は全面的に改善し考慮しなくてはならないことが多い。又斯くしてこそ初めて文化國家としての日本再建は出來得るのであつて、衛生を度外視した文化はあり得ないのである。

斯樣な見地から衛生新聞今後の使命は重大である。併し之が經營には相當の困難が伴うことも豫想さるゝが、最初の熱意と希望を捨てずにあくまで公衆衛生のため闘つて頂きたい。時は正に百花ケンを競ふ春とはいへ夏季衛生に向ふ最も重要な季節である。衛生新聞發刊には極めて相應しい時季であつて、今後の發展を祈り御祝の言葉とする。

別府の寄生蟲 驅除運動

成績極めて不良

別府市衛生組合連合會では寄生蟲禍に惱まされてゐる市民の健康保持の目的の下に昨年十一月から厚生省の指定驅蟲剤アパチン錠と大阪蛔蟲研究會長竹本博士が虫下し薬として効果的確との折紙をつけられたベルン錠の二驅蟲剤を以て驅蟲運動を展開したが成績は思はしくないので本年二月全國に魁け驅蟲藥服用の徹底を期するため一錠千圓の實費附驅蟲剤の取扱いをなし各衛生組合が猛烈な運動を試みたにも拘らず全人口の二割弱の服用者を見たに過ぎない不良な成績であつたが市衛生課並に連合會では今度は各學校兒童の驅蟲運動を展開することゝなつた。

Health（健康）、Sanitation（公衆衛生）と英語が書かれています。

部政部の米軍将校も出席し叱咤激励していますが、なかなかうまくいかなかったようです。寄生虫駆除促進のために、駆除剤に一等千円の宝籤付きをつけましたが、全市民の二割程度しか服用していません。

児童の寄生虫保持者は九割を超え、大きな問題として取り上げられていますが、各校がばらばらに効果の疑わしい駆除剤を購入することは勧められないので、野口小学校の児童男女六〇名にベルン錠外一種の駆除剤を服用させ、効果試験を行った上で駆除に乗り出す計画が述べられています。実験台になったことを野口小学校の児童は知っていたのでしょうか。

また結核の予防の一つとして、古着の消毒を業者に求め、厚生省にも実施するように陳情したが実施にはいたらないことは遺憾千万であると嘆く記事もあります。県下で最も古い歴史をもつ別府市衛生組合連合会佐々木氏の提案です。

世論大分

復員兵や未亡人の悩み相談

創刊号（昭和二十三年十一月五日）
発行所　大分世論研究所　別府市羽衣町
発行編集印刷人　衛藤寛
定価　一部五円
旬刊

世論大分は大分世論研究所の機関誌です。研究所は「新憲法に則り地方文化の向上、民主化促進の対策として防犯普及の積極的民間協力機関たる」ための業務を行うことを目的とし、文化部、調査部、特設部を設けています。文化部は世論大分の発行のほか、講演会、文化研究会結成運動、巡回座談会の実施、さらに「百般の事象職業に対する世論調査」を行うということです。調査部は「個人の尊厳の維持権利伸長を目的として依頼者の意志に依り秘密を厳守して如何なる調査も受諾」しますとあります。現在の探偵事務所のような感じでしょうか。特設部は「民主化を阻害する社会悪の除去、防犯普及の組織的方策の展開、結果において政治不信を増大する主因の摘発防止」等々とまわりくどい説明が続きますが、「公共機関や法人団体の非民主的反社会的行為行動の調査証拠の収集」とありますので、どうやら現在のオンブズマンのようなこともしていたようです。そのために大分、別府駅、大分バス本社、亀ノ井バス本社、また別府関西汽船桟橋に投書箱を設けて「皆様の声が正義ならどんな協力も惜しみません」と言っています。

読者からの相談にも力をいれています。「召集を受け、昭和十九年以来音信不通で生死さえ判らぬ夫と離縁し、

C.C.D. J-2848
第1號 創刊 世論大分 1948年11月25日發行

機關紙 大分世論研究所
發行兼編集 印刷人
定價

世論大分

◇民主化の促進政治への希望を増し生活を明るくするために！
◇私心のない公共的氣持ちで協力を
◇あなたの町村職場の政治思想の實情と理想不平不滿などの意見を
◇社會惡公私人の非民主的行爲不法事實根據ある噂など
◇かくれた美しい話などお知らせ下さい〝秘密は守ります〟住所姓名も

社説 われら大衆を喰うもの

發刊の辭にかえて

本所業務の概要

本所は新憲法に則り地方文化の向上民主化促進の對策として防犯普及の積極的民間協力機關たらんす

文化部 地方文化の向上と民主的啓蒙運動の實績をはかり公正なる世論の釀成を期す

▼機關紙〝世論大分〟刊行
▼講演會、巡回座談會、文化研究會結成運動
▼百般の事業設業に對する世論調査

調査部 個人の尊嚴の維持權利伸長を目的とし依頼者の意志に依り秘密を嚴守して如何なる調査も受諾す

▼一般人事個人法人の信用調査、雇傭結婚、學生就學狀況調査、法律、商工その他凡ゆる調査と相談
▼新法令に對處有利なる證據資料の收集
▼特定事項の調査資料提供

特設部 現今の社會狀勢とその要求に應じ民主化を阻害する社會惡の除去、防犯普及の組織的方策の展開、結果に於て政治不信を增大する主因の撲滅防止

▼公共機關法人團体及びその構成員並に指定生産配給業者の非民主的反社會的行爲行動の調査證據の收集
▼前項の是正と世論の批判當該機關への告發報告根據ある噂の實態調査、證據收集
▼私利私慾のため公共機關員を籠絡せんとする行爲や個人の尊嚴を侵害する權力の濫用行爲、暴力支配力による不法行爲組織を徒らに破壞せんとする行動等々に對する調査材料證據の收集

以上强力に目的遂行に挺身せんとするのであるがその基本條件は金力權力他有形無形の外部壓力を排除し特定の支配を受けず飽くまで民主的獨自性を堅持運營する

発行日を西暦で表記しています。

子供と一緒に実家の籍に返りたい。手続きを教えてほしい」という鉄輪の女性には「引揚完了地区で生死不明であれば戦争終了後三年を経て失踪宣告の申し立てを行えば、離婚できる」と教えています。シベリアからの復員兵が「戦後音信不通であったため、父の承諾書によって妻が再婚していたが、この再婚を解消し複縁したい」という男性からの相談もあります。「手続きが無効であることを家事審判所に申し出、戸籍訂正を行うように」とアドバイスをしています。未亡人となり「妾奉公にでたが、月千円程度しかくれないし、いずれ正妻にするという約束も果たさない。慰謝料の請求ができますか」という上田の湯の女性からの相談には、もちろん「そもそも善良な風俗に反する約束だから請求はできません」と答えています。

万寿会ニュース

戦争犠牲者の保護施設を

一号（昭和二十四年二月五日）～四号（昭和二十四年八月一日）
発行所　万寿会　別府市北町万寿会事務局
発行人　大橋秀信
編集人　近藤正勝

別府には医療都市として、戦前から多くの病院、保養施設などがありました。また戦争中は、多くの傷病兵を受け入れてきました。戦後、そうした別府に「相互的戦争犠牲者保護施設の建設」を求める声があがり、実現のために万寿会が結成されました。退院後の生活が成り立つように「愛の更生授産場施設」の建設を目指しています。国立病院の医師や別府市、大分市の名士達にもまして、多くの患者達が設立の趣旨に賛同し、声援や寄付を寄せています。会員数七三三名。「万寿会ニュース」はその機関紙です。

一号の編集兼発行人である大橋秀信氏が実質的な責任者のようです。設立事務所は流川通りのひさご旅館内、本部は行合町一八三三、その後北町一八四一のツシマ商事内に移動しています。プランゲ文庫には一号から四号まで収蔵されています。一号はガリ版刷りです。

萬寿会会長である宮崎県選出の参議院議員、椎井康雄氏が所有する亀川聖人町元製塩工場が万寿会特設寮ならびに授産場として使うべく会に譲渡されました。さらに観海寺元高等温泉の一部が万寿会の寮として万寿寮と名づけられました。

授産施設とはいえ、主として行われたのは化粧品、文

＝來れ萬壽會愛の翼の下へ＝

萬壽會ニュース

No.3

昭和二十四年五月十日印刷發行
發行所 別府市北町一八四一番 萬壽會本部
發行人 理事長 大橋秀信
編集人 事務局 近藤正勝
印刷所 日新印刷株式會社

次號發行予定
五月末日

法人格に燭光みゆ
會員すでに七百名突破

傷病の身になやむ多くの心體傷害者救濟の爲め愛の相互扶助運動をスローガンとして平和日本建設の一翼を擔つて苦節七ヶ月餘法人として認可の方針に[illegible]光明を見出し豊かなる同情と支援により甲種會員二百十二名、乙種會員五百二十一名あわせて七百三十三名の會員に、堂々社會的に發足現在四十五名の現業正會員は觀海寺萬壽寮ほか各所に新生活を開始今後特設寮授産場の擴充發展とともに九州區内は勿論、全國的に普及人類永遠の平和と幸福達成のため努力することになつた。

事務局設置決る
＝別府市北町に＝

かねて懸案の萬壽會事務局は別府市北町ツシマ商事株式會社の薦野直實氏の肝焦りで同社內に設置を決定四月二十七日から事務を開始す。

萬壽會授産工場着工
竣工は六月一日か

四月二日歸別した椎井會長の特別なる斡旋で對馬産業聖人濱分割工場は萬壽會事業の懷中溫泉洗劑工場および特設寮に工費二十六万五千圓で六月一日竣工をめざし五月一日工事に着手した。

懷中溫泉
特許權讓渡さる

現代市販されているカイロの缺點をおぎなつて岡部譲二氏多年の研究による特許製品懷中溫泉の權利を讓渡本品は一定溫度(五五度)の水蒸氣が二十數時間にわたり人體表面に熱を加へる爲に痛消炎作用強く神經痛、神經炎、急慢性胃腸病、婦人病、痔疾、扁桃腺炎、肩痛、腰痛、初期胸膜炎、急性疾帳の疼痛解消及胸水解消などの幾多の慢性疾患に最適である。

農漁村薬品の
配給開始

提携の結實一つ

社團法人農山漁村文化協會は厚生省の指定で醫療にとぼしい農山漁村民は優先配合するため二十有數の藥品を含む家庭常備藥十万個(時價一個千圓)を終戰時公百五十圓といふ破格の廉價で今般閉鎖機關から拂下げを受けたが心體傷害者救濟をスローガンとする萬壽會の主旨に贊意を示めして農山漁村民に供給する一切の權利を本會に代行させることになり目下配給を展開してゐる。

横長い紙面の右半分です。

具、食料加工品、日用雑貨などの販売です。会の評議員にはナナ化粧品株式会社、タツミ化粧品株式会社、日本ビーズ株式会社、元満鉄資材課長、元日華貿易公司顧問、元総理庁商工局技師、元不動銀行支店長などが名を連ねていますが、彼らの多くが格安で会に物品を提供しています。

興味深いのは別府の名産である竹を使って「国民体育の向上の見地より全身運動の最適品は縄跳びである」として竹製の縄跳びを製造販売していることです。「簡単に美麗強靭なものができ、輸出用としても期待される」と述べています。また「懐中温泉」なるものを売り出しています。これは「カイロの欠点をおぎなった特許製品で、一定温度の水蒸気が○数時間にわたり熱を出し多くの慢性疾患に効果があるそうです。

注　実際に、亀川国立病院内にあった万寿会が運営する売店に、よくお使いに行かされた思い出を話してくれた方（七十代前半）にお会いしました。

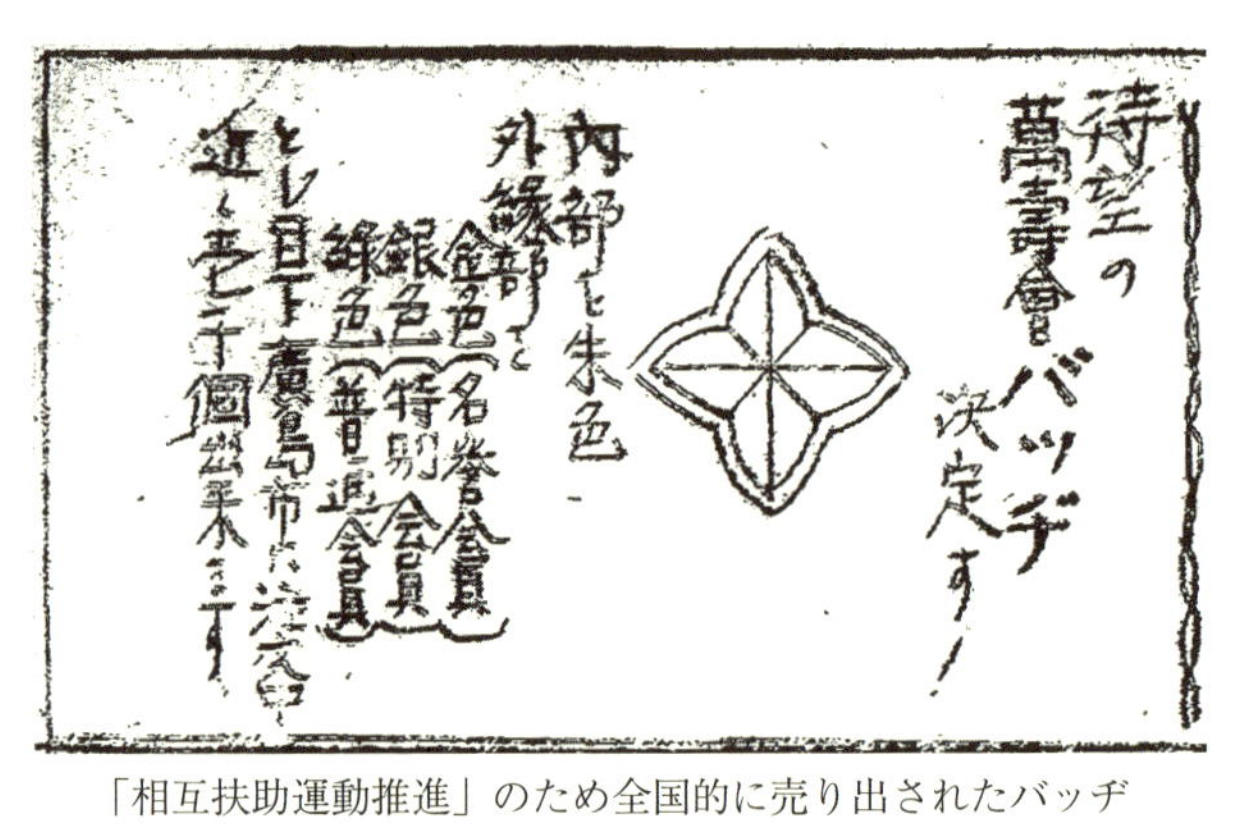

「相互扶助運動推進」のため全国的に売り出されたバッヂ

別占宣（べっせんせん）

垣間見る基地労働の実態

五十一号（昭和二十四年九月一日）〜五十三号（昭和二十四年九月五日）
出版者　別府占領軍要員労働組合

現在の別府公園を中心とした場所には、終戦直後の昭和二十一年十二月から昭和三十二年まで「チッカマウガ」と呼ばれた進駐軍基地がありました。この新聞は、そのチッカマウガで働いていた人達の結成した労働組合が出したものです。組合長は高橋壽氏です。ガリ版刷り一面ですので、情宣ビラといったほうが適当かもしれません。別占宣は別府占領軍労働組合宣伝新聞を略した言い方だと思われます。プランゲ文庫には残念ながら五十一号〜五十三号しか収蔵されていませんが、それでもあまり知れていない基地労働の実態を垣間見ることができます。

基地労働者のうち事務関係は全国共通に職種別基本給でしたが、技能関係は昭和二十三年から、進駐軍により強引に各県別、各職種別基本給制になりましたが、職務定義などが曖昧で、さまざまな問題が生じました。そのことと関係があるのか、五十一号では、「語学再試験」が実施されることが報じられていますが、試験の結果をうけて、英語力により給料の見直しなどが行われたようです。都合で試験を受けられなかった人以外に、前の試験で不合格になった人も対象になっています。試験官はゼージャッツ中尉、田北通訳策域外務課長です。

組合活動によりさまざまな手当の支給を勝ち取って

BESSENSEN

13 Sept

FILE

別占會第五一号
昭和二十四年九月一日

人員整理問題更に好轉す

殿

完全労務の提供を期しませう

最後別占會で既知らせた通り人員整理に[illegible]予算の増額方を軍と縣に折衝中であった所漸次好轉し
十一月から予算を受けた[illegible]完全な労務の提供に遺憾なき様配慮せられたい

1.8.1以後労務官の努力による[illegible]予算の増額が認められる模様である

2.然しヨタ?の犠牲は免がれない模様でありて時間制の職場も[illegible]せて考慮される[illegible]

3.職種と実際の仕事が合致しない[illegible]ざるい職種は[illegible]従って情実等によって[illegible]又た職種が出ている[illegible]

責任者
別府占領軍從業員労働組合
組合長　高橋　壽

記

1.以前語学加給が支給されていた者で先般の試験に職場の都合で受験出来なかった者

2.最近受験されて不合格となった者（〇〇%のもの）

3.試験官　ゼージャツ中尉　田北通訳　[illegible]外務課長

八月分臨時手当支給基準
事務系一八四円〜一七六

[illegible]予算の増額分有り臨時手当支給基準は左の通決定した
従って時間給の計算は
事務系統一時間に付本俸の一八四分の一
技能工系統一時間付本俸の一七六分の一
以上

語学再試験実施さる

右記に該當する者に対しては来る九月六日再試験が実施されるので漏れなく受験されたい

別府市公会堂

新聞というより情宣ビラのような感じです。

います。目につくところでは女性労働者に六カ月間月二〇〇〇円の哺育手当、出産の前後に計八四日分の出産手当、報酬月額の半分の分娩費などが支給されていることです。「ただし厚生大臣の認可を得なければ実施できないので予め了知を乞う」とあるのは、昭和二十六年以前は基地労働者の人件費は、日本側が負担していた事情を反映しているのでしょうか。

組合活動の一環として、警備中隊文化部と共同で文化活動も計画しています。九月二十一、二十二日の両日にわたり、別府市公会堂で行うので、出演者を募集し、申込の例として、「歌謡曲　湯の町エレジー　山田一男　五分」「寸劇　別府風景　村田正子　外五名　十五分」とあります。別府風景を観てみたいものです。

米軍基地チッカマウガ内のPX（軍営内の売店）　昭和23年6月

複雑怪奇、泉都はいつも起きている

もともと温泉観光都市であったことに加えて、さまざまな事情を抱えた人々がなだれ込んできた街は、消費都市としての一面が強くなりました。大分新聞の「大べっぷ二四時間　泉都はいつも起きている　夜はパンパンと泥君　昼は闇市と映画と逢引」という見出しがそうした街の姿をよく言い表しています。当然、犯罪も頻発します。凶悪事件というより、百貨店から足袋だけ盗んで行く泥棒の話など実にいじましい事件の記事が目につきます。市内で発生する事件にも増して、周辺地の犯罪者が逃げ込むことが多く、警察を悩ませていたようです。

戦後最大の娯楽だった映画の専門新聞も発行されています。占領期には、精神的支柱を失った人々の心に答えるかのように日本全国で新興宗教が活発になりますが、別府でも「よなほり」「霊界通信」といった新聞が出ています。大分新聞は珍しく日刊紙で、一面は主に県政や経済、時には全国のニュースが掲載されています。二面は社会面で、報道写真も掲載されるなど充実した新聞です。残念なことに新聞用紙の闇取引、横領などで取り調べをうけ解散に追い込まれました。夕刊サンデーは、検閲局への届け出に「地方紙としての特徴を生かし一般市民、家庭新聞たらんとす」と記していますが、検閲官のデヴィッド・バーン中尉から「記事の八〇パーセントがセンセーショナルで猥雑である」という覚書を受け取っています。

夕刊サンデー

検閲官が「娯楽慰安都市を宣伝」と批判

一号（昭和二十一年十一月二十四日）～二十七号（昭和二十二年六月二十九日）欠＝二十三号
発行所　夕刊サンデー社　別府市流川通三
編集発行印刷人　斉藤栄一
定価　一部五〇銭　一ヶ月四円　十二月より一部八〇銭　一ヶ月五円　昭和二十二年一月より一部一円一ヶ月五円
週刊　毎週日曜日
社長　松本晋

創刊号は官選市長だった末松偕一郎市長の退任に伴い、後任暫定市長として脇鉄一氏が推薦されたことに対する批判記事で埋まっています。新聞発行人は斉藤栄一氏ですが、夕刊サンデー社の社長は民主前衛同盟の松本晋氏です。検閲局への届出に「米軍司令部指令を基本とし市政刷新、世論喚起、社会悪の摘発者として民主主義達成に資する」とあり、知事選、市長選、市議選のみでなく、町内会長の選挙にまで紙面を割いています。

公選制となった終戦直後の町内会長選は一町内に立候補者が数名立つなど、激戦だったようです。投票日日前に突然立候補し、選挙運動を繰り広げたK氏の「策動」を押しのけた梅園町内会の記事「乱戦の町内会長公選、ミソをつけた旧勢力　凱歌をあげた梅園町内会」を読むと、どうやら以前から米配給をめぐってのトラブルが背景にあったようです。行合町は有権者一三〇〇名、うち棄権はわずか五〇名の「好成績」で、一位（四二二票）と二位（四〇五票）の差がわずか一七票の激戦でしたが、当選したS氏は投票日前日に自分が推薦をうけていたことが分かって驚いたということです。「東蓮田町内会長公選に暗影」を読むと、公職追放により引退した東蓮田町内会長のあとを選ぶ選挙では三名が立候補しました

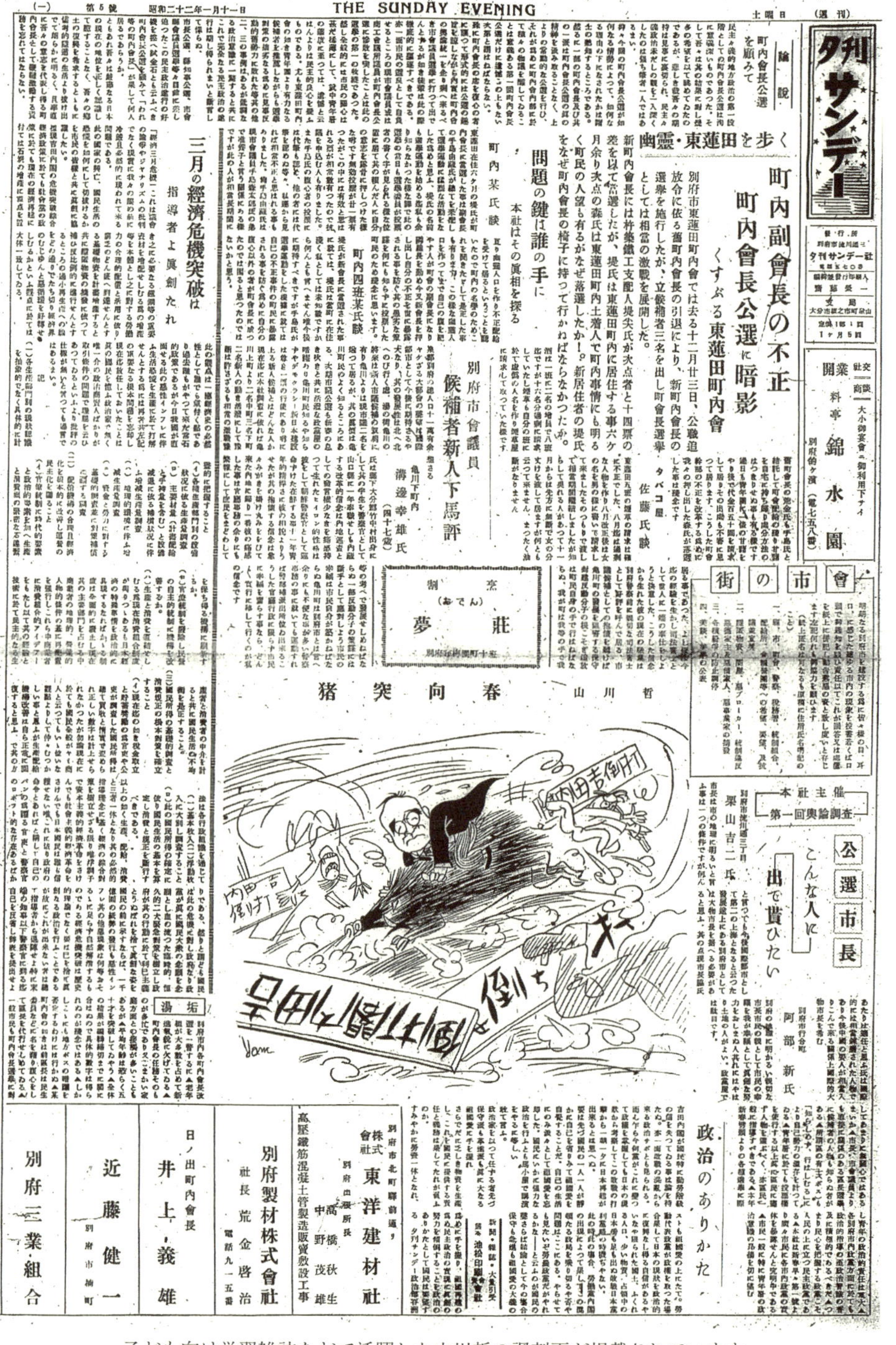

THE SUNDAY EVENING

（一）　第５號　昭和二十二年一月十一日　土曜日　（週刊）

夕刊サンデー

發行所　別府市北濱通三　夕刊サンデー社

論説
町内會長公選を顧みて

民主々義的地方政治の第一段階としての町内會長公選は洵に意義深いものであつた。

幽靈・東蓮田を歩く

町内副會長の不正
町内會長公選に暗影
くすぶる東蓮田町内會

別府市東蓮田町内會では去る十二月廿三日、公職追放令に依る舊町内會長の引退により、新町内會長の選擧を施行したが、立候補者三名を出し町會長選擧としては相當の激戰を展開した。

新町内會長には杵築鐵工支配人堤尖氏が次点者と十四票の差を以て當選したが、堤氏は東蓮田町内に居住する事六ケ月余り次点の森氏は東蓮田町内土着人で町内事情にも明るく町民の人望も有るがなぜ落選したか！？新居住者の堤氏をなぜ町内會長の椅子に持って行かねばならなかつたか。

町内某氏談

タバコ屋　佐藤氏談

問題の鍵は誰の手に
本社はその眞相を探る

町内四班某氏談

別府市會議員
候補者新人下馬評
亀川下町内　滯邊幸雄氏（四十七歳）

三月の經濟危機突破は
指導者と眞劍たれ

窯　茶
（おでん）
夢　莊
別府市内四間町十

街の市會

主催　本社
第一回輿論調査

公選市長
こんな人に
出て貰ひたい

猪突向春　山川哲

垢湯

政治のありかた

子ども向け学習雑誌などで活躍した山川哲の諷刺画が掲載されています。

が、六ヶ月前に移って来て町内の事情に疎いT氏が当選したことをめぐって町内に不満が「くすぶっている」ということです。

二面には柔らかい記事が掲載されています。検閲官デヴィッド中尉の「八〇％の記事がセンセーショナルで猥褻である。個人的な意見を述べれば、この新聞の存在理由は温泉リゾート娯楽慰安都市としての別府を宣伝することであり、その編集方針は道徳的な堕落を誘うことである」という英文の検閲文書が添付されています。一面と二面の内容に落差があるのは確かですが、ちょっと言いすぎの感じがします。検閲官はうぶな青年将校だったのかもしれません。彼が問題視したと思われる記事のタイトルをあげると「夜の泉都　絹を裂く女の悲鳴　別府港埠頭の巻」「夫は三年前に出征　留守を守る若妻は妊娠　生活苦と愛の欲の錯綜」「こんな女が騙される」などです。また世界館の支配人本田新二氏の随筆「暴風雨」は英訳され、問題個所「右手を彼女の〇〇に差し入れ、専ら左手で彼女を抱擁せんと」には棒線が引かれていました。硬軟両方の記事が掲載された面白い新聞です。

大分新聞

泉都はいつも起きている

一号（昭和二十一年一月八日）〜六十二号（昭和二十二年九月七日）
発行所　株式会社大分新聞社　別府市大字別府一一四番地中浜筋四丁目　昭和二十二年八月に旭通りの新社屋に移転
発行人　梅村彰
編集人　山上一夫
印刷人　佐藤正巳
定価　月六円　一部六十銭　三十二号より月十円
最初は日刊のちに旬刊に変更。

大分県には今まで「大分新聞」という同じ名前の新聞が何種類か出されています。

まず大分合同新聞の前身の大分新聞（明治二十二年創刊）です。この大分新聞とは別に昭和二十五年に大分市千代町で創刊され昭和四十二年まで続いた大分新聞があります。一方、プランゲ文庫収蔵のこの大分新聞は別府市で創刊されました。短期間でしたが広範な購読者のいた新聞だったと思われます。創刊の辞によると「別府輿論新聞、眞大分、二豊タイムスの三社が合併統合」してできたものです。株式会社で、社長は大光工務店の社長でもあった大石哲也氏です。社員募集の広告には「記者、女子事務員各一〇名、広告部員二〇名募集」とありますし、大分はもちろん臼杵、津久見などにも通信部を設置し、また創刊わずか八カ月後には新社屋を建設しています。しかしそのわずか一カ月後には深刻な労働争議があり、社長も指原今朝市氏に交代。さらに二ヶ月後には「新聞用紙のヤミ、横領などの事件で取り調べられ、社長が従業員組合に解散を通告」しています。読みごたえのある記事が掲載された新聞です。一年も続かなかったのは残念です。

新憲法公布後に立て続けに行われた知事選、参議院選、

THE OITASHIMBUN
（一） 昭和二十二年二月九日 （日曜日）
日刊 第六號
大分新聞
發行所 別府市大字別府一一一四 株式會社 大分新聞社

地方選擧愈よ序幕戰に入る

農地改革の進行は頻發するストと中央における政變劇など都會の激動と混亂をよそに眠つていた農村を目ざめさせ、何かしらモヤモヤとしたものに包まれていた封建の母胎を、はつきりと現わし民主化の嵐におののいているが、この表情は何も都會と對立するものではなくむしろ都市においても農村においても、保守勢力と民主勢力の色わけが、はつきりと浮びあがり兩者は正面から對立するに至つた、地方政戰も序幕戰に入つたが、兩勢力はいかにして、それぞれの地盤をまもり勢力を伸張せんとしているか、昨年四月の總選擧當時の情勢とにらみ合せてみる。

運命決す農村の動き

"人材發見難" 各政派の惱み深刻

結局は因縁情實か

封建色濃厚な農漁村

總選擧の反省

難の協同民主黨

追放旋風で幹部は總退陣

二部提出を義務づけられたゲラ刷りを一部しか提出していないことを示す only one copy の文字が見えます。

衆議院選、県議、市議選関連の熱っぽい記事が目につきますが、衆議院選の立候補者の中に道上百子氏の立候補の言をみつけました。彼女は前年の昭和二十一年四月十日、戦後女性が初めて参政権を行使した第二十二回衆議院選にも、県下で女性としてただ一人立候補し、惜敗しています。当時、浜脇に住んでいました。三十六才。県下で万遍なく得票し、定員七名、立候補者四九名中、第十位でした。

◆婦人の政治知識の高揚は一人でも多く婦人代議士を為政檀上に送り、まず婦人に政治への関心をもたせる愛情ある政治の確立が急務である。熊本出身、台北高女中退、夫ともに美術商を経営。

　彼女のその後の消息などはまったく不明です。

　昭和二十一年当時の別府の姿を伝える「大べっぷ二四時間　泉都はいつも起きている　夜は泥クンとパンパン嬢　昼は闇市と映画と逢引」など紹介したい記事は沢山ありますが、それより大分新聞が開いた上田保大分市長と脇鉄一別府市長の対談における「別府のおかげで大分が困る」という上田発言のほうが「純然たる消費都市」別府の姿を物語っているかもしれません。

◆上田　―「こんなことを言うと別府の人から叱られるかしらんが、今度東京に行ったら、赤坂などは一粒の米もないのに、その東京の米の値段と大分の値が同じだ。東京より高いところさえある。その原因は別府だ。別府から山を越えて海岸沿いに殺到する買出部隊のため大分の物価は暴騰だ。野菜でも大分で売るより危険を冒してでも別府へもっていくからますます上がる。別府に金持がいて、大分に生産者がいる限りはだめだ」

注　上田保大分市長はこの時期田畑を荒していた高崎山の野性猿を餌づけし、昭和二十八年に自然動物園として開園させた名物市長です。中心街が焼跡となった大分市の復興に力を尽くしました。火野葦平は上田をモデルにして『ただ今零匹』を書きました。

別府タイムス

第二の帝銀事件か!?

一号（昭和二十二年二月五日）～二十四号（昭和二十四年八月三日）
発行所　別府タイムス社
一号～十四号　別府市老松区立仲間通一丁目
十五号以下　別府市不老町一八九五番地
発行兼編集人　一号～五号　三井實男　六号以下
田井正三
定価一部　一号～十四号　一円　十五号～二十号
二円　二十一号以下　五円
旬刊

発行編集人の三井實男氏はこの「別府タイムス」を発行していた間に、「大分民報」も編集、発行していた人です。満州から引揚げてきたジャーナリスト達が結成した満蒙文加恋栄のメンバーの一人です。六号以下は田井正三氏に代っています。写真などは載っていませんが、活版印刷で、別府に関する記事を中心に、大分県全体を視野に入れたバランスの良い、読みやすい新聞です。最初は旬刊でしたが、次第に間隔が空き、月刊になります。脇鐵一別府市長と並んで藤沢徳太郎商工会議所会頭が創刊の祝辞を述べています。

別府市が平成七年に策定した「温泉博物館」建設基本計画は、諸般の事情により残念ながら実施にはいたらなかったことを覚えている方もいると思いますが、温泉博物館建設計画が、この時期にも立てられていたことが分かる記事がありました。「温泉博物館の予算」という見出しで「衆議院その他関係方面に打診した結果、観光施設の一端として温泉博物館の計画案が文部省案として予算要求のため経済安定本部に提出された。着工は五年度から三カ年継続事業の予定で、別府市に建設される予定だが、地元としては今から万全の対策を研究して、実現に努力と熱意をもってあたれば必ず優秀な世界的博物館

（一）　第2號　THE BEPPU TIMES　昭和二十二年二月十五日　（旬刊）

發行所
別府タイムス社
別府市老松區 中間通り一丁目
發行兼編輯人 三井實雄
印刷人 平岩彌濤治
（定價一部 五十錢）

總選擧は四月末實施か
議會解散は四月初め

政府は衆院解散の時期を通常議會終了後とし參議院選擧と總選擧との時期的な關係については參議院の議員選擧告示豫定を三月二十日前後に繰り上げ、衆議院議員選擧終了後に衆議院解散の豫定であるしたがって參議院議員の選擧期日は告示後二十日間とみて衆院の解散は四月十日前後とみられている●なお總選擧については立候補者の資格審査や、選擧法の公布や種々と日時を要するので五月末か六月上旬にならう●しかし五月三日には新憲法が實施され、一切の運營が新憲法にもとずいて行われるのが望ましいから、總選擧もその前に施行されることになるかもしれない

日獨國民に食糧を增配
米陸軍次官補强調

アメリカ陸軍次官補ハワードピーターセン氏は去る二月八日つぎのように放送し、日獨國民に對する食糧供給の必要を强調した

日獨兩國における民主々義建設の成否はこれら兩國民がどの程度の食糧を供給されるかにかゝつているといえよう。私は人民の意志に對して完全な責任を負う政府をもつた眞の民主國家は決して侵略國にはならないと確信しているが、同時にまたすくな、とも生きて行けるだけの生活水準が許され、將來これをさらに改善できるという希望が與えられない限り民主的になることを人民に期待することはできないと確信しているドイツ人は現在最大限一七四〇カロリーの熱量、日本人は一五五〇カロリーである。日獨兩國とも食糧が增配されないと國民は徐々に肉体を損なつてゆく

農地委員選擧
來る廿五日施行

縣下農地委員の選擧は二月二十五日施行される●次の点に注意すること

無投票で當選した地區は縣下で小作が約半數の百十八區地主が約三分の二の百七十六自作が半數の百十七でこれらに對してはその町村において有權者の半數以上の贊成を得て改選の要求があつた場合に限り改選し、その要求のない地方は無投票當選者を當選者として確認するその例として國東町では半數以上の要請により再選擧を行うた。なお投票と開票は各地方事務所で行い有權者は市町村農地委員に選ばれた者に限り投票區は小作なら小作に投票する立候補は農地委員に限るわけで二月二十日まで受付けるがなるべく早く立候補するがよい。運動は文書でも言論でも自由で選擧費用の制限もない。當選者は投票の翌日決定するがその員數は小作十人、地主六人、自作四人中立委員五名は縣が當選した十五名の委員の同意を得て農林大臣に内申し資格審査の結果きまる。これがきまると二十五で縣農地委員が成立する事務は三月中旬ごろ開始

最初の公選
知事は誰か
某消息通は語る

知事の公選は、その地方の住民によつて直接選擧さるゝということに特色もありその意義も大きいわけであるまたそれが直ちに地方自治の實施でもあるので、その成果に期待さるゝところが大きい。

大分縣百二十万の縣民によつてこの最初の公選知事が選ばれるが、その候補者として既報のとおり細田現知事、黒岩縣會議長 安田社會黨縣聯會長の三氏が擧げられており、就中細田現知事が最も有力視されている。しかし其後の情勢の變化により細田現知事は立候補を断念し黒岩縣會議長がこれに代つて出馬するとも言われ、また一説には黒岩氏すでに立候補の意志なく結局安田氏がほとんど無競爭で初代公選知事に當選するのではないかと傳わられ、いまのところ五里霧中と言つてよいこの知事問題について別府市の某消息通は語る

誰に落着くのか、わからぬと言うのが目下の實狀だ●細田氏は未だ若く官僚として前途があるのだから、このまゝ官僚街道を前進するだろう細田氏のためにもその方がよからう。某土建が尻押ししており評判となつたので立候補を斷念したとの説もあるがそうなると眞相不明と言う他はない。黒岩氏は政友に説得されて月雪花に遊ぶことゝなつた。と言うが氣の強い老人だからそうばかりでもあるまいたゞ去年の暮れあたり五十鈴組の取締役會長という椅子に坐つたので政界の豫備役編入と見ている向きもあるようだ。しかし本人は「……いや別に、しばらく組の面倒をみてやるだけさ」と知事に出ることも出ないとも言わず例の目玉をむいて見せたそうだ●安田氏は相當强く推されているが同じ社會黨内でも衆院取つて置きの候補者を引戻す力も相當らしいから、どちらが勝つか綱ひきみたようなものだ。他に色氣のあるものも一二あるようだがさてどんなものがね

供米について
細田知事かたる

食糧が日本の現狀よりして何よりも大事であることは申すまでもない。本縣の米の供出は不成績で遺憾に堪えぬ占領軍におかれても米の供出については非常に關心をもたれ過般より宇佐、南海部、大野郡地方を視察されたが一月三十日には日田地方に大分軍政部司令官自らわざわざ出張され同地方の供米狀況を觀察された●その際日田市はすでに完納し、日田郡十二ケ村中二ケ村を殘すのみで他は全部完納の好成績であつたので司令官より關係者にお賞めの言葉があつたそうで、地方事務所長が感激して二ケ村に傳わつたところ馬原村の如きはその翌日完納したそうです●このことは軍政部が如何に食糧問題に厚意と關心をもたれているかをうかがい得るのであります●本年度米の供出は國内食糧の不足に對し輸入を仰ぐ上にも大きな關係があるので、農家においては速かに供米を完了し軍政部の厚意にこたえらるゝよう望んでやみません

雜記帖
農えの反省

新生日本が民主國として或わ文化國家としてその前途に望みおかけられていることわ爭ぬ事實であるが、民主國家にせよ、文化國家にせよ　その何れにも包含せられ且つ基盤の一つであるべき農本日本という性格が大きく横たわつていることお忘れてわならぬ。言い換えれば農本日本のなかに民主國家があり、また文化國家があるのであつて農お忘れてわ民主も文化もあり得ぬかりに農が民主日本から忘れられ、文化から農が置き去りにされるようなことがあれば、再び日本の破滅お招くであろうことが明らかである。勿論食糧問題としての農お第一にあげねばならぬがそれにお殊更らに論ずる必要わない。農に培かい、農に培かわれ來たつた思想およびその行動こそ我々の反省お呼びおこすのである●農における思想およびその行動わ或わ幼稚であり、粗野でもあろうけれども我々の實生活上から引離すわけにわゆかぬ●たゞしそれわ傷つかざる日本の農に對する我我の遙かな憬がれであつて、こんどの戰爭中および終戰後の日本の農わ根本から破壊せられ、しかも底の知れない深淵に沈みつゝあるかつて我々がふかい敬虔お拂つた農の營み、それわ「行」に近いものであつたがこんにちのそれわ憎悪の念なくしては考えられぬのである。封建的な家族制度わ新憲法とおよそ縁の遠いものであり、百年一日のごとき農耕法わすこしも改ためられそうもない。新生日本の農のありようとしては全た戰慄お感ぜずにわおれぬ●このまゝにうち捨てゝよいであらうか、我々わ民主日本も、文化日本も、農大革命なしてわ實現不可能と斷ぜざるお得ぬ

紙の不足
益々せまる

出版用紙不足のため紙の闇が大きくひろがつている。現在出版關係者は、日本出版協會に屬する正會員二千余、それに研究會など營利を目的としない準會員七百八十、日本自由出版協會三百、何れにも屬しない會員三百で合計三千五百近いものが紙の獲得に血まなこになつている。用紙の配給狀況は昨年の四半期の切符がようやく現物化した程度であつて、この配給にたよつていたのでは豫定の出版はできるはずはない。したがつて紙一連が一千円内外を唱ねているので出版物の定價もうなぎのぼりで、雑誌が十円を突破するのも珍しくない谷崎潤一郎の「きんじ」が五十円、季刊雑誌「創元」が百円で堂々と店頭にならんでいる。しかも出版危機がひしひしと迫る實情にある

三年ぶりに温泉祭
温泉は呼ぶ
春の別府の華やかさ

民主國家として、文化國家として新生の第一歩お踏みだした日本の春、ことしわ觀光都市「別府」が華々しく登場する春でもある。市の觀光課でも、觀光資源の整備と、これが一般への宣傳とに力瘤おいれている。なおこれまで三年間にわたつて中止していた温泉祭りも、ことしわ大々的に擧行することに決定した。別府名物は温泉であり地獄であり、海に山にその秀でた景勝がつねに觀光客を招いておる

温泉案内

別府温泉 別府温泉は別府灣の西臨海温泉及び鶴見嶽のゆるやかな裾野一帶で南は大分市の高崎山に隣接し北は豊岡町につゞく東西十二キロ、南北八キロ、面積約二百八萬平方キロの温泉地帯をいう。別府、濱脇、龜川、柴石、鐵輪、明礬、堀田、觀海寺などと海に山に至るところに温泉場があり、湯の湧出量に於て四國一帯が風光に富む名所に於て日本一の温泉と呼ばるゝのも誇示ではない

別府温泉 市街の中心繁華街一帯で市營その他の主要公衆浴場二十餘ケ所あり、一晝夜の湧出量合せて十五萬石に上る泉質は多種多樣である。大別すると炭酸泉、單純泉、アルカリ泉、塩類泉、土類泉、鐵泉、硫黄泉、酸性泉など

濱脇温泉 市街の東南部、朝見川を距てた歡樂街附近で泉質はアルカリ性食塩泉等東洋一の大公衆浴場濱脇高等温泉がある

龜川温泉 別府市の北端で龜川驛附近一帯別府と共に臨海温泉として知られ泉質は含土類塩類泉、アルカリ性土類泉等で主要公衆浴場四ケ所あり

鐵輪温泉 別府驛から西北六キロ、龜川驛から西南四キロ、扇山の東麓にあり、神經痛等によく効くむし湯の外公衆浴場が六ケ所あり附近に立列ぶ旅館には四季を通じて長期滞留の湯治客多く長閑な温泉気分に溢れてゐる

明礬温泉 別府驛の西北一〇キロ、山丘温泉場で別府灣や市街を一望に見る景觀の地、公衆浴場三ケ所あり名産湯の花の採取場として有名

觀海寺温泉 別府驛の西方約四キロ泉質は炭酸泉塩類泉で慢性胃腸病に効く飲み湯で知られ、春は櫻の名所

柴石温泉 溪流に沿ふ閑雅な温泉場

堀田温泉 別府驛の西北五キロ、硫黄泉、明礬泉などあり土地高燥で景色よく附近に硫氣孔がある

別府八景

鶴見ケ丘 西北の郊外高燥の地で古蹟多く九州帝國大學温泉治療學研究所、京都帝國大學火山温泉研究所、遊園地鶴見閣、温泉利用の温室で有名な縣生農園や住宅地などがある

高崎山 市の南端に隣接するヘルメット帽に似た山で山頂に大友城址あり澤山の野猿が棲んでゐる

實相寺山 別府驛から西北四キロ市の中央にある饅頭形の山で古戰城である

觀海寺乙原高台 市の西北に跨る温泉と遊覧の地でケーブル遊園地、乙原の瀧などがある

東公園 別府驛に隣接する山腹の名勝地で、南部の市街を俯瞰され、春は櫻の名所、附近には古墳金比羅山がある

日出城下海岸 別府から汽車、バスの便あり日出町の名勝地舊城下の海岸すだれ松は美味の名産「城下鰈」と共に有名

布仙境 別府からバスで一時間別府市院村に屬する山の温泉境で周圍には由布嶽倉木山、飛岳などが聳ゆ西南遙に久住の連峰が仰がれ、泉質は炭酸泉、夏は螢の名所

柴石溪流 龜川驛から三キロ、温泉地帯回遊道路の一隅にある山間部落の温泉で溪流美に富み岩石の間から湧き出す温泉は湯瀧となり、湯川となつてゐる。泉質は含鐵炭酸泉

タイトルに鶴見連峰がデザインされています。

ができあがる」とありました。「地元の努力と熱意」が不足していたのかどうかは不明ですが、この計画もやはり実現にはいたりませんでした。

引揚者の生活難、「銀座街立退き要求の嵐」「盗まれたものが出ている　別府の衣類競売所」などに見られる横行する闇市、「借家人組合の理事長　暴漢に襲撃」「家屋を持てるが故に悩む　おびやかされて発病　立退き要求に火をつけると脅迫」などに見られる別府の深刻な住宅難が引き起こす数々の事件とは別に、「第二の帝銀事件」として全国的に報道された「別府毒モナカ事件」の犯人が逮捕されたという記事が目につきました。東京の帝国銀行椎名支店の行員に青酸カリを飲ませ現金を強奪した「帝銀事件」は戦後犯罪史上よく知られた事件ですが、それを模倣したのか別府では、医師を騙った宿泊客が旅館（※竹瓦温泉付近にあったつづみ屋）の主人夫婦と女性従業員に塩化水銀を入れたモナカを食べさせ、宿賃を踏み倒したばかりか金銭と自分が宿泊費の肩代わりに差し出していた外套を盗んで逃げた事件がありました。全国に指名手配され、福井県で逮捕。他市でも強盗致傷事件などを起こした「稀代の悪党」は大分地裁で無期懲役が言い渡されました。でも毒モナカを食べた三人は苦しみながらも駆け込んだ近所の岡嶋医院での手当てが良かったのかすぐに回復しました

ニュー映画タイムス

充実した映画専門紙

一号（昭和二十二年三月一日）～十九号（昭和二十二年八月二十五日）
発行所　合資会社ニュー映画タイムス社　別府市南町旭通り二丁目
発行兼編集人　齊藤幸雄
印刷人　池田千太郎　住吉通り二丁目
定価　一ヶ月六円　一部二円
週刊

俳優の写真なども掲載された充実した映画専門紙ですが、一年足らずで休刊しています。この新聞にはＣＩＣ（※民間情報部）のタング中尉の「絶大なる賛同」があったということですが、休刊届を読むと、他の新聞と同様に、紙不足に苦しみ、齊藤社長は「精魂尽きて消費都市別府市を離れ」郷里の大野郡千歳村へ帰っていきます。齊藤氏は上海から引揚げてきた方で、休刊届は「結核と腎臓の病を併発した」齊藤氏の妻が代筆しています。

松竹、東宝、大映の封切り新作映画の紹介、海外の映画事情、俳優や映画の人気ランキングといった楽しい情報だけでなく、フィルム不足、電力事情悪化により映画界が苦しんでいること、入場税が五割から十割となること、五月に政権をとった片山社会党内閣が文化政策の一つとして映画研究所開設を決めたこと、また「新版上映は一切中止、時代劇に御難の声」といった記事も占領下にあることを実感する記事も掲載されています。時代劇は「封建的イデオロギーの誇示に流れやすく、また旧作新版の上映はプリント費のみですむため新作の製作を阻害する」ということが理由です。

プレイガイド欄から昭和二十二年五月末から六月にかけての別府の上映映画を紹介します。洋画専門の泉都座

1947年5月21日　THE NEW EIGA TIMES　(週刊)　第11號

ニュー映画タイムス

發行所 別府市南町 合資會社ニュー映畫タイムス社
編輯兼發行人 齋藤幸雄
印刷人 池田千太郎
定價 一ケ月 四圓 一部 一圓五十錢

壮士劇場
大映が贈る 新憲法記念映畫！

新憲法公布の五月三日に大映ニ映社が夫々の個性と現有勢力を引提げて記念映畫を製作發表した、即ち「壮士劇場」は大映マークを代表する脚本（八尋）監督（稲垣）撮影（宮川）主演（阪妻）それに客演（入江、遠初、月形、小堀、山本）といふベスト・スタッフを組んで、日本民主々義揺籃の明治中期を背景にして、自由民権を主題とする壮士芝居の創始者角藤定憲の非恰な半生記錄を描くもの。無法松の一生では素朴な人間本能の哀歡を美しく謳つた稲垣・阪妻のコンビが、本映畫では近代人のもつ知性と意志が、嚴しい現實社會の壁に衝撃するバイタリツクな美しさをとらへんとするもので特にヒーロー角藤（阪妻）の人生記錄をドラマチツクに彩どるさつき（入江）竹野（遠初）との出會離別の挿話は本映畫の壓倒的シーンを構成するものであらう。なほ阪妻の「無法松」と併べて「[illegible]」の時代劇[illegible]が映畫界の好話題を提供することにならう。稲垣・阪妻・入江三者の入神の顔合せは日本映畫で久しく見られなかつたシリアス・ドラマの典型を打ちたてゝくれることだらう。

◆スタッフ◆
企畫……松山英夫
脚本……八尋不二
監督……稲垣浩
撮影……宮川一夫

◆キャスト◆
角藤定憲……阪東妻三郎
さつき……入江たか子
名和竹野……遠初夢子
おしげ……日高すみ子
四人……山本禮三郎
横田金馬……原健作
笠井榮次郎……香川良介
榊原濤三郎……原聖四郎
島尾通秋……月形龍之助
名和彦助……荒木忍
庄五郎……村田宏壽
丸亀……上田吉二郎
波多野明良……寺島貢
中江兆民……小堀誠

本年度のベストワンをねらふ 松竹 東寶 の「須磨子」合戰

かつての映畫界は、新聞の連載小説や或いは有名大家の通俗小説などを競つて競作し、その映畫權をめぐつてはなく〳〵しい爭奪戰を演じたものであるが、終戰後映畫界が再び自由競爭の時代にかえると共にこの競作が再現しようとしてゐる、なかでも最も興味のあるのは松竹、東寶が同時に企劃を發表した「松井須磨子」で、先づ雜誌「苦樂」に掲載された長田秀雄の小説の原作權を制えるために兩社でせりあつたが、これは松竹が大金を投じて獲得、それなら内容で來いとばかりに東寶は企劃松崎啓次、脚本久板榮二郎、演出衣笠貞之助、主演山田五十鈴のベストメンバーを編成、松竹も負けじと企劃糸屋壽雄、脚本依田義賢、演出溝口健二、主演田中絹代でこれに對抗するなど果して兩社いづれがさきに製作に着手するか、又その出來榮えがいづれに軍配があがるか、ます〳〵興味を加えてきている。殊に主演女優に兩社とも日本映畫界の第一級のスター を据え、この絹代、五十鈴の演技合戰も觀物だが、須磨子の對手役島村抱月には松竹が狙つた瀧澤修や東寶におさへられたので、その他の脇役陣を起用、松竹は山村聰は松竹が小澤榮太郎、東野英次郎、村瀬幸子など共の蛋東藤の連中を使用いづれも新劇人によつて配役陣を補强するなど、共に本年度のベストワン映畫を狙つたスタツフ、配役の編成に苦心の後をみせ、いやがうえにも對抗意識をあほつている。

大船の新作「恥かしい頃」

松竹大船では永らく沈默を守つていた「楽かつら」の野村浩將監督が「彼女の發言」以來十年半ぶりで、同監督の得意の跡婚夫婦の生活を描く明朗篇「恥かしい頃」を製作することに決定した、製作は柳井隆雄、野村浩將自身の原作を武井部平と背島長利が共同脚色に當り出演者は清水金一、星光子、飯田蝶子、柳家金語樓などでこの程伊豆ロケから製作開始した。

大映二千万圓に増資 松竹 東寶へ積極的に挑戰

業界全般に亘る好景氣の波にのつた大映は製作配給共にその業績は頗る活況で、松竹・東寶を凌ぐ狀態を呈するに至り、加うるに東横との廣汎な協定に基く全プロ編成の實現と全農映との同社作品の全國的浸透は愈々大映をして業務全般に及ぶ増强發展を企圖させるに至つた即ち三月初旬よ[illegible]噂されていた増資問題は、永田雅一氏の社長就任と共に急速に具体化し、愈々來る廿六日の臨時株主總會に於て資本金二千万圓（現在七百七十万圓）への約三倍増額を決定する事となつて注目されている。今回の大映増資の件は大体正月中認可の運びとなる模樣であり、新株式は現在の株主に對し其の所有株一株に付き一株の割合にてこれを割當て殘餘は一般に公募する事となつている。大映は今度の増資により東寶とのより以上の緊密化、理研との協定締結、東西兩撮影所の擴充强化及び上映館の積極的獲得に乘り出す事になつており、松竹東寶の堅壘を脅するものとして今年度業界に於ける大映の攻勢が早くも各方面の話題となつている。

松竹◇大映
京都兩撮影所 製作現況紹介

松竹、大映の京都撮影所製作現況左の如し（五月十日現在）

松竹 △高木組「モデルと若様」はマキノ組「非常線」完成の後をうけて製作も漸く本格的となり十五日頃クランクアツプの豫定 △溝口組「女優須磨子の戀」脚本改稿中中旬より撮影開始する豫定、田中絹代以下東野、小澤、岸輝子、毛利菊枝などの異色配役による良心作として期待されている。なお溝口組と併行して「東京特急四列車」の市川哲夫が小糸のぶのオリヂナルストーリーによる母性愛ものを製作する。

大映 △稲垣組「壮士劇場」は一日クランクアツプ「手をつなぐ子ら」は長期撮影プランで近く信州ロケの予定 △野淵組「田之助紅」は主演者嵐寛壽郎も入洛して愈々製作中、撮影は五月一杯かゝる見込である。その他近く「七つの顔の續篇」「三の眼」を脚本比佐芳武演出松田定次、千惠藏の前作同樣スタツフで製作にかゝる他、丸根贊太郎脚本演出の時代劇「月の出の決鬪」（主演者未定）も製作準備を進めている。

新スター募集

大映第三回の

大映多摩川撮影所では第三回の新スター募集を決定、應募資格は男子十八才より二十八才まで、女子は十六才より二十五才まで、審査は[illegible]最後の決定を行う。締切は六月十日。

写真やイラストの多い楽しい新聞です。

は前々月に「ファンの声に応え館内改築が堂々の完成を見せた」という記事がありましたが、上映映画はなぜか掲載されていません。

◆国際館（大映）第二の抱擁、壮士劇場／世界館（松竹）深夜の市長、隣の八重ちゃん／　松栄館（東宝）今日は踊って、九十九人の花嫁

坂東妻三郎主演の「壮士劇場」は新憲法記念映画と銘打たれています。

名前だけは今も時々耳にすることのある別府の映画館の様子が分かる「映画館点描」という欄もありました。

◆国際館‥以前は大成館と言われていた。入場料は五銭で、弁士がいた。現在では他の映画館を圧する存在感を持っているが、それは森支配人の力に負うところが大きい。世界館‥館主が野衣氏（※野瀬氏の誤植かと思われる）から、中央仕込みの生粋の映画人で「文化は映画から」がモットーの野村氏へ代わった。サービスガール嬢は全員ハタチ以下で親切なことは県下随一の評判である。大幅な改装によりスクリーンを「桃源郷」を思わせる淡紫色のネオンで彩っている。興行生活三〇年の本田支配人の考案である。

読者からの投稿欄もあり、大分工業学校機械科の生徒が戦後の映画に現れるようになったキスシーンについて、日本映画においては時期尚早という意見を述べています。

松栄館も泉都座も戦前からある映画館です。

注　戦後初めてのキスシーン映画「はたちの青春」が話題を呼んでいました。

大分日日新聞

インフレ成金の遊蕩地

一号（昭和二十二年六月一日）～六・七合併号（昭和二十二年七月十八日）
発行所　大分日日新聞社　別府市流川通十一丁目
発行人　中田義明　別府市流川十一丁目
印刷人　吉田助男　別府市松原通五丁目
編集人　川野学　別府市速見郡由布院村
印刷所　泉都プリント社　別府市御幸通　三丁目
発行部数　二千部　週刊
定価　一部一円

ガリ版刷りの週刊新聞で、漫画も掲載され、誤字も目につく、手作り感のある親しみやすい新聞です。九州日日新聞社と印字された原稿用紙を使っていますので、社名が変更されたのかもしれませんが確認できませんでした。宮崎市に本社を移転し、東洋読売新聞を発行するためとして、律儀に発行願下届を提出しています。湯浅嘉昭東洋読売新聞社長印がおされていました。

「創刊の辞」によると「敗戦の混乱に乗じ、一部の者が不当な利得をえている。こうしたことは日本再建を阻害することだ。こうした者に対して徹底的に指導し社会浄化に微力をささげたい」と言うことですが、その割には、たとえば「敗戦直後は闇で警官の目を盗んで売られていたがいまや駅前などで公然と売っている。戦前は煙草指定の店以外で売ろうものなら手が後ろに回っていたが、道徳が地に落ちている」と嘆くだけで、迫力ある記事は掲載されていません。社説でも「別府の不健全な繁栄を排撃する」と意気込んでいますが、「非戦災地で、温泉湧出量日本一で、交通の便のよい別府は、人心をひきつける。しかし闇ブローカーが暗躍し、インフレ成金の遊蕩地となっていることを断固排撃する」と嘆くだけです。むしろ以下のような細々した記事が関心を引きま

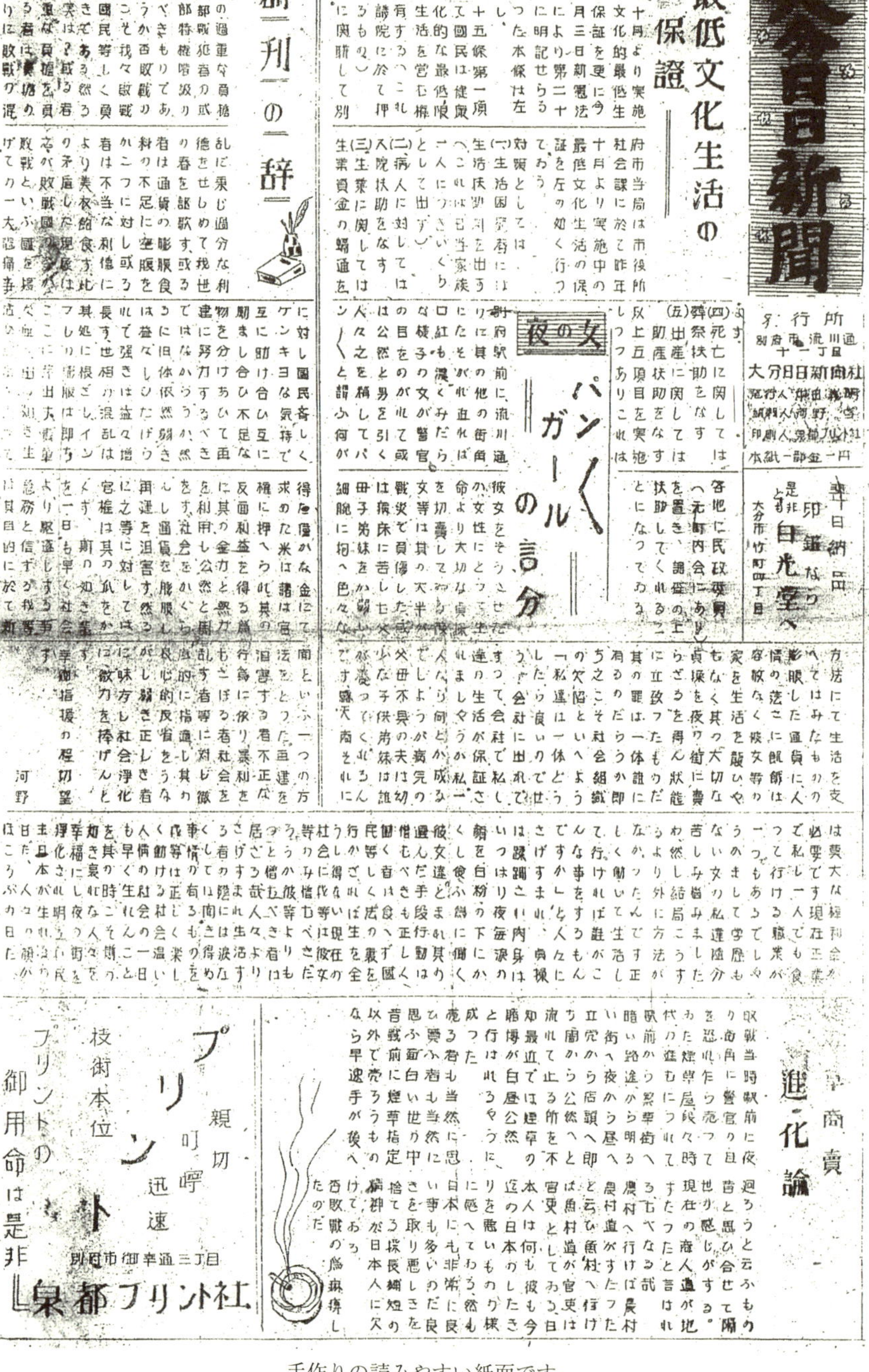

(一) 昭和二十二年六月六日 THE OITA NICHINICHI SHINBUN 第一號 (週刊)

大分日日新聞

發行所
別府市流川通十一丁目
大分日日新聞社
發行人兼編輯人
印刷人
本紙一部金一円

最低文化生活の保證

創刊の辭

夜の女 パンパンガールの言分

進化論

手作りの読みやすい紙面です。

す。新憲法下で男女は平等になったはずですが、酒の配給は男女平等とはいかないようです。

◆お盆用の酒の配給が行われる　成年男子一人につき酒六合（焼酎の場合は五合）とビール一本。女世帯は一世帯につき同量、ただしビールはない。

本社衛生部調査として別府市の死亡原因調査の結果を掲載しています。人口一〇万程で年間九三四人の死者という数字の信憑性のほどはわかりませんが、普通は一番壮健なはずの一歳から四〇歳の死亡数が群を抜いて多いのは戦場から無事に帰ってきたものの、健康を害していたということなのでしょうか。また高齢者はともかく、乳幼児（一歳～五歳）の死亡が三五人と現在では考えられないほど多いのに驚きます。

注　昭和二十二年の乳児死亡率は出生一〇〇〇に対して七十七という高さです。現在は二・一です。

笑いどころが分りません。

よなほり

新しき世を

六号（昭和二十二年八月三日）～二十八号（昭和二十四年八月十七日）欠号あり
発行所　よなほり会
編集発行人　佐藤歳男
月刊

「よなほり」はネット検索をすると「世の中が立て直るという意味です。天理教のたすけの一条の道であるおつとめによって、親神様の思し召し下さる陽気ぐらしの世に立て直るという意味です」と言う説明がただ一件だけでてきました。天理教別府支部が発行した新聞です。タイトルの下の発行所などを記載する欄には「次回集会場所」として「松原五組　堀宅」とか「楠浜四組天理教会」あるいは「桟橋上天理教会」と書かれていますので、当時は、信徒の自宅などで集会をもっていたと思われます。ガリ版刷りです。

巻頭に、一貫して「ひとつの世界」というタイトルで、天理教の世界観を説明しています。発行人の佐藤歳男氏が六号から十三号まで担当し、その後、阿部真兵衛氏が担当しています。

あとは信徒の随想や文芸作品が掲載されていますが、「朝です、朝です、夜明けです。ちちもや色の夜明けです。玉砂利踏んでいそぐみち、みかぐら歌が聞こえます、どーんとなる太鼓、お地場の朝です。静かです」や「ぽかぽか日あたりお縁側、桜に早い梅の春、御教祖様は筆とって尊い教えをかきました」など、天理教の教えを歌いこんだものが多いのが目につきます。「お地場」もやはり

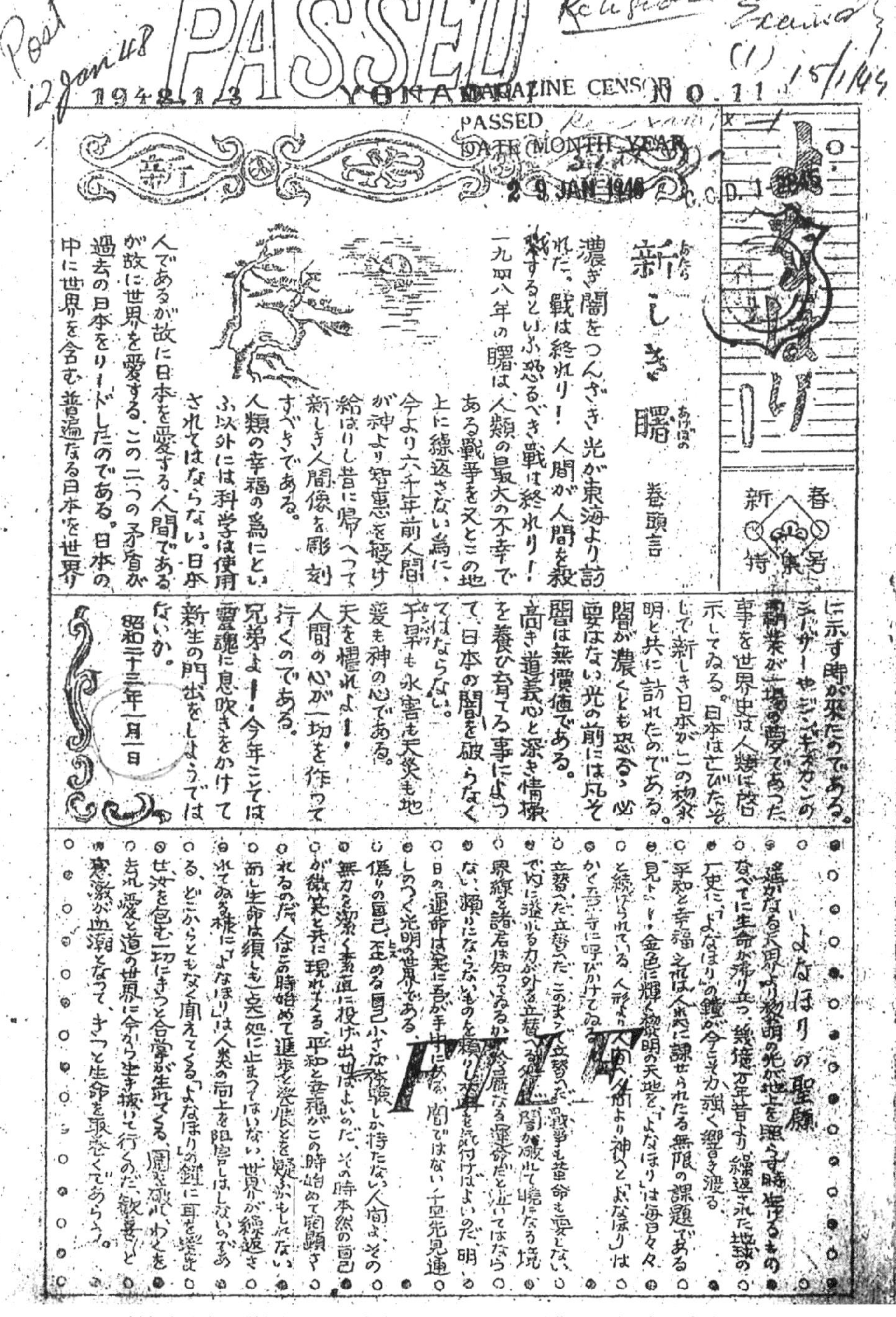

PASSED

1948.1.13 YONA MAGAZINE CENSOR NO. 11

PASSED
DATE MONTH YEAR
29 JAN 1948
C.C.D. 1 2845

Post 12 Jan 48 Religion

よなほり

新春特集号

新しき曙　巻頭言

濃き闇をつんざき光が東海より訪れた。戦は終れり！人間が人間を殺戮するといふ恐るべき戦は終れり！

一九四八年の曙は、人類の最大の不幸である戦争を又とこの地上に繰返さない為に、今より六千年前人間が神より智恵を授け給はりし昔に帰へって新しき人間像を彫刻すべきである。

人類の幸福の為にという以外には科学は使用されてはならない。日本人であるが故に日本を愛する人間であるが故に世界を愛する。この二つの矛盾が過去の日本をリードしたのである。日本の中に世界を含む普遍なる日本を世界に示す時が来たのである。シーザーやジンギスカンの覇業が一場の夢であった事を世界史は人類に啓示してゐる。日本は亡びたぞして新しき日本がこの黎明と共に訪れたのである。

闇が濃くとも恐るゝ必要はない光の前には凡そ闇は無価値である。

高き道義心と深き情操を養ひ育てる事によって、日本の闇を破らなくてはならない。

干魃も永害も天災も地変も神の心である。天を懼れよ！！

人間の心が一切を作って行くのである。

兄弟よ！！今年こそは霊魂に息吹きをかけて新生の門出をしようではないか。

昭和二十三年一月一日

よなほりの聖願

遥かなる天界より黎明の光が地上を照らす時、告げるものなべてに生命が沸り立つ。幾億万年昔より繰返された地球の歴史に「よなほり」の鐘が今こそ力強く響き渡る。

平和と幸福　それは人類に課せられたる無限の課題である。

見よ！！金色に輝く黎明の天地を。「よなほり」は毎日々々と続けられている。人形より人間へ、人間より神へと「よなほり」はかく吾等に呼びかけてゐる。

立替へだ立替へだ。このまゝで立替へだ。戦争も革命も要しない。闇が破れて暁なる境界線を諸君は知ってゐるか。冷厳なる運命だと泣いてはならない。頼りにならないものを頼りにせず、内に溢れる力が外なる立替へを遂行し付けばよいのだ。明日の運命は実に吾が手中にある。闇ではない。千里先見通しのつく光明の世界である。

偽りの自己、歪める自己、小さな体験しか持たない人間よ、その無力を潔く素直に投げ出せばよいのだ。その時本然の自己が微笑と共に現れてくる。平和と幸福がこの時始めて胸躍されるのだ。人はこの時始めて進歩と発展とを疑ふかもしれない。而し生命は須臾も一処に止まってはいない。世界が繰返されてゐる様に「よなほり」は人類の向上を阻害しはしないのである。どこからともなく聞えてくる「よなほり」の鐘に耳を澄ませ。世界を包む一切にきっと合掌が生れてくる。闇を破れ、愛と道の世界に今から生き抜いて行くのだ。歓喜と感激が血潮となって、きっと生命を躍らせてくるであろう。

新年を迎えて張り切っていますが、一つ一つの言葉はよく理解できません。

天理教の用語のようです。

教義についてはよくわかりませんので、昭和二十三年新春特集号の巻頭に掲載された「新しき曙」の一部を紹介します。「一九四八年の曙は、人類最大の不幸である戦争をこの地上に繰り返さないように」という願いは、どの宗教や世界観にも共通のものだということが伝わってきます。

◆新しき曙　濃き闇をつんざき、光が東海より訪れた、人類が人類を殺戮するといふ戦は終われり！　日本は滅びた、そして新しき日本がこの黎明とともに訪れたのである。日本人であるが故に日本を愛する、日本を愛するが故に世界を愛する。高き道徳と深き情操を養い育てる事によって、日本の闇を破らなくてはならない。兄弟よ、今年こそは霊魂に息吹をかけて新生の門出をしようではないか。

子ども会もあり人形劇や紙芝居による布教につとめています。また中心社より講師を呼び勉強会を行うなど熱心な信者が多かったようです。

注　中心社と天理教との関係は分りませんが、当時盛んに活動をしていた修養団体です。

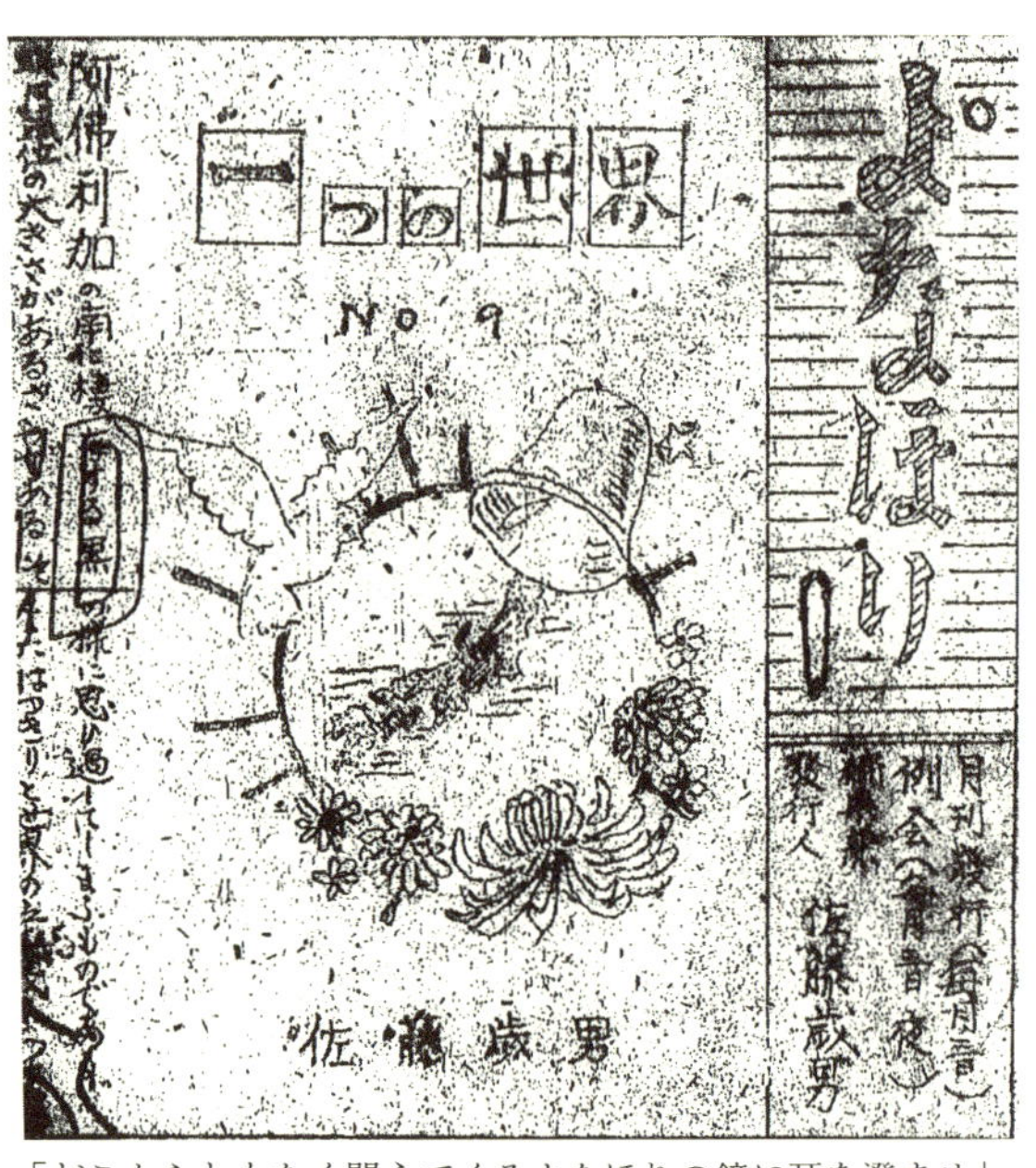

「どこからともなく聞えてくるよなほりの鐘に耳を澄ませ」

九州民友新聞

スリの練習に最適!?

一号（昭和二十二年八月一日）〜二号（昭和二十二年八月三十日）
発行所　九州民友新聞社　別府市荘園町
編集発行人　松崎信一
定価　一ヶ月一〇円
発行部数　八〇〇〇部

九州民友新聞は、荘園町の松崎信一氏が個人経営で出したものです。事前検閲のために提出されたゲラ刷りでは、九州報知新聞となっていますが、創刊号が出た時には九州民友新聞と名前を変えています。ゲラ刷りはガリ版刷りで、広告欄は未定で空欄のままですが、創刊号では別府の様々な商店、病院や会社が、二号では大分の大分復興マートが名を連ねています。活版印刷の綺麗な仕上がりの新聞です。

松崎氏の経歴などは分かりませんが、松岡駒吉衆議院議長、また杉山宗次郎長崎県知事、安中忠雄宮崎県知事が創刊の祝辞を寄せていますので、かなりの人脈をもっていた方だと思われます。

創刊の辞には「五色のイデ湯沸き立つ地に真に社会の新聞として成長していきたい」とあり、戦後雨後の筍のように出た新聞は中央偏重か、さもなければ「極地的すぎて人身攻撃」に終始しているので、「真にデモクラ都市町村再建のための正しき世論の報道」を目指すとあります。

ワシントン特電ＡＰ特約として「米大統領　新労働法案拒否」があるかと思えば、世界一周旅行をしたマーチン・ベネット氏の「満鮮その後を見る　朝鮮の戦争被

九州民友新聞

祝辭

衆議院議長　松岡駒吉

日本は敗戰その經濟が極度に疲弊し、これに加へて國民の思想が著しく低下し、兩者相俟つて今日の危機を招いているのであります。この危機を乗切るためにはどうしても國民各位が十分に今日の事態を認識して、乏しきに耐へ苦しみを頒ち合うことが必要であります。國民に眞相を傳へ、これに對處する心構へを育成するためには、或はその眼を通し或はその耳を飾る言論報道機關の果す役割は極めて大なるものがあります。然るに今日資材特に紙の不足によつて國民の眼よりする報道機關が非常な隘路に逢着していることはまこと[illegible]

[illegible]

に拾つたのであります。此の時に當り貴社は茲に新に九州民友新聞を創設せられ郷土九州の文化昂揚を圖る目的を以て眞正なる報道よ嚴正なる公安確保に健全なる經濟育成と國民福祉に關する自由討議とに資せんとする一大方針の下に今回新に新聞を發刊せられますことは洵に慶賀に堪へませんと深く將來を期待し茲に謹みて御祝詞を申上ぐる次第であります。

創刊の辭

長崎縣知事　杉山宗次郎

新日本建設の基礎となる新憲法は國民の眞摯なる熱意と自由なる意志に依り成立し世界人類の平和的使命よ文化國家としての出發は茲[illegible]

[illegible]大いなる[illegible]ではないのであります[illegible]に期待するところが多く日本再建のために特別の御努力を願ひ將來の御發展を祈つて已まないものであります。

祝辭

宮崎縣知事　安中忠雄

新聞の持つ廣い意味での文化的な役割については、今更言うまでもないのである[illegible]

[illegible]日本建設の一翼として貴紙の力に俟つものが極めて大なるものがあると信じます。願はくば一層の御努力と精進とを以て如何なる障害をも除去せられまして隆々發展せられる樣衷心希望して止みません。

婦人に望む

首相「愛の政治」を依頼

片山首相は官吏制度を改正して今後官僚臭いやり方をやめ國民が政府をつくつたのであると云ふ認識を深め[illegible]には二つの用意が必要である、その一つは政府全體が今までの官僚的な方を一掃する事で[illegible]

[illegible]

一、自分の代表を政府をつくることと[illegible]のであること

二、自分の家庭を[illegible]幸福にするため[illegible]經濟的に安定せしめ[illegible]努力すること

三、經濟的危機突破のためには婦人方も自ら[illegible]

目下問題の食糧難、インフレの進行、産業の復興、この三つの重要なる問題を解決するには全國民が一せいに立ち直つて祖國を護持し破滅からそれを救濟しなければならぬ、そこで經濟危機突破政策を強力に推進し現今の危機突破が成功する[illegible]

女の協力で再建せん　勤勞と友愛を乞ふ！

家庭法規を制定

[illegible]片山内閣のモツトーは愛と犠牲であると述べ、更に夫婦の平和な生活を保障する結婚法と子供の健全な成長と幸福を願うため子供に關する法規を制定することを明かにした。

民間貿易再開

商品の聲價を海外でけがすな

永井貿易廳長官談話

[illegible]

輸入計畫決る

[illegible]

加工貿易に重點

[illegible]

飢餓突破

[illegible]

社說　殺生禁斷

松崎信一

西郷隆盛と江戸城の明け渡しの談判をやつた有名な勝海舟安房守は決して殺生を好むことなく仁愛の大度量は大洋の如くであつたという、ある時傍の人に話すには『害をしない鳥が自分の山林に面白く遊んで居るのを無暗にぶちころして何が面白いのだ、自分は長崎で鉄砲うちに誘はれて出たがいつもわざと狙ひを外して一羽も殺したことはなかつたよ』と語つたとある。又ある時家僕が庭のぼうぼうと茂る草を刈り取らうとすると『うつちやつておけ虫のかくれ家がなくなるから』と命じたとある、大空の如き清澄明朗な廣い心があればこそ清濁合せ呑む仁慈の生活をなし得るのである。海舟は無官の頃に西郷の心持とピッタリ合致していたからこそ江戸明渡しの談判もサラリと解決したのであろう、西郷の心を知る者は海舟より外にはなかつたかも知れない『西郷の事は凡人にはわからないよ、こつちは西郷をよく知つて居るよ、あれは私學校の壯士と情死したのだよ』と西郷の犯した西南の役を許している海舟の批判はよく玩味したいと思ふ。『私學校の壯士と情死した』の一言は海舟でなければ言へぬ批評であろう、西郷の大度量清濁合せのむ太つ腹の生活があつたからこそ熱情ついに私學校の壯士と行を共にし西南の役を起し、ついにあゝした事となつたのである、西郷隆盛がもし小器用な人間で自分の都合主義で世渡りをなし、ただ名誉と地位と金とが欲しい人間であつたなら征韓論などにあゝまで熱中せず自分の主張をある程度述べるとしても、そこそこに周囲と調子を合せていたであろう、これであつたら結構西南の役は起らなかつたし西郷隆盛も位階の高い一生を無難に終りたたみの上で死んだであろうが、こんな生温い人間であつたなら彼は明治維新にはあんな大きな仕事はしなかつたであろう度量大海の如く熱血化して熱情の陽光の如くあつたからこそあゝした大業も出來たのである、明治十年西郷の教を受けた私學校の壯士の行爲は沸き返へるどとうとなりつひに清澄の水を[illegible]き返す濁水となつたのである、もし西郷がこの場合清濁の差別をはつきりとつけこれは白い人間、これは赤い人間と仲に垣を結ぶような男であつたら恐らく西郷はこの亂に入らず何處かへ調子よく逃げていたであろう、もしそんな男であれば征韓論が入れられなかつたからと云つて鹿兒島へ歸つて來ないことは確實だ、つまり西郷が清濁を合せ呑む人間であり差別をつけぬ人間であつたからこそ私學校の壯士も生命を捧げたのである、世間によく『情死をする』と云ふ事を聞くが之を靜かに考へて見るに情死をする男と女とが其の仲に垣を結び深い溝があつた場合どうして情死が成立するであろうか、尤も世の中には女は死にたくもないのに無理矢理に男から殺される無理心中もあるがこれは本當の情死ではない、男と女とが差別をはなれ心と心とがぴつたり合つたからこそ情死が成立するのだ、西郷隆盛にしても私學校の生徒にしてもその間がはなればなれであつたなら決してあんな事にはならない『西郷先生』と呼びかける言葉は親愛以上の強いものがある、世界には往々にして清濁黒白のけじめをあまりにはつきりとつけたがるものがある、無論社會は上下の別があり長幼の順があつて階級の配合が完全に出來ていることの上下の順を亂し長幼の列を誤る事は社會組織を破滅に導くものである、私がこゝで清濁黒白を合せ呑む心持、けじめ差別をはつきりとして人々の仲に垣を結ぶ心持を持たないと云ふ事である、金持になると貧乏人を自分たちと同族の人間でない木や石の片つ端の如く考へてその人の心持を眼からじゆうりんしようとする地位のある者は下役を、都會の者は田舎の人を、手に土をつけずして生活する者は百姓を、男は女を、[illegible]

[illegible]

らよみをしている人種を見ると清濁の差別をつけるのもよいが今少し大空のような明朗な心持になれぬものかと思ふ、清濁や黒白の差別をつける事は社會生活を行ふ上に大變な事で一つの會社でも重役は重役、部長は部長、課長は課長、社員給仕小使とそれぞれの仕事があり役目があつて必ず共處にげんぜんと差別された仕事があり役目があつて、これを亂つては會社は成立されないであろう、一軒でも主人と妻、子供とそこにそれぞれの差異がありけじめがあつて初めて一戸の生命が存續されるのである、然してこのげんぜんたる差別は社會生命の理であり智であるが、これのみでは社會は冷却されたものとなり推進力を失つてしまうので、そこに情即ち差別を取り去つた熱情が存在しなければならぬ、つまり智的な冷げんな差別と情的な明朗な熱情とが綜合されてこそ眞にゆかしい社會生活が行はれるのである「殺生禁斷」と云ふ事も冷げんな差別觀念を除いた生とし生けるものに對し清濁合せて呑む大度量の行爲を云つたものである、小林一茶の俳句に

われと來て遊べ
親のない雀

とある、ゆつたりした情操い心持ちこそこの標題の内容を物語るものである。

1号に掲載されていた祝辞、創刊の辞が２号にも再掲載されています。

害は軽微」、さらに日本で活躍する中国、朝鮮の新聞記者から聞いた「朝鮮に日本が強要した創氏創名を朝鮮人は柳を柳川とするなど巧妙に反抗してきた」という話や、「軍服払下　大詐欺」「中等野球準決勝で小倉中が勝利した」記事などが同じような比重で掲載され、特徴のつかみにくい新聞です。

「スリ防犯運動　別府署が第一位　七月一日ヨリ全国一せいに行ったスリの検挙成績」という記事によると検挙数は別府署六件一〇名、中津署は九件二名、大分署六件一名と別府が断トツに一位ですが、「肩に濡れ手拭いをかけて道行く入湯者の後ろより微行しつつそっとその濡れ手拭いを気付かれぬように取る」のがスリの練習によいとあるのには、驚きました。別府はスリの練習に最適の町だったということになります。

ジョン・ジューコステロ新聞写真報道部長からの通牒として「愛読禁止」書籍の名前が掲載されています。『ロシアの東進』『防空読本』『国防国家とナチス独逸』『八紘一宇の教育』『もし東京が爆撃されたら』『馬と特務兵』『中隊長の先頭日記』『アジアは一つなり』『国家軍費の常識』『太平洋に叫ぶ』『兵隊物語』『君たちの力』など五八冊です。

豊後新聞

元博徒が名誉社長!?

一号（昭和二十三年三月二十日）～十八号（昭和二十三年九月一日）
発行所　豊後新聞社　別府市浜脇魚薬町
発行兼編集印刷人　高橋春秀
購読料一ヶ月二円　十九号より日豊タイムスと改題
旬刊

創刊号の一面にしては、上品とは言えない見出しが踊る豊後新聞は、引揚者で元官吏の高橋春秀氏が発刊した旬刊の新聞です。一面に検閲済みを示すスタンプが押されています。市政に関する記事を中心に、町で拾った話などを織り込んだ普通の新聞のようですが、読み進むにつれ、なにか違和感を覚えます。それは記事に時折登場するこの新聞社の「名誉社長」である伊藤三郎氏の存在です。発刊挨拶は挨拶というより、まるで「周りの人々の御声援で再三再四懇請の結果、やっと名誉社長に推戴できた伊藤三郎氏」の紹介文です。この名誉社長は「過去は相当の荒馬で、口先でもテレンパレン。しかし死線を越えて、今は仏の域に達し、不動で厳粛なる信念と基盤のできている人であり、彼の抱負を世間に訴え、余生に今一段の花を咲かしめることもこの新聞発刊の念願」でもあると言っています。彼自身も「かつて別府市を一週間も戸を閉めさせる大騒動を起こしたり、若い者に大分県議会議員広瀬彦太郎を議事堂で殺害させたりなどのバカをした」と語っています。別府市の戸を一週間も閉めさせた事件とはどんな事件だったのかはわかりませんが、『大分県警察史』によると伊藤三郎氏は「別府の博徒」ということです。この伊藤三郎氏に敬意を表す必要が

豊後新聞

C.C.D. J-2848

外食券食堂 備後屋 店主 安倍ヒデ 竹瓦町本町 電話二三三番

別府市よ何處へゆく

本妻と妾が争う 別府三助役の朝夕

[illegible]

初聲
社長 高橋春秀

海外から別府市に引揚 [illegible] げて日の浅い私ははとの [illegible] ましくも [illegible] 刊する [illegible] 一切 [illegible] し上げます。此の街 [illegible]

人口は減るし 青息吐息の別府商店街

[illegible]

私の立場
名誉社長 伊藤三郎

[illegible]

豊後新聞に寄す
別府市長 脇鉄一

[illegible]

發刊を祝して
荒金啓治

[illegible]

創刊を祝す
大分縣知事 細田徳壽

[illegible]

創刊を祝す
別府合同タクシー株式会社 社長 成清敬止

[illegible]

發刊を祝しての偶言
鹿城山人

[illegible]

我社の方針

[illegible]

論説 馬方大臣

[illegible]

繪にかいた餅は食えぬ

[illegible]

祝 創刊

衆議院議員 宇都宮則綱	参議院議員 村上勇	衆議院議員 梅林時雄	衆議院議員 松原一彦	衆議院議員 金光義邦	参議院議員 椎井康雄	岡本忠夫	登田藤助	阿部百人	八阪貞兵衛
大分縣縣会議員 安部雅也	大分縣縣会議員 西田熊太郎	大分縣縣会議員 加藤柔郎	大分縣縣会議員 中尾節次	別府商工会議所会頭 藤澤徳太郎	別府信用組合 理事長 高橋豊之進	亀井福二	別府市公安委員会委員 畑義雄	別府悠生会々長 里見林蔵	別府更生生活協同組合 理事長 大石善三郎
八坂善一郎	鶴田道造	入江文雄	綾部健太郎	井上覚司	村上春蔵	河野壮三郎	中村武雄	雄木	久恒貞雄

1号だけでなく、2、3号の1面、2面にも大きくスペースをとって「祝　創刊」欄があります。

あったか、創刊号には、細田知事、荒金啓治県議会議長、脇鉄一別府市長、成清敬止別府合同タクシー社副社長の創刊祝辞が掲載されています。また二号、三号にも県議、市議、別府の有名旅館、さらに出身地の杵築の商店や旅館までが名を連ねています。

このもとは荒馬で今は仏のようになった伊藤氏が亡父の五十回忌法要と社会事業関係者の慰安も兼ねての追善供養を行うことも大きく報道されています。なんと「演劇界映画界の最高峰」水谷八重子、守田勘弥一座を呼び、別府市公会堂で五月二十日、二十一日と二日にわたり興行を行っています。演目は「己が罪」「島衛月白浪」「鶴八鶴次郎」。興業の後見人として大分県、別府市の名士たち、元朝鮮総督府通貨局長などに並んで、別府芸妓代表（※目黒しのぶ氏）も名を連ねています。また福岡県名士代表として当時別府に住んでいた浅原建三の名前もありました。伊藤三郎の人脈は実に多彩だったようです。

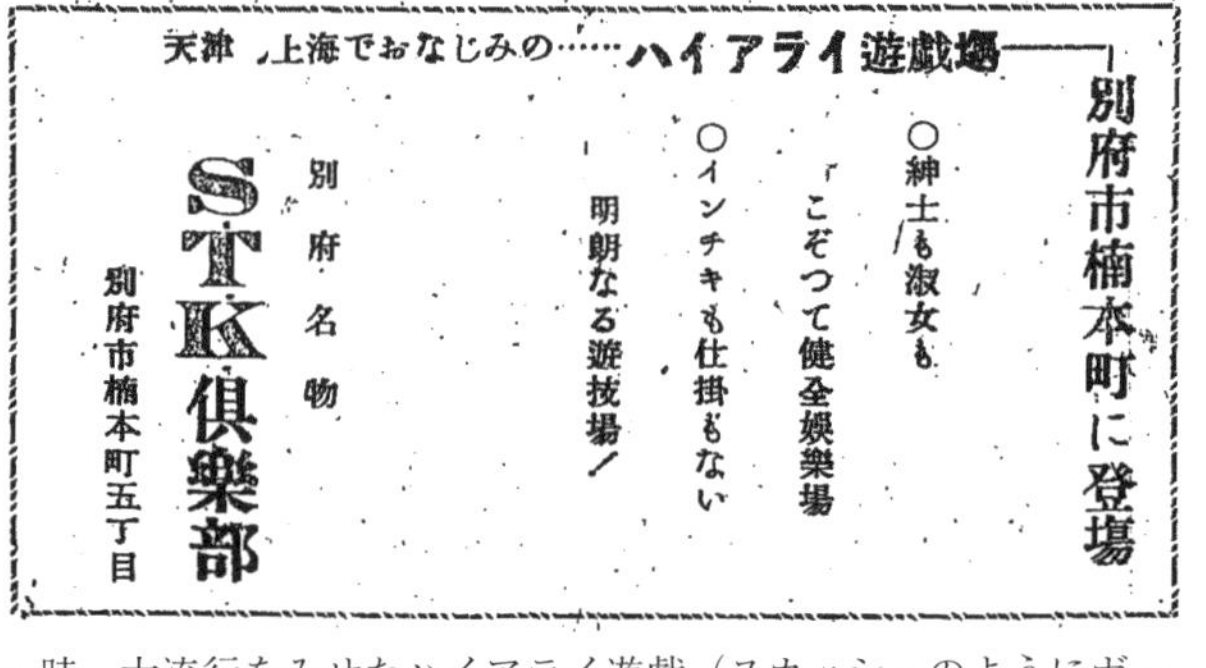

一時、大流行をみせたハイアライ遊戯（スカッシュのようにボールを壁に打ち付けあうスペインの室内球技）の広告

泉都べっぷ

流行したハイアライ

三八号（昭和二十三年三月二十六日）～五九号（昭和二十四年八月三十日）
発行所　泉都べっぷ新聞社　別府市上田ノ湯区日吉通四丁目二〇七七
発行兼編集印刷人　渋谷銀蔵
週刊

「泉都べっぷ」といかにも別府にふさわしい名前の新聞ですが、前身は大分労働新聞といい、大分市で刊行されていました。巻次は継承されています。政治や選挙関連の記事が多く掲載されているところに労働新聞の名残があります。東京の銀座に連絡部を設けるなど、広く読まれていた新聞らしく、「祝　改題　発展」には、別府市、大分県の政財界の名前が大勢掲載されています。広告欄には大分県出身の一万田尚登日本銀行総裁、同じく大分県出身の石川武美が創業した「主婦の友」社の石川数雄社長の名前も見られます。写真は掲載されていませんが、活版印刷で四面あり、紙面構成に気を配っています。

政治ネタの記事と同時に柔らかい記事や町で拾ったゴシップ記事が満載です。いくつかタイトルだけ挙げます。「破戒僧の乱行　仏も逃げ出す本堂」（※別府の某寺の住職の話です）「主人の留守に桃色邪倫の恋は大阪へ」（※別府の某旅館が舞台です）「札束をのぞかす　新円紳士とパン君　別府の夜の点景」（※ニュービリケンが舞台です）

他の新聞と同様に闇市、住宅難関連の記事が目につきますが、その中にちょっと珍しい話題「ハイアライ（注）遊戯中止」がありましたので紹介します。

◆雨後の筍のように別府の町に現れたハイアライ遊戯が

泉都べっぷ新聞社

古い歴史で斬新なデザイン 別府洋裁女學院 別府市北濱電停前 電話七三一番

今國會に提出する 別府關係の三法案

温泉法案

非民主的な温泉法 ◇別府もさばひさからげ◇

公衆浴場法

温泉改良と入浴道義

旅館業取締法

明るい旅館を これが違法の秘訣

別府市で新聞講座 九州、四國、中國地

設計變更がくさい？ 問題化した朝見水道擴張工事

天眼鏡

民主黨と離時代 縣支部の内輪もめ

縣議會の副議長？

別府中心のバス競爭 業者は苦心・市民は大歡迎

清掃強調週間

電車五台購入

大分交通總會

農地買收計画縦覧

タイトルに別府のシンボルの温泉マークが画かれています。

一斉に中止された。この遊戯場経営には市議や商議も関係していたため、中止後別府警察署には復活陳情もあったようで、消息筋によると二、三軒は復活するのではという。ハイアライは建築統制令違反として建設院大分出張所から中止命令がでた。

注　ハイアライとはスカッシュのように、ボールを壁に打ち付けあうスペインの室内球技ですが、戦後の一時期、賭博の対象として別府だけでなく全国的に大流行しました。競馬、競輪と並んで歳入不足を補う有力な税源とみなされ、導入にはいたらなかったものの、国会でも「ハイアライ競技法案」が検討されました。大分には一軒、別府には四軒のハイアライ遊技場があり、拡声器を使って宣伝し、大人気だったようです。豊後新聞に広告が掲載されています。七五頁参照。

大分民報

別府署が飯場を一斉捜査

一号（昭和二十三年四月三日）〜六号（昭和二十三年七月二日）
発行所　大分民報社　別府市永石マート内
編集兼発行人　三井實雄　別府市富士見区第二班
印刷人　木本謙一　大分市荷揚町第四班
発行部数　三千部
購読料　一部三円　一月十円
新聞紙の種類並びに編集方針　民主主義の徹底を図る
週刊
タブレート版

編集発行人の三井實雄氏は、満蒙から引揚げて来たジャーナリスト達が結成した満蒙文連のメンバーの一人です。大分県が戦後、植林を推進するために作成した文化映画「山の植林は平和のしるし」なども手掛けています。その映画のプロローグに別府の城島高原と志高湖が選ばれたことなどを「植林映画後日談」と題して大分県の広報誌『県政の窓』に寄稿しています。

支局長を募集していることが示すように、大分県全体を視野にいれた新聞で「あの町　この村」として県下のさまざまなニュースを取り上げています。広告も別府だけでなく、県下から広く集めています。新駅ができて喜ぶ北海部郡佐志生村、供出問題を話し合う西庄内の座談会、合併問題に悩む湯平、「観光地として別府の真似はしない」と意気込む由布院、市営バスの実現を目指す佐伯市、国立公園候補地となった姫島などが取り上げられています。別府の都市計画として餅ケ浜に観光港、古市に遊覧港を建設する計画が進んでいることが報じられています。

文化欄もありますが、「九州文学大会開催」のお知らせはともかく、東京や京都の出版社が行う文学賞募集の記事や、「日本著作家組合では原稿料を値上げし、四百

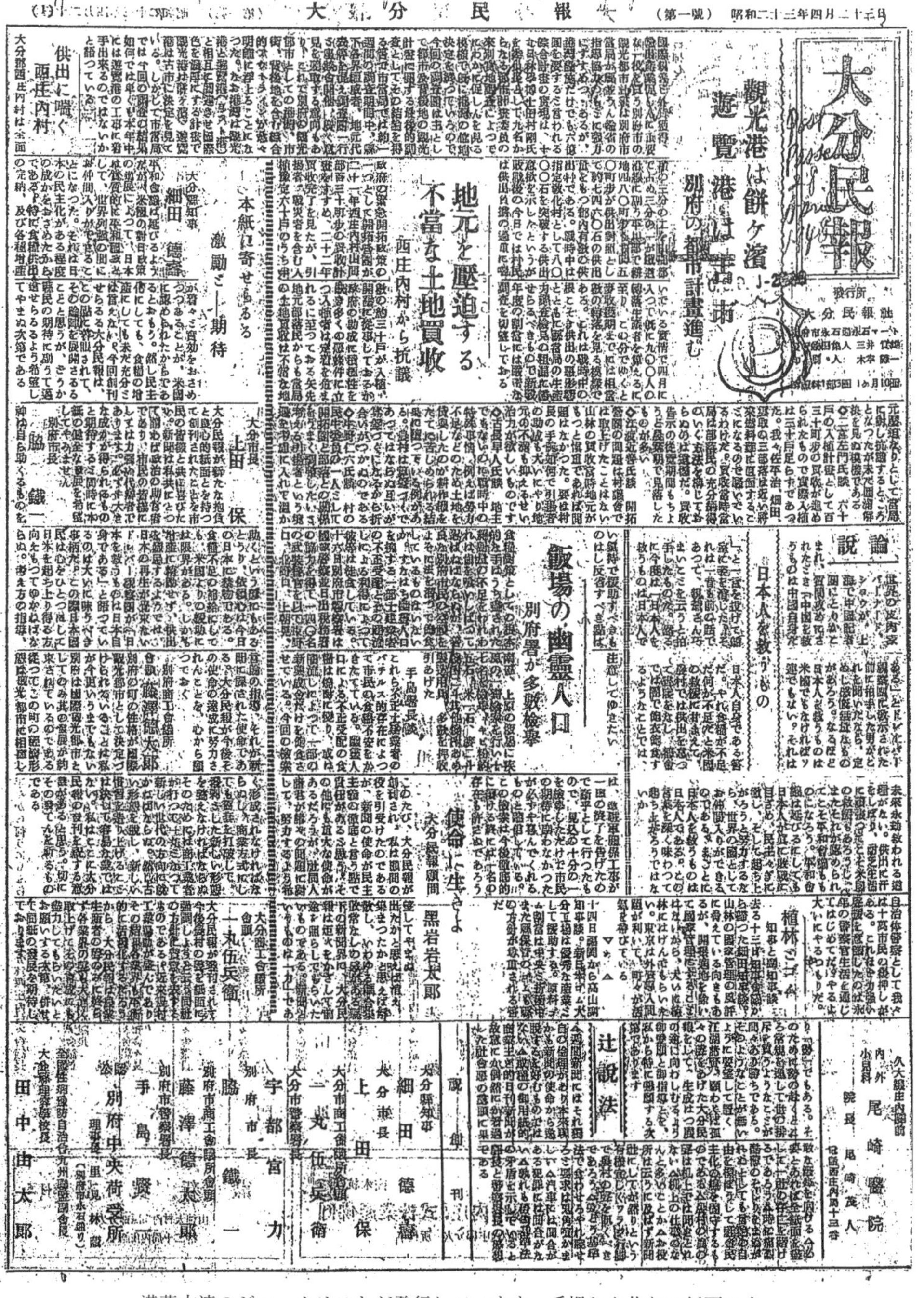

大分民報　昭和二十三年四月二十五日　（第一號）

大分民報

発行所　大分民報社

観光港は餅ヶ濱　遊覧港は古市
別府の都市計畫進む

地元を壓迫する不當な土地買收
西庄内村から抗議

飯場の幽靈人口
別府署が多數檢擧

論説
世界の反内交

日本人が救うもの

本紙に寄せらるゝ激勵と期待
大分縣知事　細田德壽

大分市長　上田保

別府市長　脇鐵一

別府商工會議所會頭　藤澤總太郎

使命に生きよ
大分民報顧問　黒岩岩太郎

植林ごよみ

辻説法

供出に喘ぐ西庄内村

満蒙文連のジャーナリストが発行しています。手慣れた作りの紙面です。

字詰原稿用紙一枚を最低二百円と定め、印税は初版最低一割二分とすることなどを各雑誌社に申し入れた」などという、三千部発行の地方新聞にしては、珍しい記事が掲載されています。

別府については、やはり引揚者の問題、闇市や深刻な住宅不足が生む様々な問題が取り上げられています。

◆飯場の幽霊人口　別府書が多数検挙　幽霊人口を擁する、パチルス（注）的存在の一部建築業者は、不正受給とその闇流しによる利得によって市民の食糧不足をかきたてている。十六日別府警察署は国家警察ならびに日出税務署の協力の下、一四〇名の武装警官で、北野口、上朝見、南区、上原の飯場に疾風の一斉検索を行い、十七名を検挙。キビ粉五石、米一石、麦二斗、焼酎二斗、焼酎あめ製造道具などを押収した。

注　黴菌を意味するドイツ語。当時は社会的に害を与える存在に対してよく使われました。

豊州新聞

犯罪都市か東洋のモナコか

一号（昭和二十四年月五日）〜二号（昭和二十四年月十九日）
発行所　豊州新聞社　別府市楠本町五丁目一七一番地
編集人　川俣重次
印刷人　熊本市京町本町六九　稲本新吾
発行部数　一〇〇〇部
定価　一ヶ月五円　一部一円
週刊

「言論界の新機軸」をめざして発刊された豊州新聞は、大分県の戦後復興に果たす別府の位置づけを論じ、別府を「闇の花咲き狂う犯罪都市」のままにするのか「東洋のモナコ」にするのかを問うなど、なかなか質の高い記事を読むことができます。「終戦後、戦災にあわなかった別府には全国のヤミ商の巨頭が集まり、巨大な資本と利益が濁流氾濫し大分県下の物価高をあおり、それが県民の道義、倫理観を堕落させつつあるが、一方、別府が東洋の上海、あるいは東洋のモナコとして観光国策の先端をきり、歓楽都市として独自の発展成長を遂げつつある現状へも大いに期待を寄せている」と別府の課題を述べていました。

「囲碁で国際親善」という記事には「囲碁をもって国際親善に役立てようと、別府の囲碁愛好家たちが計画。日名子旅館内に木谷会九州本部を創設し、会長に星野組の岡本忠夫氏を推戴した。平和国家として出発した日本は文化や外交に重点を置くべきであり、その意味において国際都市別府で国際親善の橋渡しをする囲碁を採択したことは意義が深い」と、前年の昭和二十三年七月に海門寺公園に開かれた日本棋院九州総本部の活動が記されています。

（一）（第1號）（昭和22年2月5日）（THE HOSHUSHINBUN）（水曜日）

C.C.D. J-2848

Passed with deletion
4 Feb 1947

發行所 豐州新聞社
別府市楠木町五ノ一七一
編輯兼發行人 川俣重次
印刷人 稻本新吾
定價一ヶ月五圓一部一圓

地方選擧の春

相搏つ縣知事公選
細田 安田兩氏の一騎打ち

公職追放の擴大に民主陣營はそのイデオロギー線の事に出得る晴には保守陣營によつて既存の著勢が大衆の映覺をそそるとは皆嘗も樂觀をゆるされなくなる力は恐く一掃されえ、既成保守陣營を倒壊に至らしめるまでには相當の時日を要するものと見られている。新人知事の候補が民に細田、安田兩氏の政黨を極めて幾多の畫策、個人的識見、手腕がまた加わるし、こゝもと兩者相中に行われ來つた餘るに社會、共產、農民組合搏つ選擧戰は既に異常な雰圍のであるが、さいの連合結束が完成され共同戰氣を孕むに至つている。

大別 次期市長は？
保守陣營の逐鹿戰

きんとみに公選知事候補の動きが大きく胎動しはじむるに至つた。即ち保守黨たる自、進兩黨は勿論、協同民主黨は共同戰線を張り現知事細田德壽氏を擁立することになつており、新興民主陣營から社會黨縣支部連合會長安田幹太氏の擁立はほゞ確實とみられるに至つた。だいたい大分縣は封建的思想が根強く殘つており、自、進兩黨の支持がひとつの指導的觀念を徹底し確固不動の地盤をなしているに反し、新興次期市長公選も漸く市民の間に論議され活潑な動きを見せはじめたが、先ず次期大分市長として現市長代理荒衞慶氏、うにその變を現わし初めた。即ち現市長脇鐵一氏の向うを張つて自由黨支部長堅田善助氏が確定したと傳えられ、兩者の爭覇は保守陣營相互の逐鹿戰の立場を新たにし社會黨から起されている模樣だが、自由黨の川、[illegible]だけに油斷をゆるされぬものと見られ、また次期府[illegible]市長に中村[illegible]の名が[illegible]あろう。

創刊の辭

このたび、われ〳〵は、大分縣民の切なる要請に應えて、來る二月五日から豐州新聞を創刊することにした。

大分縣は今次大戰の惡禍を滿身に浴びながら、奇蹟的に無傷の國際觀光都市大別府が殘されており、一つは天惠、一つは禁物。この不調和な兩極端が宿命的に不調和のまゝ再出發を餘儀なくされていて、政治、產業、文化其の他各般にわたつて跛行的ジグザグコースを辿らざるを得ぬ所に大分再建の困難さが横たわつてゐる。すなはち操にされた引揚、戰災、復員者の眼に映ずる別府の巨大な消費頽廢文化の矛盾と對立、淡の經濟とヤミの經濟の極端な相剋相克――こゝに再建大分の運命的苦惱の胚種が深くおろされているのだ。終戰後別府には全國のヤミ商の巨頭が集り巨大な資本と利益が濁流氾濫していて大分全縣下の物價高をあほり、それが縣民の道義、倫理觀を情緒頽廢へ導きつゝある事實は充分注意戒心すべき事であるが然し一方、國の神の良識によつて動かす別府が東洋の上海として觀光國策の尖端をきり、歡樂都市として獨自の發展成長を遂げつゝある現狀に對しては、われわれは寛容と理解の上に立つねに誠實を傾けつゝ先頭に立つて創建への道へヘッド・ライトの役をもつとめたい。一方また大分のダークサイドにある不幸な引揚戰災者の處遇に拂われる縣當局の意志と計畫には常に鋭い視線を放つことを忘れない誠實な味方であることを公約するものである。われわれは、ヂャーナリストとして、常に目と耳と足を頭として[illegible]ものだが、起つた事件、明るい現象の凡てに亘つて其の報道に手加減するが如き卑怯なまねはしない。不正に對しては如何なる高價な代償を拂わされても、これを勇敢に發表し粉碎する。民主主義の巨大な齒車をもつて、封建思想、軍閥の澆漓思想、財閥、官僚らが、もり返そうとする守舊主義と施策に對しては、一分の餘裕も與えずこれを捉えて挑戰克服するものだが、また誤つた脫線民主主義者の粗雜傲慢な言動に對してもかしゃくするようなことはない。こゝに障痛久しく縣民の輿望を擔つて產業をあげたわが豐州新聞は、縣下のユニークな新聞紙として、民主々義の基盤をなす大衆たるべき大分縣知事市町村民公選並に縣町村會議員の選擧、產業文化、特に大別府建設への構想、引揚者問題其の他山積する懸案に對して、逞しい斧鉞を入れ、輿論の先陣へ[illegible]と松火をかゝげてゆくのだが、縣民諸兄におかれても、われわれに對して大勝の[illegible]を受けて、秋霜の如き鞭撻叱正をお願いして、豐州新聞の[illegible]なる高い使命を果したく思う。御愛讀を乞うゆえんである。

輿論の指向へ
大分縣知事 細田德壽

こんど誕生をみた豐州新聞は以前にあつた豐州新聞とは全然別個の新聞らしいが豐州新聞という名にはほのかな鄕愁に似た追懷の情を禁じえないのである。聞けば本紙社長川俣重次氏は永年ヂャーナリストとして世論の指導啓發に當つてきた人であり、北京在留時代には民團議員として軍閥專制の向うを張つての抵抗のリベラリストとしての振抗をつゞけてきた人という。どまことの經驗と叡智と新鋭な川俣氏が大分縣の產業、政治、文化、敎育其の他百般の事象について、公正な觀點によつて誤りなき縣民の向うべき方途へ道標を建立してゆかれむことを衷心から希求するものである。

大分縣の供米成績は日本一の低位にあるが、これなども[illegible]らかに縣民の大衆的批判力の欠如に起因するもので、農業物の生產縣として深い省察が求められるのだが、この點に對しても供出意慾の昂揚へ本紙の協力を求めたい。さらに戰災、引揚者の處遇についても熱誠を傾けている次第だが、いろいろな隘路にはばまれ期待に添うことのはるかに遠きを嘆くのみだ。たゞいささか所懷の一端を述べ豐州新聞の創刊を祝うゆえんである。

戰災引揚者が自力更正の逞しい意慾がもり上つており、この熱意をわれわれの對策に結びつけてきわめて有効な施策をうちたいと思うがこの點えの協力もぜひお願いしたい。さいきん種々の性格をもつて次々に新聞が創刊されてゆくが、あくまで新聞の高い使命を自覺して夫々の角度から公正無私の報道に努め、すくなくとも輿論を正しい方向へ指向する點へ重點をおきそのために一身を犧牲にして悔いない大丈夫の氣魄をもつて執筆していたゞきたい。

新別府の構想を
別府市長 脇鐵一

地元民の要請に應えて新鋭紙「豐州新聞」が誕生したということは欣快に堪えないこの豐州新聞の姉妹紙たる九州新聞は既に同社の經營に依つて滿州に於て發行され牛耳を執つておりその指導者の精悍剛直な筆陣は激動期に血迷う民心を捉えて、正しい目標へ輿論を誘導し啓蒙として大きく育成されていることは如何ともし難い事實で、と誕生をみた豐州新聞とひとしく觀光都市別府のあり方について、多くの示唆に富む幾多のヒントを與えてくれるにちがいない。すくなくとも、從來の別府は[illegible]新しい別府に衣裳を換えたし、新別府本紙の指導の役を買つて貰いたい[illegible]

の構想について豐州新聞は格別に上等のプランをたて、輿論をその方向へひきずりあげてくれる役割を負つてくれると思う。

日本は新憲法によつて永久に戰爭を捨て、あくまで平和國家として再出發することになつた。然もそれは世界一の貧弱な國としての出發なのだ。ところで、とにかく世界一であることに幸いなことに世界一ともいうべき「觀光資源」がある。然もこの平和國家として再出發の首途にあたつてまずこの觀光資源を見直してみるに違いない。天與の「大泉都」が飛躍的に國際性をたかめ、大規模の設備を餘儀なくされることは豫知しているところ新聞紙など觀光方面へ重大な關心をもち、またその面へ深い知識をもつ新聞は、觀光ルートに於ける別府の國際的地歩について客觀的な細緻な批判檢討のうえ、新別府の構想を練り、市と協力して輿論の喚起に協力を希望すると同時に各般の問題についても、先陣に立つてつねに逞しく啓蒙指導の役を買つて貰いたい。本紙の隆昌を祈念する。

觀光の別府
育成を期待
別府縣長 中村虎吉

こんど豐州新聞が發刊されて[illegible]とに慶祝にたえない。[illegible]の日本は綜合体がバラバラに分離崩壊の途上にあり民主主義という理想は高く掲げられていながら、その把握が充分ではなく徒らに破壊分子作用のみが急速度に行われているのだが、この[illegible]の如く逞しい新鋭紙が登場して、民衆指導の前面に先驅しつゝ東進の役を勤めてもらうことはまことに結構なことと思う。

げんざい私は、別府縣長としても「觀光別府」の發展に寄與すべき重大な責任と名譽を負うていながら、石炭の不足や器材の不足によつて實際とどうか、あまりにもかけている現狀を方へ相率をかけていく[illegible]きびしく思うのである。觀光と交通は殆んど同義語と言つてよく、交通なくして觀光はないのだから、さいきんの如く不便な交通事情が別府の繁榮を阻害している事實については、われわれもその對策に苦悶腐心しつゝあり、まことに慶祝にたえない。それへの輿論の指導は、豐州新聞として計畫されることは必然だが世界觀光國としての別府としての成長をされんことを期待するものである。[illegible]として豐州新聞が鄕土紙として逞しい成長をされんことを期待する。

祝 言論界の新機軸 豐州新聞創刊

欄外に「部分削除の上許可」と書きこまれています。

残念ながら「印刷紙その他の都合により」五号で休刊しています。またプランゲ文庫には一号のゲラ刷りと二号のみしか収蔵されていません。検閲局への休刊届は「九州新聞原稿用紙（※十一字詰十行）」に書かれていました。印刷所も熊本ですので、熊本で出されていた九州新聞と何らかの関係があると思われます。

論説「別府市長　脇鉄一論」は「過日、進駐軍の宿舎竣工祝賀会があった時、彼は市長として、英語で祝辞を述べ、その時タバコを横ざまにくわえて講演する人をくった仕草が米人気質に大変うけた」という部分がプレスコード違反とされ、この部分を削除してから出版するようにとの命令が検閲局より出されています。昭和二十四年には地方紙などは事後検閲となっていましたが、豊州新聞には、なぜか事前検閲が行われていたことが分かります。検閲官は Paul Nawata、おそらく日系二世だと思われます。

注　戦後、ソウルから引揚げてきた脇鉄一（別府市出身、東大卒、弁護士）は、昭和二十一年十一月から昭和三十年四月まで別府市長をつとめ、占領期の別府のむずかしい舵取りに力を尽くしました。

霊界通信

未帰還兵の調査?

一号　昭和二十四年五月
発行所　霊界通信社　別府市上的ヶ浜楓町
編集人　衛藤雅
印刷人　有田耕也
発行人　市原青市郎

この奇妙な名前の新聞は、プランゲ文庫には一号の原稿が収蔵されているだけです。ガリ版刷りで、組み方もきわめて雑で、文字も非常に小さく読みにくいものですが、興味を引きます。

霊界通信社は心霊科学に基づき、「死者の招霊」「戦死者の慰霊」「未帰還兵　家出人の安否調査」を行うということですから、夫や息子が戦地からまだ戻らない家族の中には、すがりつく思いで霊界通信社に相談をする人もいたと思います。発行人の市原青市郎氏と「心霊科学が産んだ巨星、招霊の泰斗である市原青嵐師」は同一人物だと思われます。年会費四〇円で霊界通信誌友会の会員になれば霊界通信の無料配布を受けるほか、一五名以上のあつまりになれば、心霊科学の学習や実験などに参加できるということです。

冒頭の「自我の本質」という社説で、どうやら心霊科学というものを長々と説明しているのですがよく理解できません。さらに一五項目に分けて心霊科学の教えを上げています。いくつかを紹介すると「(一) 心霊現象は科学的事実である。(二) いかなる異状現象も自然の法則のあらわれである。(六) 死後の世界は内面の差別界である (七) 各自の背後には守護霊がいる。(十五) 全

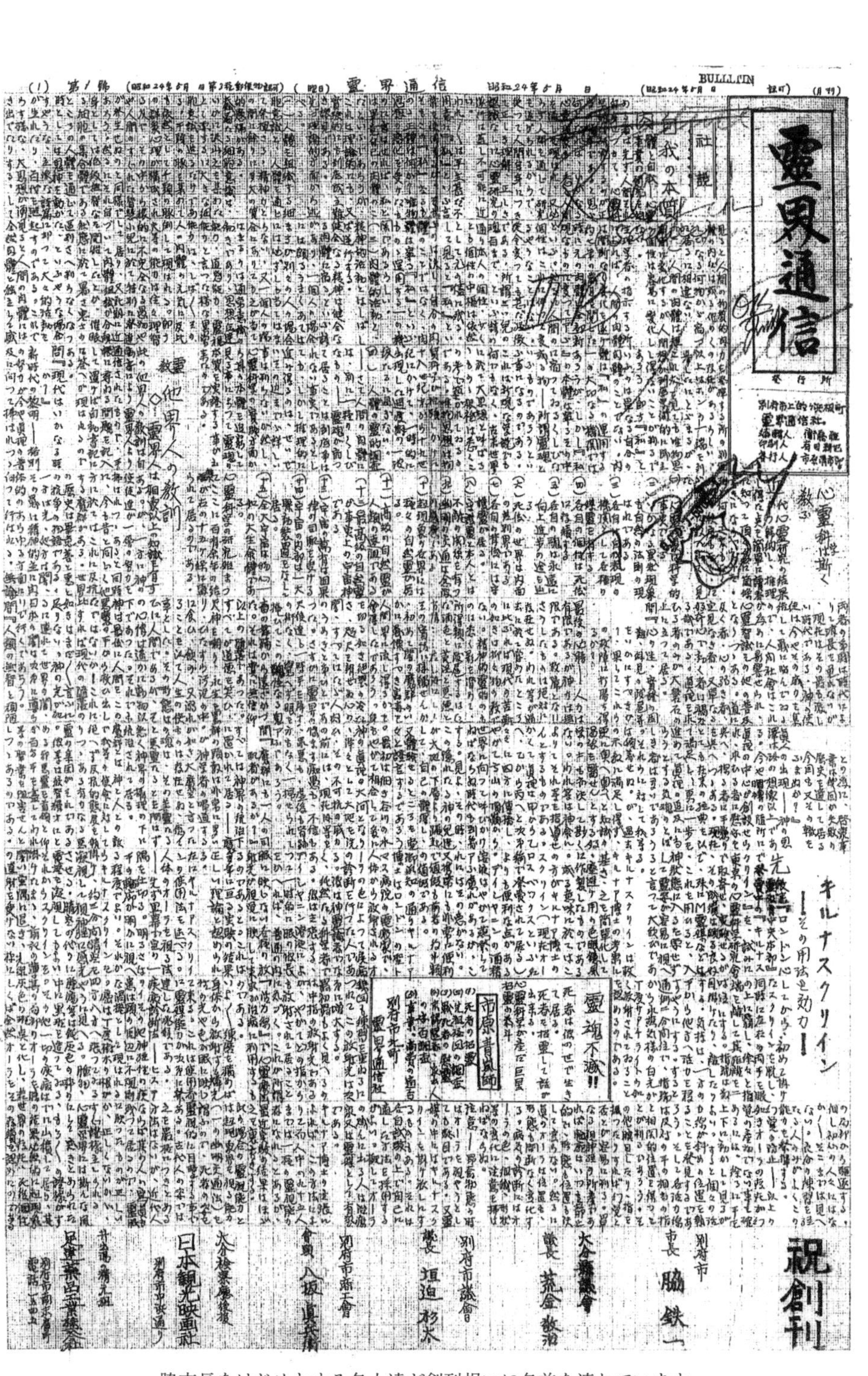

BULLETIN

霊界通信

社説

我の本質

心霊科学は斯く教う

霊他界人の教訓

キルナスクリイン
—その用法と効力—

霊魂不滅!!

祝創刊

別府市
市長 脇 鉄一

大分縣議会
議長 荒金 啓治

別府市議会
議長 垣迫 杉太

別府市商工會
會頭 八坂

日本観光映画社

脇市長をはじめとする名士達が創刊祝いに名前を連ねています。

大宇宙は物心一如の大生命体である。」こちらもよく理解できません。

またロンドン心霊研究本部で発売の「キルナスクリイン」なるものを紹介しています。ロンドンの聖トマス病院のキルナ博士が考案した「キルナスクリーン」に映る人体から放射されるオーラの色によって疾病の種類がわかるというものです。ヒステリー症とか神経症の患者は額の周辺に不規則な渦巻きが映るし、がん患者は樹木の根が四方八方に張ったように見えるということです。

不老町の山田教人宅に出張して山田家の先祖の霊を招霊し、山田家の先祖が「南朝の忠臣　名和長利である」と言っています。「愛児を連れ出す戦死の英霊」という記事では「内蒙古の戦いで戦死した特務機関の山下氏の息子佐吉さんに靖国神社参拝の折に父の霊魂が乗り移った」話などが語られています。

「祝創刊」として脇鉄一市長や垣迫杉太市議会議長の名前が掲載されていますが、どうにも信じられない気がします。

Beppu Weekly

犯罪者逃げ込む町!?

一号（昭和二十四年六月五日）～三号（昭和二十四年七月一日）
発行所　ベップウイクリー社　大字別府六九七の四
発行編集印刷人　桑原武
印刷所　不二株式会社
定価　一部一〇円

ベップウイクリーというように、週刊の新聞です。四面あります。発行人の桑原氏は商店街商業組合理事長です。創刊号のトップ記事は全国を巡幸していた天皇が別府を訪れることになった事です。天皇が降伏を決意したのは玉音放送の六ヶ月も前だったのに、通信が軍部に握られていたのでできなかったという「終戦時の劇的場面」が書かれていました。

「ソ連の煽動政治を暴露　マ元帥　デ中将書簡を痛烈に反駁」といった国際社会に目配りした記事と同時に「別府博に望む」さらに「全国防犯統計課長会議の結果、芸妓の旅館出入りが禁止となったことに別府の芸妓組合がその対策に頭痛ハチ巻の態」といった別府関連の記事が掲載されています。

別府出身の画家森川豊三のエッセイ、キャバレースターのダンス教師重松式部氏による「家族ダンス　三日間で踊れるワルツ」の解説、さらにフランス映画の最新情報など文化欄も充実しています。

目を引いた記事をいくつか紹介すると、「県下第一と言はれた別府の犯罪発生件数は減ってきているものの、周辺地の凶悪犯が別府へ逃げ込む　捜査に苦心する当局」です。当時は別府にさまざまな人たちが転入してき

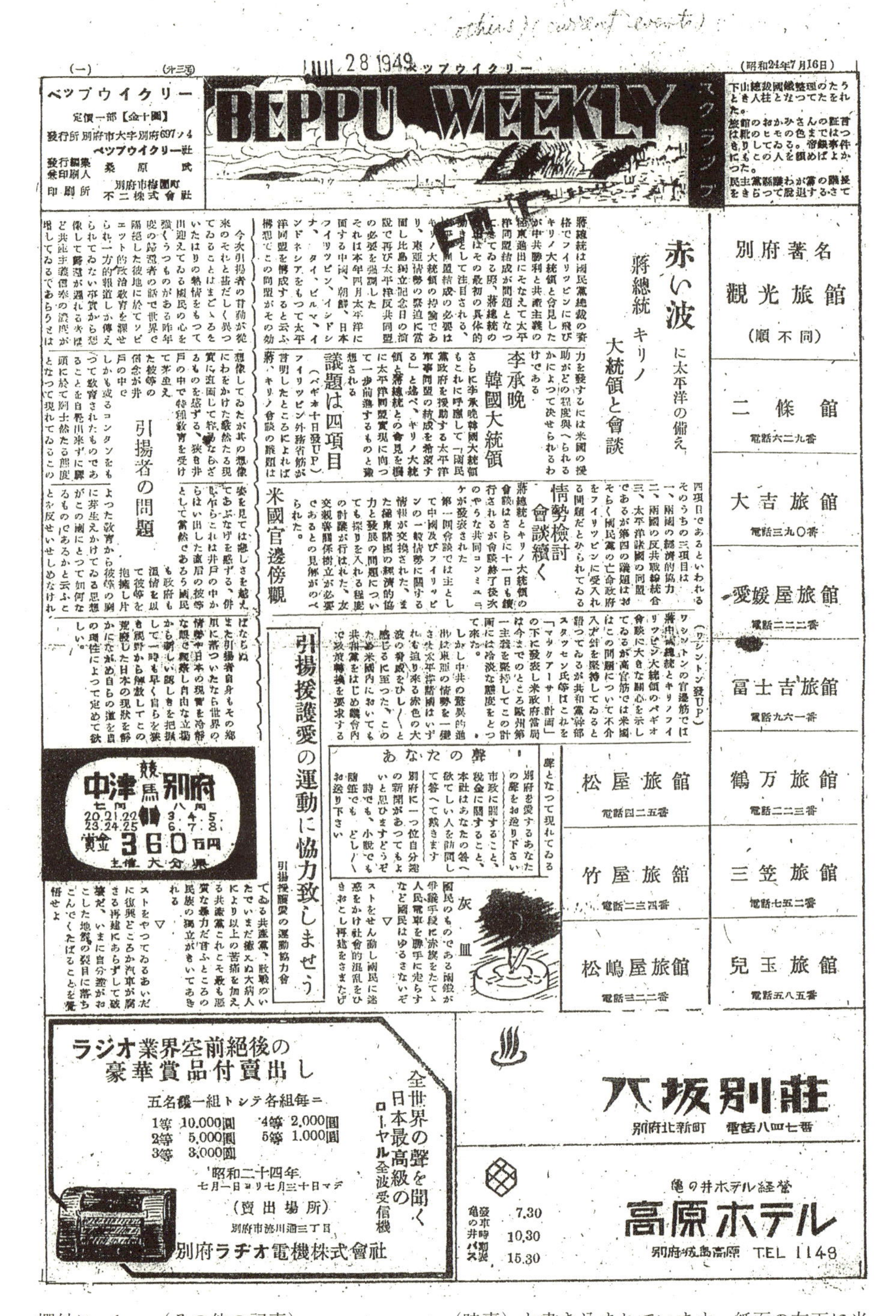

（一）　（州三五）　JUL 28 1949　ベツプウイクリー　（昭和24年7月16日）

ベツプウイクリー
定價一部【金十圓】
發行所 別府市大字別府697ノ4
ベツプウイクリー社
發行編集兼印刷人 桑原武
印刷所 別府市梅園町 不二株式會社

BEPPU WEEKLY

スクラップ

下山總裁國鐵整理のたうとき人柱となつてたをれた。

旅館のおかみさんの証言は靴のヒモの色まではつきりしてゐる。帝銀事件にもこの人を頼めばよかつた。

民主黨幹事わが黨の議長をきらつて脱退するさて

赤い波に太平洋の備え
蔣總統 キリノ大統領と會談

蔣總統は國民黨總裁の資格でフイリツピンに飛びキリノ大統領と會見したが中共勝利と共産主義の極東進出にそなえて太平洋同盟結成が問題となつて來てゐる際、蔣總統の今回はその最初の具体的動きとして注目される、（平洋）同盟結成の必要はキリノ大統領の持論であり、東亜情勢の緊迫に當面し比島獨立記念日の演說で再び太平洋反共同盟の必要を強調したそれは本年四月太平洋に面する中國、朝鮮、日本フイリツピン、イシドシナ、タイ、ビルマ、インドネシアをもつて太平洋同盟を構成すると云ふ構想でこの同盟がその効力を發するには米國の援助がどの程度與へられるかによつて決せられるわけである

李承晩韓國大統領

さらに李承晩韓國大統領もこれに呼應して「國民黨政府を援助する太平洋軍事同盟の結成を希望する」と述べ、キリノ大統領と蔣總統との會見を機に太平洋同盟實現に向つて一歩前進するものと豫想される

議題は四項目

（バギオ十日發UP）フイリツピン外務省筋が言明したところによれば蔣、キリノ會談の議題は四項目であるといわれるそのうちの三項目は
一、兩國の經濟的協力
二、兩國の反共戰線統合
三、太平洋諸國の同盟
であるが第四の議題はおそらく國民黨の亡命政府をフイリツピンに受入れる問題だとみられてゐる

情勢檢討 會談續く

蔣總統とキリノ大統領の會談はさらに十一日も續行されるが會談終了後次のやうな共同コンミユニケが發表された
第一回會談では主として中國及びフイリツピンの一般情勢に關する情報が交換された、また極東諸國の經濟的協力と發展の問題についても探りを入れる程度の討議が行はれた、友交親善關係樹立が必要であるとの見解がのべられた。

米國官邊傍觀

（ワシントン發UP）ワシントンの官邊筋では蔣中國總統とキリノフイリツピン大統領のバギオ會談に大きな關心を示してゐるが高官筋では米國はこの問題について不介入ぶ針を堅持してゐると語つてゐるが共和黨幹部スタッセン氏等はこれを「マツクアーサー計画」の下に發表し米政府當局は今までのところ歐州第一主義を堅持してこの計画には冷淡な態度をとつて來た。

しかし中共の驚異的進出は東亜の情勢を一變させ太平洋諸國はいずれも迫り來る赤色の大波の脅威をひし／＼と感じるに至つた、このため米國内においても共和黨をはじめ議會内で政策轉換を要求する聲となつて現れてゐる

引揚者の問題

今次引揚者の言動が從來のそれと甚だしく異つてゐることはまごゝろをいたはりの熱情をもつて出迎えてゐる國民の心を強くうつものがある昨年の歸還者の話で世界で隔絶した彼地に於てソビエット的政治敎育を課せられ一方的報道しか傳えられてゐない事實から想像して歸還が遅れる者ほど共産主義信奉の濃度が增してゐるであらうさはとなつて現れてゐることの頭に於て闘士然たる態度ることを自覺し來ずに驛つて敎育されたものであしかも或るコンタンをも戸の中で信念が非た彼等の て芽生え想像してゐたが其の想像にわをかけた毅然たる現實に直面して啞然ならざるものを感ずる、狹き井戸の中で特種敎育を受けとして當然であろう國民も政府も温情を以て彼等を抱擁し井姿を見ては痛しさを越えてあぶなげを感ずる、併し乍らこれは井戸の中から出した直后の彼等らはいい出した直后の彼等ばならぬまた引揚者自身もその鄕里に落ついたなら世界の情勢や日本の現實を冷靜な眼で觀察し自由な立場から新しい認しきを把握して一時も早く自らを狹き視野から解放してこの荒廢した日本の現狀を靜かに眺め自らの道を眞の理性によつて定めて欲しい。よつた敎育から彼等の胸に芽生えかけてゐる思想がこの國にとつて如何なるものであるかと云ふことを反せいせしめなければ

中津 競馬 別府

七月 20.21.22 23.24.25
八月 3.4.5 6.7.8.
賞金 360万円
主催 大分縣

引揚援護愛の運動に協力致しませう

引揚援護愛の運動協力會

あなたの聲

別府を愛するあなたの聲をお送り下さい
市政に關すること、稅金に關すること、本社はあなたの答へ欲てしい人を訪問して答へて戴きます
別府に一つ位自分達の新聞があつてもよいと思ひますどうぞ詩でも、小說でも随筆でもどし／＼お送り下さい

灰皿

國民のものである國鐵が爭議手段に赤旗をたてゝ人民電車を勝手に走らすなど國民はゆるさないぞ
▽
ストをせん動し國民に迷惑をかけ社會的混乱をひきおとし再建をさまたげてゐる共産黨、敗戦のいたでいまだ癒えぬ大病人により以上の苦痛を加える共産黨これこそ最も惡質な暴力だ言ふところの民族の獨立がきいてあきれる
▽
ストをやつてゐるあいだに復興どころか汽車が腐さる再建にあらずして破壞だ、いまに自分達がおこした地盤の裂目に落ちこんでくたばることを覺悟せよ

欄外に others（その他の記事）currents events（時事）と書き込まれています。紙面の左下に当時はラヂオ屋と呼ばれることが多かった電気屋の広告もあります。

ていたので、警察に追われている人が逃げ込むにはもってこいの町だったのかもしれません。

「彼女は税金をいくら納めるか」は、表向きは喫茶店だが実は呑み屋を経営している女性に取材し、細く数字をあげて記事にしています。満州から引揚げ、子供二人、夫は未帰還のこの女性は、一ヶ月の売上三万円、二割の遊興税に悲鳴をあげながらも頑張っていたようです。「ただし呑み屋に貸しは常例で仲々に苦労するとのことも申し添えて置こう」と記者は同情しています。

生活の厳しさを伝える記事と同時に「スターダンスホールの香水祭」という優雅な記事もありました。「つしま屋化粧品店の後援で、香水かぎわけ競技大会」を開いています。実に多彩な記事にあふれた新聞です。

別府駅前通りを散歩するGI

日刊別府

ルンペン座談会

一号（昭和二十四年八月五日）〜十八号（昭和二十四年八月三十日）
発行所　別府市梅園区五組　電話七番
編集兼印刷兼発行人　佐藤陸雄
定価　一部五〇銭　一ケ月三〇円
タブロイド版二頁　プリント印刷

週刊、旬刊新聞が多い中、珍しく日刊紙です。「戦前は一一社の日刊紙があった別府市で、一社くらいの日刊紙が成り立たぬはずがない」と自信満々です。戦前に一一もの日刊紙があったのが事実なら、別府市民は実に多様な情報源をもっていたことになります。また「どの新聞でもいいから出来次第配達してほしいと新聞配給所に申し込み、登録しても紙不足のため配達してもらえない人が四〇〇名」いたということですから、別府市民はかなりの新聞好きともいえます。

「従来の高踏的なものではなく街の回覧板のような新聞です」というだけあって「北町温泉の市営化問題」「市内にはキャンデー業者が四十数軒」「ノンズロで泳いだ亀川の女性」「馬糞を入れていたごみ箱を、清掃人が収集運搬車から捨てたのでその拍子に通行人が負傷」「占領軍物資のペニシリンを所持していた下野口の女性逮捕」「浜脇十四号踏切で列車に酔っ払いハネられる」「児童の情操教育のために紙芝居の内容を改善」など町の雑多な話題を記事にしています。

「銀行ギャング一周年に当たるので模擬犯人逮捕」という記事もありました。昭和二十三年八月一日流川通り二丁目の伊予銀行別府支店で白昼堂々とピストルとダイナ

昭和24年3月27日（土曜日）　日刊別府新聞　第17号

NIKKAN BEPPU Spo.— n75 on

日刊別府

日刊　別府市[illegible]　別府新聞社　発行兼編集印刷人　佐藤[illegible]

SPOT CHECKED　SEP 10 1949

FILE

行詰りの球場を三百万円で買收か
グラウンド計劃進む！

[illegible]組の都市対抗[illegible]優勝に刺戟され[illegible]の別府市会でグラウンドの設置が[illegible]されたので市当局では[illegible]その後種々研究を進め[illegible]去る十月末南[illegible]川畔に建設中の[illegible]グラウンドが資金関係から完全に行詰つているので、これを市が買收しようとの議が進んでいる

同球場は市議[illegible]トラック副社長久間政弘氏を創立委員長とする別府球場株式会社（仮称）がすでに四百五十万円を投じ七分通り完成しており完成すれば三万人の観衆を收容し得るといわれているが、市はこれまでの建設費[illegible]と睨み合わせて大体三百万円位で買收し、市の直営で[illegible]るい、但し完成後[illegible]以内にも会社が払下げを申請した場合は相当価格で払下げるという契約案を次の市会に提案する模様である

『大分合同』の夕刊近く実現か
別府に一部反対意見

夕刊の全面的復活を前提とする大分合同新聞の新興夕刊紙発行計劃は、新九州、やや九州タイムス[illegible]などが創刊されたにもかかわらず[illegible]向の[illegible]であつたが用紙事情からの[illegible]かつた、最近用紙事情が[illegible]つてこの[illegible]実現計劃がすすめられ[illegible]月から[illegible]には発行するとの説が強くなつた

用紙事情は最近むしろよくなり過ぎた[illegible]は資金回転を早くするための巻取紙を送り[illegible]なので合同としてはこれが受取に要する資金に追われているなどと穿つた説もあり、それが実現すれば[illegible]本社の夕刊を発行するのは面白くないという別府の有識層に一部反対意見があり、新規に発行すれば少くも三百万円の資金を要する[illegible]輸送機など中古品を買えばいくらか[illegible]めので別個に計劃しているとの説もある

「本社は別府に」

夕刊新聞「[illegible]」の本社は[illegible]府におき、大分上の見地から別府の本社で印刷する模様であるが現在大分県は全県一紙のため「合同」独占の声もあり、それが実に同一資本系の夕刊を発行するのは面白くないという[illegible]

[illegible]一般大津民が上京[illegible]そのもの用件を兼ね[illegible]あの[illegible]何れにしても用紙は統制[illegible]一歩前にあるから別[illegible]をとるのも簡単だと[illegible]思われる

浜脇公園を五中敷地に

別府市では今回浜脇公園を廃しその用地を市立第五中学校用地として使用することになつた

市有地を寄附
日出税務署用地に

日出税務署の別府移転は別府市民多年の要望であるが、すでに敷地も決定し六百五十万円で建築することになつているが建設予定地の[illegible]のため[illegible]おくれている模様である、なお市では税務署建設用地として左記七百坪の市有地を国に無償寄附することとなつた

（1）大字別府字大石[illegible]二、九〇五番ノ二宅地五八八坪

（2）大字別府字仮屋三、四二三番ノ三宅地一一二坪

市署の手数料
改正実施

市警察署が特定個人のために行う許可、認可、再交付、証明などの手数料は次のように改正された

◆銃砲等の所持許可　三百円
◆同上譲受許可　百円
◆同所持許可証再交付　五十円
◆古物商の営業許可　五百円
◆同許可証再交付　五十円
◆古物行商または露天　三百円
◆同再交付　五十円
◆同市場主営業許可　千円
◆同再交付　五十円
◆同せり売許可　百円
◆同営業所新許可　二百五十円
◆質屋営業許可　千円
◆同許可証再交付　百五十円
◆風俗営業取締法第一号の営業許可　千円
◆同再交付[illegible]十円
◆同[illegible]の免許　千円
◆同再交付　五十円
◆同法第一条第三号の免許　五百円
◆同再交付　五十円
◆車輌規則による臨時運転許可証　百円
◆火薬類譲受許可　二百円
◆制限外積載許可　百円
◆各証明書交付五十円

求人案内
大分職安所

◇女子薬剤師廿五才以上四十五才まで、女子薬専卒の資格者、九月はじめ採用
◇生保内勤事務員廿二才まで、旧制中学または商業卒市内居住者に限る、六月廿一日詮衡、給四千円
◇主任看護婦一名、高女卒または二年の養成所卒業以上、三十才まで、宿舎給
◇その他自動車運転手、旋盤工、機械工場など

説解　改正取引高税法のはなし（14）

（五十九）日本に在る外国商社に対する販売

問　日本に在る外国の商社に対し、物品を販売する取引は輸出取引に該当しますか

答　輸出取引には該当いたしませんから[illegible]して課税されます

（六十）外国人に対する土産品の販売

問　外国の観光客に対し土産物を販売した場合は、輸出取引に[illegible]

答　該当しますか[illegible]

（六十一）C・P・Oに対する販売

問　C・P・O（米軍中央購買局）に対し貿易庁を通じてなす物品の販売は取引高税が課税せられますか

答　輸出取引に準じて課税しないことにしております

問　メーカーとサプライヤーとの取引、大[illegible]製造業者とサプライヤーとの取引は輸出取引として取引高税は、課税されませんか

答　取引高税法に規定する輸出取引には、国又は鉱工品貿易公団、繊維貿易公団に対する販売及び直接海外との販売だけが該当します、従つてサプライヤーに対する販売は取引高税法に規定する輸出取引に該当はしませんから、その取引には取引高税が課税されます

（六十二）輸出問屋が製造業者のためになした取引

問　輸出問屋が製造業者と輸出契約を交わし、且つ対価を領収し、これを製造業者に支払いをなした場合の取引高税は誰が納付するのですか

答　輸出問屋が製造業者の名で貿易業者と売買契約をなし、製造業者のためにその対価の領収をなすものであることを証示した場合には、輸出問屋は手数料について課税され、製造業者は輸出問屋の行為によって取引高税を納付するものとします[illegible]

（六十三）

問　紡績会社の指定業者は輸出取引か[illegible]紡績会社が貿易公団から委託を受けて織物を作り、その対価として受領する加工料は、法第七條第六号の輸出取引に該当しますか

答　貿易公団に対する取引で非課税となる場合は、物品を販売する場合に限られ、加工は該当しませんから織物の加工料は課税されます（つづく）

大分市役所
市長　上田保
助役　安東玉彦
収入役　木松健一

別府市田ノ湯町
産科婦人科
羽田野医院
院長　羽田野浩彦
電話一八〇番

「街の回覧板」を目指していました。

マイトをもった六人組のギャング団が押し入りましたが、その日の内に三名、三日後には全員逮捕され、別府警察のスピード検挙として全国的に報道されました。

松原町のシベリア食堂主人佐々木俊虎氏の発案で「ルンペン座談会」が開かれています。「ルンペン氏一六名」と伊藤社会課長、同中川課員、佐々木氏が出席。市は予算四五万円で餅が浜の海の家を修理改築して開放、朝見川の橋の下にいるものには衣料、病人には医療品、転出者には旅費と被服の支給などを行っている。手切れ金のつもりで旅費を支給しても、三日で戻ってくるし、衣料は転売して身につけていない。今夜の会もまた騙されると思って来たくはなかったが佐々木氏の熱意に感じて来たと語っています。ルンペン氏達の「とにかく住む家がほしい」という要求は理解できますが、「何か将来に楽しみを持たしてほしい。たとえば女房のようなものがほしい」という主張には市職員もちょっとあきれたようです。

民主日本への歩み

戦後、ＧＨＱは日本の非軍事化、民主化を進めるためにさまざまな改革を推進し、日本は民主国家、文化国家として再出発します。そうした改革による戦後日本の再出発を「ＧＨＱによる上からの民主化」にすぎないという指摘があります。事実、公的機関の出したものには、自分たちもよく理解していない「民主主義」をなんとか人々に分からせなければならないという困惑が感じられます。また「農地改革は連合軍の指令であり妨害するものは指令違反で厳重に処罰される」「地方自治法について連合軍司令部より日本政府に懇切な書簡がよせられた。我々はこの指令をよく復唱して」といった表現にＧＨＱの権威を後ろ盾にしていることも分かります。とはいえ、たとえそうだとしても各紙面に踊る「民主日本」「民主化」「新生日本」と言った言葉から、平和で自由な民主国家として再出発したいという強い思いは偽りのないものだということは伝わってきます。とりわけ青年団や学生の出した新聞にはそうした思いがあふれています。

昭和二十二年五月新憲法とともに創刊された民主新聞は、旬刊ながら昭和二十四年九月まで続き、七十四号分が収蔵されています。通して読むと、逆コースと言われるＧＨＱの占領政策の変化と、それに応じて微妙に報道の論調が変化していることが伺われます。第二次吉田内閣を「保守合同への素地内閣」と論じた社説は検閲局より restricted というチェックが入れられています。

民主新聞

グレート別府の躍進譜

一号（昭和二十二年五月二十日）〜七十四号（昭和二十四年九月二十五日）
発行所　民主新聞社　別府市北末広町
編集発行印刷人　田中辰司
定価　月六円　昭和二十三年七月から一〇円　同年十一月から二〇円
東京支局　東京杉並区馬橋四丁目四四四　岩崎伊三郎
旬刊

民主新聞社の社長は、戦争中の統制により廃刊となった東九州新聞を刊行していた有田耕也氏です。さすがに手慣れたつくりで、読みやすい新聞です。購読料が当初の月六円から一年半後には三倍以上の二〇円になるなど物価の高騰が手に取るように感じられます。

民主新聞というように市政や選挙関連の記事が充実していますが、「グレート別府　躍進譜　再建の意気に脈うつ名士の面影」と銘打った人物紹介欄に紙面をかなり割いています。当時の別府で活躍した方々ですので、市長や公人以外を中心に、お名前をあげておきます。紹介の仕方に戦後の世相をうかがい知ることができ興味深く感じます。「野口学校区重鎮　衆望厚き津田八郎氏」「下部層大衆から慈父の如く慕われる偉傑　橋本珍種氏」「土建界に雄飛する至公至平の人格者　田尻芳雄氏」「商工界に政界に異彩を放つ井上隆氏」「土建界の新人　侠骨見　高橋実氏」「石鹸界の親玉　金本芳太郎氏」「躍進する新猫　市会議員　阿部新氏」「感奮追憶の人格者元市会議長森八治氏」「再建文化の花形　印刷界の王座、中尾友四郎氏」「至誠と努力の人　土建界の闘士　国次定次郎氏」「若草町の生みの親　義心と徳行の人　行徳久吉氏」「東洋印刷社の雄姿　温厚謙譲の人　梶原君三

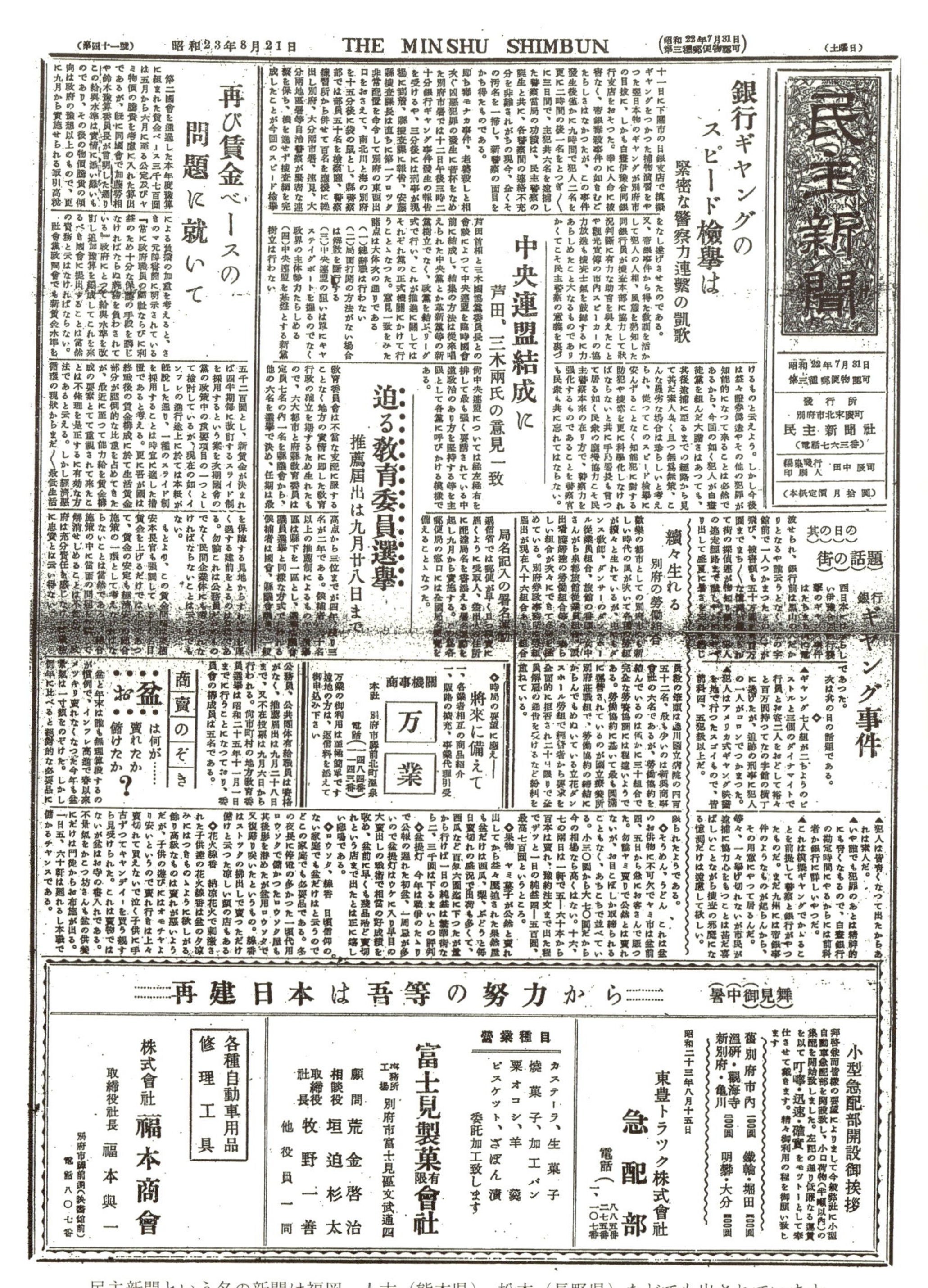

(第四十一號)　昭和23年8月21日　THE MINSHU SHIMBUN　(昭和22年7月31日第三種郵便物認可)　(土曜日)

民主新聞

昭和22年7月31日 第三種郵便物認可
發行所 別府市北束濱町 民主新聞社 (電話七六三番)
編集發行印刷人 田中辰司
(本紙定價月拾圓)

銀行ギャングのスピード檢擧は
緊密な警察力連繋の凱歌

中央運盟結成に
芦田、三木兩氏の意見一致

再び賃金ベースの問題に就いて

迫る教育委員選擧
推薦屆出は九月廿八日まで

局名記入の署名運動

續々生れる
別府の勞働組合

其の日の街の話題

銀行ギャング事件

將來に備えて

關機事商
万業

商賣ののぞき
盆は何が…賣れたか　お儲けたか？

再建日本は吾等の努力から

暑中御見舞

小型急配部開設御挨拶

東豊トラック株式會社
急配部

昭和二十三年八月十五日

營業種目
カステーラ、生菓子
燒菓子、加工パン
粟オコシ、羊羹
ビスケット、ざぼん漬
委託加工致します

富士見製菓有限會社

別府市富士見區文武通四

顧問 荒金啓治
相談役 垣迫杉太
取締役社長 牧野一善
他役員一同

各種自動車用品
修理工具

株式會社
福本商會

取締役社長 福本與一

民主新聞という名の新聞は福岡、人吉（熊本県）、松本（長野県）などでも出されています。

氏」「快刀乱麻を断つの慨　終始一貫意志の人　長崎屋旅館主　佐藤福治氏」「建築文化の飛躍　業界の花形鍛野種治郎」「製材業界の大物　立志伝中の人　徳田鶴太郎」

また他の新聞ではほとんど見かけなかった漁業に関する記事が多いことも目につきます。現在では、別府の漁業は盛んとは言えませんが、当時は食糧難もあって、漁業は大きな期待をかけられていたようです。「封建的漁業を排して民主的漁業に」と漁業法、漁業協同組合法を施行するなど国も力を入れていました。そうした中で行われた別府湾の鰮（イワシ）夜焚網の記事を紹介します。

◆待望の豊後湾内イワシ夜たき網が開始。夜の別府湾に六十九隻の火船が浮かび、かけ声勇ましくイワシの漁獲を目指し文字どおりしのぎを削る激しい魚の争奪戦が演じられよう。

なお二十三年十月二十一日の「吉田内閣の性格　保守合同への素地内閣」は検閲跡があり、その部分の英訳が添付され restricted と記されています。発行に際してなんらかの制限が求められたと思われます。

注　第二次吉田内閣は戦後初めての保守単独内閣でした。

S.C.A. weekly

文化求める〝自励運動〟

一号（昭和二十二年七月一日）〜四号（昭和二十二年八月二十日）
発行所　自励社　別府市若草町六組
編集兼発行人　一〜三号　高橋文夫　　四号　永井道紀
印刷所
一〜二号　別府謄写堂　別府市秋葉通り七
三〜四号　別府プリント社　別府市此花町十六班
発行部数　五〇部

S.C.A. weekly は別府で行われた「自励運動」という文化運動の機関紙です。S.C.A. は Self Culture Association の頭文字です。会員は勤労者が多く以下のように意気込を語っています。「戦後、文化立国のスローガンのもとに多くの文化運動が起きたが、ヤミとバクチと赤提灯の町である別府では文化運動が大衆性を獲得するのは難しい。しかしかかる環境にあってこそ文化運動が必要である。自励社に集まる人は職場を持っている人が多くそれだけ真面目な向上意欲と実践力を持っている。こうした人々の間から盛り上がる文化意欲からこそ世論を動かす様な新鮮な力強いものが生まれるであろう」「朝早く軽快なメロディーに乗って自励社本部の一日が始まる。颯爽として本部長を始めほとんどの方が出勤される。如何にも文化人といった服装、態度、物腰だ。ずらりと並んだ書籍。不勉強な我々は相互に励んで豊かな情操と世界的教養を身につけ文化国家を築こう」と意気込みを述べています。「一、服装を端正にする。二、良書を読む。三、生活を合理化し生産に勉める」を「綱領」としていました。　満洲から引揚げてきた元華北交通の辻原八二三氏が参与、蓼沼強氏が本部長として自励社を指揮していたようですが、多彩な活動の資金がどこ

1st July, 1947 S.C.A. Weekly

C.C.D. J-2848 Post-passed 9 July 1947

自励運動ニ参加シテ

終戦後文化立国のスローガンの下に文化運動が全国的に華やかに展開され無数の文化団体が各地に咲揃つてゐる時当別府市に於ても我々は既に幾つかの文化団体の存在を知つてゐる。詳しい事は姑くおくも仄聞する處に依れば概して有閑階級の趣味会合的性格が濃厚であつたり又は興行的な或は卑俗な娯楽的なものであつたりして現在のところ大して活発な活動をやつてゐる様なのは見へない。個々の経済的な又は技術的な理由にも依るであらうが一つには[illegible]とバクチと赤提燈の町ゞといはれ[illegible]が示してゐる所の別府の特殊な環境この様な後れた文化的意識の低調な都市に於ては文化運動が大衆性を獲得する事は中々難しく幾つかの文化団体が相当の意気込で出発するけれどもいつの間にか立消になつて行く様である。しかしかゝる環境の故にこそ一層強力な文化運動の必要が痛感される。この点自励社運動が比較的確実な恒常的運営機関の上に立つて活動を続けてゐる極である。私達の文化的集ひに於て豊かな情操を養ひあらゆる西洋的な教養をも身につけ高い知識を求めて常に自己を磨いて行かなければならないのであるが唯それだけに終つてはならないと思ふ。私達は有閑的な文化貴族にならうとしてゐるのではない。自らを向上させて行くと共に又環境に向つて啓蒙的に働きかけ後れた大衆の文化意識をもり立て、行く実践力とならなければならないと思ふ。自励社に集る人々は[illegible]各自の職場を持つて居られる人々が多いそれだけに真面目な向上的意欲と実践力とを持つた人々だと思ふ。又外地から引揚げて敗戦の痛苦を身を以て味つた人々も相当ある。かゝる人々の向から盛上る文化意慾からこそ、世論を動かす様な新鮮な力強いものが生れるであらう。

服装について

何時の時代でも若さを求める人の心に変りはない。特に服装は女性にとつて重大な役割をしめてゐる。女性の服装とは[illegible]みやすい様でむつかしいものである。一番大切な事は、自分の個性を知り、それを如何に生かすかといふ事にあるけれど、その事を知りつゝも単に流行を追ふといふ無批判さにおちいつてしまひやすい。最近アメリカ式新スタイルが流行してゐるが、日本人に受入れられるものと受入れ難いものとをはつきり区別する必要がある。元々あちらの人の姿態を生かしてデザインされた服装であるからそのまゝ真似ればいよ〱はつきりとあちらの人との相違を目立たせるのに役立つのみで不調和な結果に終りがちである。如何にして自分の個性に合ふか、研究して行く事は女性にとつて大切な事ではないだらうか。現在の日本では服装に対するあらゆるものが不足してゐるが狭い範囲で如何に工夫して最大の効果を上げるかに心がけるべきである。華美にしたからと云つてそれが新しいときまつてゐないと万人周知の様に、どの様な貧しさの中からでもその人の工夫如何によつて人眼を引かずにはおかない様な美しさが現はれて来るものであるアクセサリ一つの用ひ方にしても全体の調和を余程考へなければ、その服装がすつかり死んでしまつたり、ちよつとした考へ様によつて見違へる様にきのきいた服装になる。[illegible]美しき調和の美こそ望ましい。

山田八重子

中級ニュース

数々の神に関する名著を以て世界にその名を知られた大拙博士の御縁戚と聞く鈴木光生のアメリカの生活を彷彿とさせるSplendid Conversation・ソロモンの栄華に咲きでた一至の百合の如き清冽なる愛の歌Songs of Solomonを講じられる高島先生はテキストにまがふばかりの美しいMrs. 高島と御結婚なされたのも最近なので、その白熱的な御講義には一同!?!新しく中級を教へられる広瀬先生はシエークスピア物語のハムレツトを講じてゐられる。数々の質問に懇切な解答をして下さる真摯な授業は一同に深い感謝の念を抱かせると同時に相当困難なテキストを克服しようとする聴講生の熱意を燃えあがらせるものがある(高橋)

科学ナゾ〱?

"空は何故青いのでせう"

私達が物を見る事が出来るのは光の散乱に因ると云ふ事は御承知の通りですが、空が青く見えたり夕方や朝早くは赤く見えるのはその[illegible]なんです。太陽光線のスペクトルでは赤より青の方が散光がより強いのです。だから日中は青く見えるのです。夕焼、朝焼については大気中の塵埃、空気構成分子の層が厚くなるので青色の散光が少しく却つて赤く見えます

新聞タイトルを欄外に記入している珍しい作りです。通常タイトルの隣にある発行所などを記す欄もありません。

からでているのか実態がよくわからない団体です。本部は田の湯室町平野通りにありました。

不老町教会を会場とすることもあり、英語を中心としてロシア語、中国語などの語学講座また地震研究所の後藤先生の「地球物理学概説」、鳥潟医師の「日本の結核について」、また東島牧師の「ヘレニズムとヘブライニズム」など幅広い講義が行われました。座学だけでなく、城島高原のヒュッテで二泊三日のキャンプを行ったり、ティーパーティーを開いたりしています。その時は手作りのケーキが出され、ピアノやマンドリンの演奏を楽しんでいます。映画鑑賞会もあり、二〇名の会員が一緒にアメリカ映画「南部の人々」を観たあと、喫茶オアシスで「映画について清談。入場料とお茶の費用をお世話くださった霜野部長に感謝」とありました。費用は負担しなかったのでしょうか。会の運営方法として「男女を問わず三名をひと組とし、その責任者を本部に登録して連絡係とし、指導的地位を獲得させ新しい日本を推進する」と述べられていますが、自励社の運動には何か隠された意図があるように思うのは考え過ぎでしょうか。

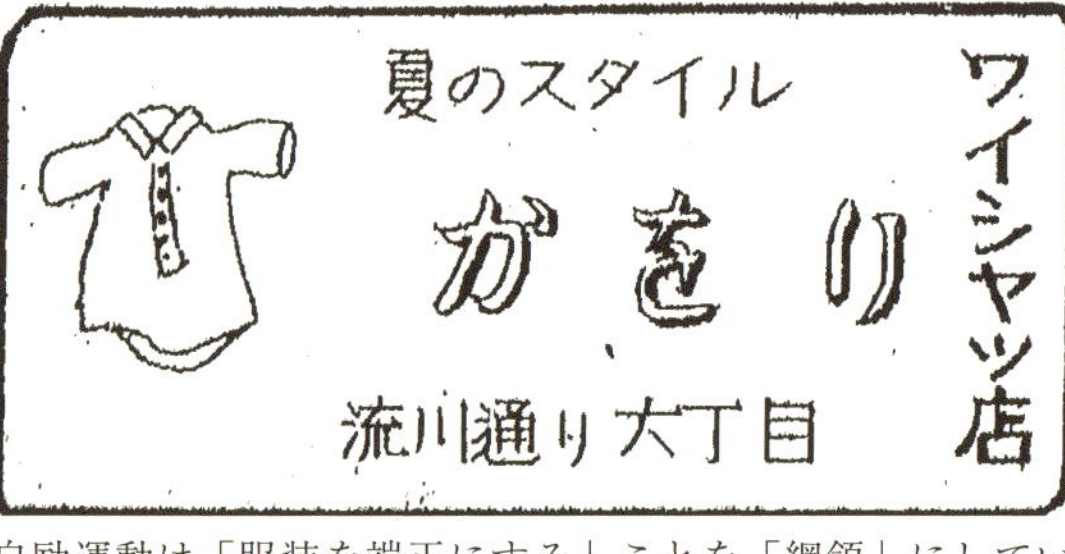

自励運動は「服装を端正にする」ことを「綱領」にしていました。

THE DANCE

ダンスは民主化の象徴

一号（昭和二十二年七月十五日）～二号（昭和二十二年七月十五日）
発行所　夕刊サンデー社　別府市流川通り三
編集発行人兼印刷人　斎藤栄一
本紙定価　一部五円五十銭

ザ・ダンスは夕刊サンデー社が特集号としてだしたものです。進駐軍基地であった別府には米兵専門のキャバレーやダンスホールがあり、昭和二十一年の秋頃から日本人にも開放されるようになりました。それにともなってダンスに興味をもつ人々が多くなり、同時に教習所も増えたようです。「初心者歓迎、ダンサー速成　日米ダンス研究所　桜町」、「ホール電蓄教授内容を誇るモナリザ社交ダンス教習所　弥生町」「皆様のダンス倶楽部として新発足、初心者を親切に教授いたします　パッションダンス教授部　中浜筋」といったダンス教習所の広告が目立ちます。

娯楽を抑えられていたこともあり、戦後は別府に限らず日本全体に社交ダンス熱が高まりました。日本の再建、民主化の手段とも見なされたようです。ザ・ダンスには脇市長が創刊の祝辞を寄せていますが、次のように並々ならぬ熱のいれようです。「戦時中、禁止されていたダンスが自由と共に甦り、また吾々のもつ舞踏本能を満足させる機会があたえられた。食生活の不自由、何か焦燥に似た生活態度、それが今日の日本を支配している。この矛盾の日本から、美しい平和な国を生み出すものは明朗で健康な精神でなくてはならぬ。ザ・ダンスは旅人に

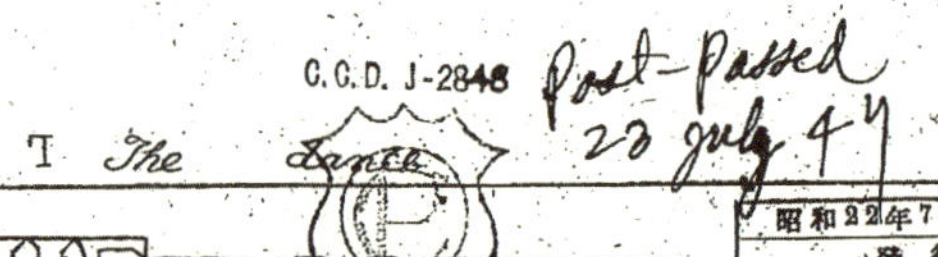

THE DANCE 舞踏

昭和22年7月15日發行
發行所
別府市流川通り三
夕刊サンデー社
（特輯號）
編輯發行印刷人 齊藤榮一
本紙定價 一部 五圓五十錢

市内各ダンスホール 美人新人 名花の豪華版

ダンス界の展望

「今宵一刻價千金」納涼の星座を仰ぐに似て素晴らしい美人新人ぞろいの泉都別府には新園洪水の氾濫だ日本晴れの空を感じさせる晴れ晴れとした流行イブニングのマネキンモダンやと偲ばれるばかり世をあげてのダンス時代の再現は文化日本の殿堂を象徴し明日の民主日本建設の夜明けを祝福してくれる。見給え、青赤の交通シグナルの明滅は色とりどりのネオン色彩の華かなるさゝやきに變り甘き蜜の如き陶酔を思いおこさせる。青春は日毎に朗らかさを取返えしホールに集る人々の顔を喜びにほころばす雰囲氣をつくり見事なる樂團は夜毎にくり擴げられる。ダンスバンドのジャズ音樂に樂しく春のめざめをことほぐ。夜の泉都別府其處こそ吾等市民大衆の感激を昂揚させ滿喫できる盛り場である來給え若き人々よ吾等の一夜を樂しく踊るときうつとりとしてもりあがる感激は明日の生甦えの活動力を増すに恰好の殿堂だ吾々は民主日本再建のために泉都別府の正しき發展を祝福するためにも先ず泉都別府のダンスホールを覗いて見ることにしたい。

祝詞

The dance 創刊に際して 脇鉄一

戰時中禁止されていたダンスが自由と共に甦りまた吾々のもつ舞踏本能を滿足させる機會が與へられた。ダンスは吾々の生活とは如何にしても切離せぬ必須のものゝ一つであると同時にこれを樂しむ態度は飽迄も明朗で健康的でなくてはならない不健康な社交ダンスは絶對に排撃しなければならない事は我々の念願であり社交ダンスが盛踊り的に大衆に愛され盛踊り以上の親しみを持たれるであろう今後にこの心組は大切であると考えられる食生活の不自由何か焦燥に似た生活態度これが今日の日本を支配している。この矛盾の日本から美しい平和な國を生み出すものは明朗で健康な精神でなくてはならない。そしてそれは必然的な使命を一分野としてのダンスにも持たせ且すみやかなる普及正確なる踏風をも要求している。この秋に當りThe Danseの發刊を見た事は旅人の北斗を發見し砂漠のオアシスのそれに似て吾々の双手を擧げて迎へ且健闘を所るものである。よき師としてよき友となりてダンスファンと共に明朗日本の夜明けに大光明とならん事を強く希数しつゝ祝詞にかえる。

祝發展
別府市長
脇鉄一

創刊の言葉

ザ、ダンス創刊に當りまして皆様に先ず次の様な嬉しい言葉をお贈りする光榮を吾々は有します。「ダンスは愛情なり戀愛なり藝術なり」吾等ダンスに關係ある一人と致しましてその正しき發達を切望致す者にとりましてこの標語こそ金科玉條と信じて疑わぬものであります。吾々はこれ迄に正しい明るい社交ダンスの向上を願いその普及に全幅の努力を傾到し如何にすればこの方向にダンス界を移行せしめ得るかにつきまして苦心致してまいりました。而して吾がダンス界の先輩諸賢のダンステクニックにつきましても直ちにもつて反省をうながしてまいりました。今後の社交ダンスの向上につきましても吾々はこれ迄と同じ率直な態度をもつて目的達成のために努力する覺悟であり一方法一手段としてこのザ、ダンスを創刊致して吾の信念の達成と大方の求望にお應えしたいと念願致します。讀者諸賢並にダンスファン諸君の絶大なる御支援と御理解ある御指導を切に要望致しまして創刊の辭と致す次第であります。

広告欄左上の喫茶スズランは大正時代に九州で初めてできた喫茶店です。

とっての北斗、砂漠のオアシスに似ている。双手を挙げて迎え且つ健闘を祈るものである。この新聞がよき師、よき友となり、ダンスファンとともに明朗日本の夜明けとならん事を強く希望しつつ祝辞にかえる」。

「絢爛たるダンス時代　門戸開放民主日本の象徴」という記事では、女性解放とダンスを結びつけた論を展開していますし、「踊る社会人」という記事では「私は真面目な踊り手になりたい」とダンス技術向上に励むダンサーが取り上げられています。

「紙上ダンス講座」でいろいろなステップを解説するなど真面目に社交ダンスの普及に取り組んでいる新聞ですが、厳しい生活を送っていた別府のダンサー達のことは視野に入れてはいないようです。

生活難に苦しむ人が多い一方で、楽器専門店、化粧品店などが軒を並べていました。

全農県連報

農地改革徹底を訴える

Ｎｏ・２（昭和二十二年八月十日）～Ｎｏ・９（昭和二十三年月十五日）

Ｎｏ・３　全農ニュース　Ｎｏ・４　全農県連報

発行所　全国農民組合大分県連合会事務局　別府市流川九丁目

月刊

日本の民主化のためにＧＨＱが行った改革の一つに不在地主から小作人を解放した農地改革が挙げられますが、全農県連報はその改革に伴うさまざまな問題に対処するために出された新聞です。とくに昭和二十二年十一月に制定された農業協同組合法により、それまで農業を統制していた農業会にとってかわることになる農業協同組合について、組合の目的や運営方法、結成の仕方などを詳しく説明したて記事が多く掲載されています。また「農民を数世紀に及ぶ封建的抑圧の下に置いて来た経済的束縛を破壊するために土地を耕す者がその労働による果実を平等に享受する機会を持つことを保証する措置をとること」が肝要であると強調し、「農地の改革は連合軍の指令で日本政府が行っているので、これを妨害する者は、とりもなおさず連合軍の指令違反であるから厳重に処罰すべきである」「一枚の田畑も見逃さぬように」とＧＨＱの威光を背になかなか厳しい口調で呼びかけています。

別府の農地委員会は別府、石垣、朝日、亀川の四地区に分かれていましたが、各地区から代表者を選出し不在地主の調査などを行いました。香淳皇后（※昭和天皇妃）の生家である久邇宮家も七反十七歩の所有地のうち五反

26/2

全農縣連報

No. 9
1948. 2. 15

別府市浜川
全国農民
大分縣連

本年の運動方針

一、農地改革の徹底

種々の脱法行為で農地を隠したり、売買したり、取上げたり、仮装自作したりしてゐるものを昭和二十年十一月二十三日現在の状態に復するよう、県農地委員会に働きかけ、各支部では青年部を動員して其の事実を調査し、取まとめて文書により県連へ報告する。県連は其の報告に基き関係方面へ働きかけて是正するよう努力する。

二、山林原野の解放

農地法の改正により新に解放される山林原野を、将来の立体的農業経営の為に出来得る限り広範囲に解放する事を指導し実行する。

三、農協組織の実際化

1. 農業会解体に伴ふ財産の不当処分を監視する為、各支部は監視委員を作る事。
2. 組合の設立運動に官公吏農業会の役員が干与せぬよう県知事に要望する。
3. 各支部では右の様な者が発起人となつたり運動したりして組織した組合があれば県連に連絡して、設立許可をせぬよう知事に申告する。
4. 農業会の財産分割請求に就て疑義あれば直ちに県連へ連絡する。
5. 協同組合は必ず生産に関する事を事業目的とし、其の計画に就て疑義乃至研究を要する時は県連に相談する。
6. 連合会の結成、信用業務の連合会組織をするときは県連へ連絡を取り、同様目的のものを多数糾合する事。

四、農業課税の審査

実収による農業所得を申告したが、税務署に認められず、更生決定のあつた場合は、申告した所得を今一度計算して誤りのない時は、一ヶ月以内に審査請求をせねばならない。支部では審査請求をする人を一括して県連と連絡すれば、県連では同一税務署管内のものにて審査するように指導する。

五、供出対策

割当の基準となる作付反別が明確でない。同じ反別に割当てる。同じ反別でもその田畑に上下がある。これ等の事を一目でわかるようにし、自主的に決定せねば公平な割当が出来ない。[illegible]基礎的な調査が出来て居らぬこと、不平な割当を残く主張することも出来ない。

組合員が指導して全町村内の作付出来る田畑を、等級に洩れなく調査して、広狭や地味を考慮して等級を附する。此の調査反別に作付の割当をし、[illegible]により収穫の予想割当をするように指導する。

六、青年の文化指導

新らしい農村の指導者となる青年の為に、農民に必要な文化的な指導をする。

・青年文化[illegible]研究会をやる。各支部は代表的な青年[illegible]必ず此の研究会に参加させ、参加した青年は帰つてから青年を集めて更に研究会を催すようにする。

七、農村衛生

沢野医学[illegible]の無料診療は継続して各支部の申込により出張診療をやる。此の診療を通じて農民の最も多くの病患が何に基因するかを研究し、其の根源除[illegible]対策を講ずるようにしたい。無料診療を行ふ支部は此の意味からなるべく多数の患者を集めるように希望する。

大分軍政部へ陳情

県農業会が買収した宣伝した府の農民療養所が昨年十月閉鎖された。[illegible]の財産であるとの理由で同委員会に接収されたが、昨年十二月大分県へ同療養所を払下げてもらつた。然し知事はこれを県農業会に貸与するよう指示したので、県農業会は既に解散すべき事が確定してゐるので、これに払下げる事は現下の状勢に逆行するから、農民が民主的な運営の出来る協同組合組織に払下げて呉れるよう知事に指示して頂きたいと云ふ意味の陳情書を全農県連の名で、大分軍司令官宛に提出した。

県知事へ陳情

1. 療養所の[illegible]同様の陳情書を提出した。
2. 農協組合の件に就て、官公吏農業会役員が、依然農業協同組合の設立運動をやつてゐるから、其の禁止方を厳に取締るよう陳情した。
3. 県農業委員会議は農業会関係と日農とが主導してゐる実体を確認されて、農業協同組合の推進に就ては、県は一般農民の誤解をさけて独自の立場よ[illegible]要求するよう陳情した。

県農地委員会へ

種々な脱法行為で農地を隠匿したり、不法取上げしてゐる市町村が相当に多いから県農地委員会は昭和二十年十一月二十三日の現状に送つてこれ等の違法を適当な方法で再調し、農地改革を徹底せしむるよう陳情した。

農協県連の組織

働く農民が主体となつて、生産の協同化を目して民主的な農業協同組合が各町村に発足してゐる。一方農業会の看板塗り替への的な非農民の指導する非民主的なものも組織せられつゝある。民主的な協組は非民主的な協組の宣伝に迷はず、民主的なものの同志で県連合会を組織して、あく迄働く農民自身の手で一貫した組織体系を作り上げなければならない。

青年文化研究會

一月の第一回研究会は熱心な青年諸氏が多数参会して盛会裡に終つた。二月の第二回研究会は次の通り開催するから一回の参会者は勿論新らしい青年男女の多数参会するよう連絡を希望する。

日時　二月二十五日午前十時
題目　新民法と所得税の実講
場所　県連事務所

県連合会は一般的なものと、信用業務を扱ふものと二ケを組織する必要がある。これ等の準備に関する事を県連で懇談会を催したいから、協組の設立を終つた各支部は至急に連絡して欲しい。尚各支部で協組の組織に就て指導を希望される支部は至急県連へ申込を乞ふ。

無料診療

沢野博士の[illegible]研究無料診療は各地共非常な好評を得て、第三回田野支部第四回神崎支部を回診した。尚診療予定のものは二月中旬小野支部、二月下旬山口支部となつてゐる。診療希望の支部は希望日を予め申込まれたい。

県連報基金

本連報が働く農民諸氏の燈台となる役目をつとめ、各支部より支援を受けつゝある事は感謝にたへない。其の後寄せられた支部は次の通りである。

支部	金額
由布院支部	五〇〇円
安岐支部	一〇〇円
上回崎支部	一〇〇円
神崎支部	一〇〇円
山口支部	二〇〇円

婦人の文化講座

毎日新聞の支援を得て農村婦人の為に、美容、洋裁、料理の講座を催す事になり、其の第一回を速見地区と

欄外の日付（26／2）からして2週間後の事後検閲であることが分ります。

一畝九歩が「田」として登記されていたので農耕地であるとして解放しなければなりませんでした。ちなみにこの土地の代納者は料亭なるみの経営者として知られる高岸源太郎氏です。

全県を対象にした新聞で、別府関連の記事はほとんどありませんが、「農協法の講習会が別府市公会堂で開催される」という記事、「旧軍用地であった石垣原演習場が占領軍から日本政府に返還された」という記事以外に、「農民療養所（※現在の鶴見病院）が、解散が決まっている農業会に払い下げられるとの話があるが、農民が民主的に運営できる共同組合組織に払い下げてくれるように知事に指示していただきたいという意味の陳情書を全農県連の名で大分軍司令官あてに提出した」という記事が目につきました。

別府女専新聞

伸び伸びとした学生生活

二号（昭和二十二年八月二十九日）～十三号（昭和二十三年十一月五日）　欠＝五、六、十二号
発行所　別府女子専門学校　別府市北石垣円通寺
責任者　二、三、四、七、八号　元柳光
　九、十、十一、十三号　伊東康子
印刷所　大分合同新聞社
本紙定価一部四円　七号からは一部五円
月刊

別府大学は終戦後の昭和二十一年に別府女学院としてスタートし、翌年には別府女子専門学校となります。その後昭和二十五年には別府女子大学に、そして別府大学になったことはご存じの方が多いと思います。「別府女専新聞」は、その別府女子専門学校の生徒によってだされた新聞です。二号の「新制大学昇格問題に就き全国高専校長会議開催　私学関係者の発言活発」、十一号の「将来は経済学部を設置し総合大学へ」といった記事などから大学昇格への取り組みの熱意がしのばれます。

文学関係の記事が多く、昭和二十三年に入水した太宰治への「哀悼」「死闘に敗退する太宰」また「ドストエフスキーのこと　罪と罰をめぐって」「清少納言のちご童観」「英米の小説　チャールズ　ディケンズ小論」などが掲載されています。とても内容の充実した新聞で、当時の若者の学問への姿勢や志の高さが感じられます。

一方で、学問以外の活動も盛んで、松原公園前にあった映画館、松栄舘の隣に喫茶店を開いた生徒達もいます。店の名前はOnlooker（※傍観者）です。カルピス、ソーダ水、金時などを出したようです。いかにも女学生好みのメニューで、どんな店だったのか覗いてみたくなります。また生徒主催のダンス・パーティーが、的ヶ浜の錦

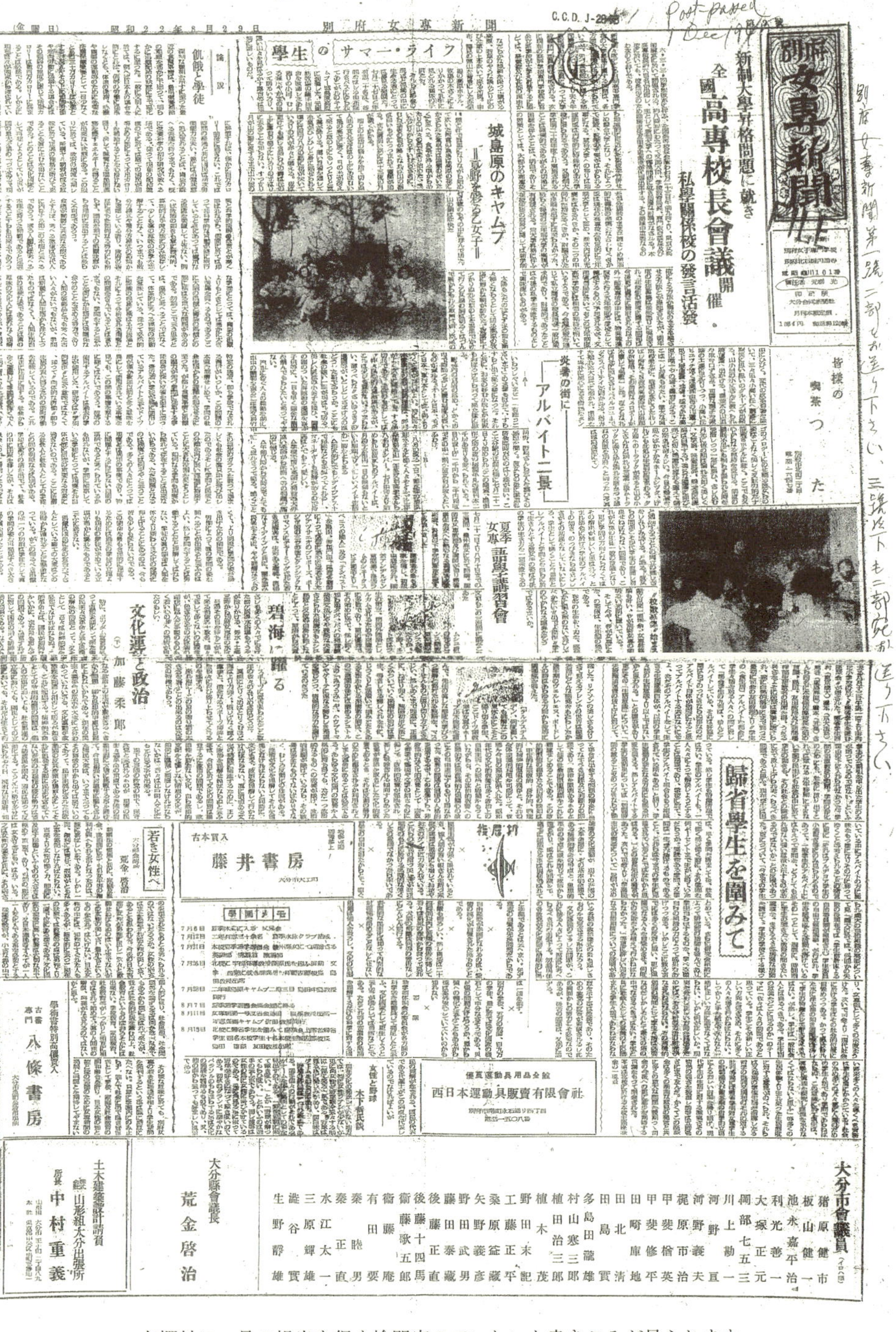

右欄外に一号の提出を促す検閲官のていねいな書きこみが見られます。

水園で開かれていますが、大成功を収めたようです。「午後八時より拍手にのってバンドのダンシング・ミュージックに依り踊りだすが、客足がまだ少ない。十時近くになって急に詰めかけた人並みに係員は大多忙をきわめた。無料入場者もかなりあって弱った。大分軍政部からデニス女史が来るはずであったが、あいにく来られず、舞踏の竹内永子先生（注）、県議の加藤柔郎氏が見えた」とあります。なおこの会で得た利益は女専図書拡充のため使われるということです。

戦後、前衛的な芸術家達が結成した「火の会」が大分を訪れ、女専において講演を行いましたが、その時、「火の会」のメンバーである詩人の草野心平とピアニストの宅孝二が生徒たちの要望により校歌を作った事情なども語られています。校歌が当時強い関心が持たれていたエスペラント語に訳されているのには驚きました。

注　竹内永子　パブロワにバレーを学ぶ。大分洋舞踏界の育ての親。平成十八年没、享年八十一歳。

Kanto de La Beppu Virina Kolegio

Versfarita de S. Kusano
Komponita de K. Taku
Tradukita de H. Sutoo

Oogi klinajo,
Maro indiga.
Sur la monteto en varma urbe
Flirtas nova standardo.
Sub la suno brilanta
Laudadas ni
Ho! Beppu Kolegion.

Herba odoro,
Cielo lazura.
Kiel acreto, flamigas koroj;
Kiel Kunizaki, etendas songoj.
Kun la koro uniganta
Kantadas ni
Ho! Beppu Kolegion.

エスペラント語で書かれた校歌。
草野心平作詞、宅孝二作曲、首藤基訳

日豊タイムス

議会リコールの結末は

十九号（昭和二十三年十月一日）～三十一号（昭和二十四年六月八日）　欠＝二十四号
発行所　日豊タイムス社　別府市濱脇魚薬町
電話一五五番
発行編集印刷人　高橋春秀
印刷所　民主新聞社　別府市北末廣町二三一三ノ二
購読料　一ヵ月二〇円

日豊タイムスは豊後新聞が、宮崎市に支局を開設したことを機に改題したものです。発行人の高橋春秀氏は「日向の高千穂は日本民族発祥の地であり聖地である。日向人との政治経済文化の交流をもつことは新聞発刊当時からの念願であった。大分と宮崎は双子で、大分が男子で、宮崎が女子である」と言い、宮崎に対して強い思い入れがあったようです。宮崎市長や延岡の元社会タイムス社社長からの祝辞が掲載されています。宮崎だけでなく、東京、大阪、小倉など全国五ケ所、臼杵、国東など県内十ヶ所に支社を設けています。連続小説及川公子作「べっぷブルース」も引き継がれています。

二十四号は欠号ですが「二十四号は余部が全々ありませんので二十六号のみ送付いたします」という検閲局への手紙が収められています。

「ゴロツキ議員を排撃せよ」「陰謀か打算か別府商議戦争」「選挙戦楽屋のぞき」「市議会リコール問題」など全体に政治記事が多く掲載されています。市民税の課税の査定方法に端を発した別府市議会リコール運動は、市民を二分し有権者の約半分の二四〇〇〇の署名が集まりました。「目下選挙管理委員会が有効署名を確認中」（※昭和二十四年五月四日）ということですが、結果が掲載され

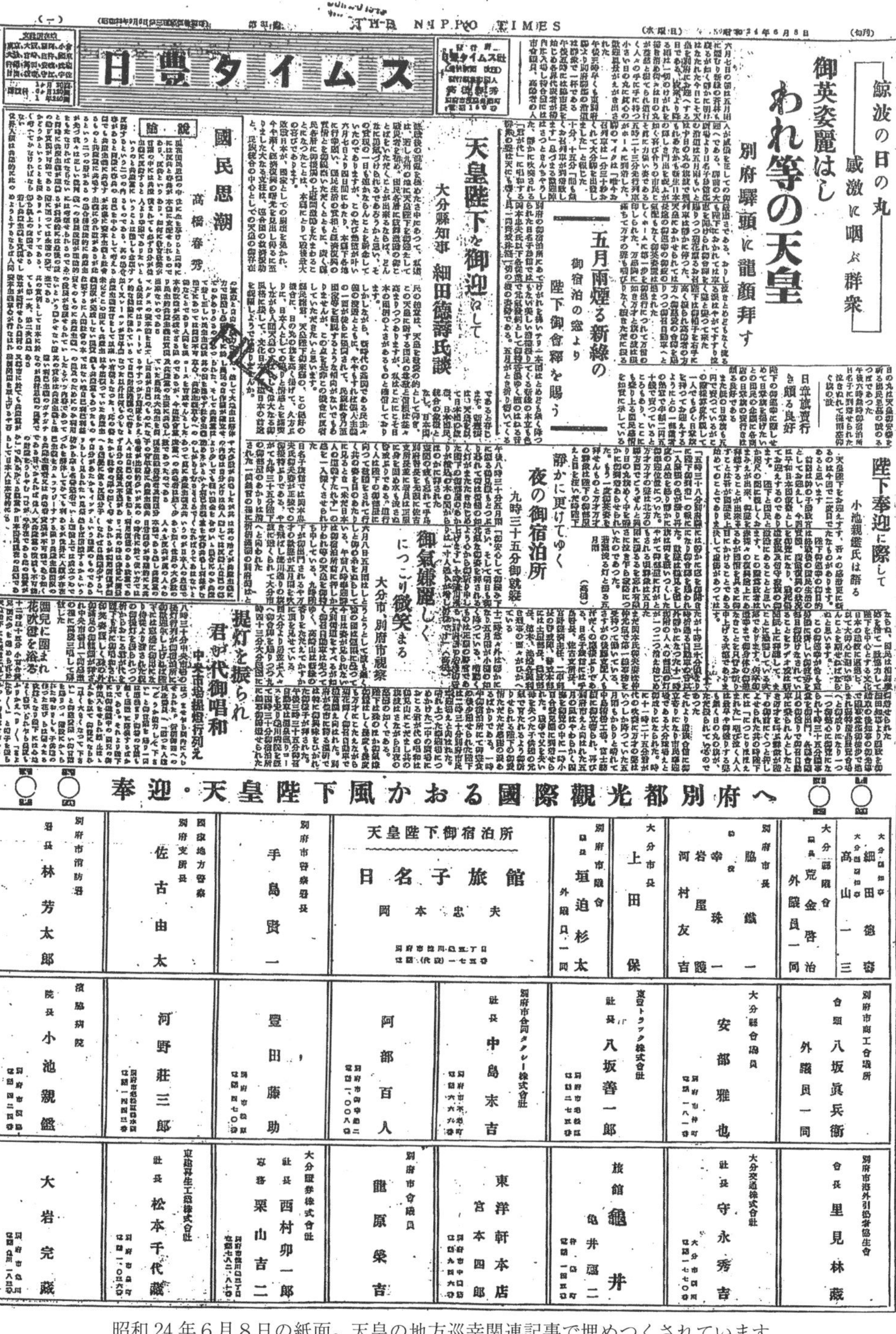

日豊タイムス

NIPPO TIMES

昭和24年6月8日

御英姿麗はし われ等の天皇

別府驛頭に龍顔拜す

鯨波の日の丸 感激に咽ぶ群衆

天皇陛下を御迎えして

大分縣知事 細田徳壽氏談

五月雨煙る新緑の

御宿泊の窓より 陛下御會釋を賜う

夜の御宿泊所

九時三十五分御就寝

靜かに更けてゆく

御氣嫌麗しく にっこり微笑まる

大分市、別府市視察

陛下奉迎に際して

小池親盤氏は語る

國民思潮

高橋春秀

提灯を振られ 君が代御唱和

中央市場提灯行列え

園児に囲まれ 花吹雪を浴る

日豊旅館も頗る良好

奉迎・天皇陛下風かおる國際觀光都別府へ

天皇陛下御宿泊所
日名子旅館
岡本忠夫

大分縣知事 細田徳壽
大分縣副知事 高山一三
大分縣議會議長 荒金啓治
外議員一同

別府市長 脇鐵一
助役 岩屋珠一
收入役 河村友吉

大分市長 上田保

別府市議會議長 垣迫杉太
外議員一同

別府市警察署長 手島貫一

國家地方警察別府支所長 佐古由太

別府市消防署長 林芳太郎

別府市商工會議所 會頭 八坂眞兵衛 外議員一同

大分縣會議員 安部雅也

東亞トラック株式會社 社長 八坂善一郎

別府市合同タクシー株式會社 社長 中島末吉

阿部百人

豊田藤助

河野莊三郎

濱脇病院 院長 小池親盤

別府市海外引揚者協生會 會長 里見林藏

大分交通株式會社 社長 守永秀吉

旅館 龜井 龜井國二

東洋軒本店 宮本四郎

別府市會議員 龍原榮吉

大分證券株式會社 社長 西村卯一郎 専務 栗山吉二

東亞厚生工藝株式會社 社長 松本千代藏

大岩完藏

昭和24年6月8日の紙面。天皇の地方巡幸関連記事で埋めつくされています。

るはずの号が収蔵されていません（注）。

リコール制度は昭和二十二年に日本国憲法と同時に施行された地方自治法によって認められた権利ですが、別府に限らず各地でリコールが起こり、あまりの多さに二年後にはリコール規制が設けられます。日豊タイムスにも大分軍政本部のグッドリッチ中佐の記事「リコール規定に関する声明」が掲載され、リコール権の濫用を戒めています。マッカーサーが、民主主義に関しては、日本人は十二才だと言ったことが思い起こされます。

野球殿堂入りした稲尾和久投手は別府市民の誇りですが、大分県出身でもう一人野球殿堂入りした選手がいます。社会人野球で別府星野組を全国大会優勝に導き、プロ入り後も大活躍した「火の玉投手　荒巻淳」です。彼が「私の野球生活」という手記を寄せています。荒巻自身（※当時二十一才）が書いた初めての手記は貴重なものだと思われますので「Ⅱ占領期の新聞紙面に見る世相」に全文を掲載しています。

注　市議会は対抗して議会信任署名運動を展開しますが、無効署名約七千余がありリコール不成立となりました。

九州探偵新聞

意外にまじめな趣旨

一号（昭和二十四年二月十六日）〜二十四号（昭和二十四年十月五日）
発行所　九州探偵新聞社発行　別府市永石通七丁目
発行編集及印刷人　小野殷司
定価一部五円　一ヶ月二〇円

ちょっと変わった名前のこの新聞は、当時、「魔の街」「小上海」等と呼ばれた別府ならではの新聞のような感じがします。「我輩は夜の市長である」欄からもわかるように扇情的な暴露記事が目に付きます。

でも、意外にも新聞発刊の目的は「諸新法令を一般人に平易に解説し法律の相談にのる」という真面目なものです。別府警察署の手島賢一刑事が「九州探偵新聞に寄す」と激励の言葉を寄せています。また「祝創刊」には裁判所所長、検事正も名を連ねています。

戦後、新憲法が公布され、その精神に基づいて雨後のたけのこのように新しい法令などが出されたものの、たとえば戦争未亡人の再婚と家制度の問題、また極端な住宅不足からくるいろいろなトラブル、地主不在の土地へ許可なく建てられたバラックをめぐる土地問題など、新しい法令によりかえって混乱がまし、法的無知につけこんだ事件などがふえていました。「市有地　海門寺公園をめぐりボスの闇躍あとをたたず」といった記事からもそうした土地関係のトラブルが多かったこと分かります。この探偵新聞はそうした生活の基礎にかかわる法的問題の相談役を果たそうとして発刊されたのです。新しい刑事訴訟法を、「イ　いくら祖父母でも父母でも同じ

(一)　昭和24年2月16日發行　九州探偵新聞　第2號

九州探偵新聞

發行所
別府市永石通七丁目
九州探偵新聞社
發行編集兼印刷人
小野毅司
定價 一部金五圓 一ヶ月金二十圓

人の心を觀る術

探偵學は　まず六感より

直靈館主　瀬口容山

第六感

今回探偵新聞が發刊された事は此混沌たる社會層に何かの使命を以て生れた樣な氣がするのは私だけではあるまい、政治に宗教に思想に教育に我々の生活に密接なる關係のある物總てが矛盾だらけである時お互ひは其處に何かの力強いヒントを摑みたい氣のするものである正直者が馬鹿を見る世の中には正直者の味方になつて呉れる新聞が一つ位い欲しい此意味で私は探偵新聞の發刊された事を喜んで居る一人である。

凡そ人として普通常識を備へて居る以上の人で探偵氣分を持たぬ人はあるまい。世に探偵小說の實行の良いのも此爲であるが、此探偵には昔から第六感卽ち「勘」の如く事が重要視されたもので世に有名な探偵や新聞記者等は皆鋭い第六感の所有者である然しこの「勘」は大切ではあるが又勘違ひと云ふことがあつて其爲には善良な人が警察に拘留されてひどいめに會つたり反對に惡人が間違へられて表彰されることである。

裁判等で一番に困る事は判檢事が何かの都合で其係判檢事と突然替つた時等は共感が深い長谷川淸志と云ふ人の「司法官物語」に檢事の勘違ひの話が書かれてある。

話は其檢事が他の檢事の係りである窃盜事件に立會つた時うつかりして記錄も讀んでゐなかつた只立會ひながら「ヤシロノスズ」を盜んだと云ふ言葉だけを聞いてゐたに過ぎなかつたのである。

すると裁判長が貴下の御意見はと矢庭に其檢事の見解を求めたのである。檢事は立上つたそして堂々と次の樣な論告をした。

「あゝ被告はです一定の居所なく諸方を流浪徘徊するうち夜間は入つて神社佛閣の床下に眠り、晝は出で、空巢を狙ふ窃盜犯中最惡の浮浪の鼠賊である。卽ち本件は衆人の最も神聖とする神社に於て其禮拜祈願の用に供せらるゝ一鈴一を窃取したるものであつて其行爲たるや神威を冒瀆し良俗を破壞し寧すべからざる不徹行爲をなせるものである、加ふるに其「鈴」を賣却して一夜娼遊の快樂に代ふるに至つては言語道斷である。法の裁判以上に神罰の怖るべきものあるを知らねばならぬのである。然るに何ぞや被告人は徒らに辯疏に加ふるに辯疏を以てし其非行を自ら掩はんとす。茲に至つて只今裁判長より提示されたる如く本件犯罪事實に對しては其證憑洵々歷々たるものがあるのである然るに尙且つ被告は虛構の言を以て其罪責を回避せむとす其惡や固より笑ふべくその斷や憎むべき極みである被告の行爲は既に昭々乎として天知る地知る萬人の知る處である從つて之を茲に否認せんとするに至つてはこれぞ「耳を俺ふて鈴を盜む」の類にして豈失れ笑ふべきの至りではないか!」

この時法廷は期せずしてどつと笑ひ崩れた檢事は勿論其原因の分らふ筈はない、此美文的論告は社「ヤシロ」でない八代金物店で鈴ではなく錫の塊を盜んだ事件であつたのである「八代」と「社」「錫」と鈴の勘違ひから生じた迷論告が滿廷の明朗化に偉大なる貢獻を呈するに至つた次第であるが此第六感の働きは却つて小事件の際には其仕事に馴れ切た人達が間違ひを起し易い問題である。

故に新刑訴法は飽くまでも科學的に犯罪事實の確證を擧げる搜索方針が行はれてゐるのである、然し如何に探偵科學が發達しても探偵科學は發見された手掛りを實證的に證明する手段であつて手掛りが得られなければ科學を應用する事は全然不可能とならねばならぬ、だから事件に依つては探偵科學が如何に進步しても第六感の働きを無視しては迷宮に入らねばならぬ事件も決して少なくあるまい。

世の中が今日の如く科學的の證據の擧らぬ限り惡人が益々智慧を絞つては惡の仕放だいをし善人が損をしてもなきねゐりになる等は余り感心したものではない、然しこんな時にこそ人心觀破術の必要が生れて來る。

(以下細部については余り長くなつたので次の機會にゆづる)

地一有一市

FILE　海門寺公園をめぐり　ボスの闇躍か？

別府市街地中の一つ海門寺公園をのぞき市當局ならびに取締當局との對立をはしなくも知る。事のおこりは昨年四月一部引揚者と稱する露天營業者が海門寺公園横に現市民の了解調印濟みとして市當局より許可を取り現存せる露天二十餘軒が開店した事に始まる。

地元民曰く

地元民の言ひ分としては市街地に唯一の公園に炊事場も無く便所も持たぬ露天が火を起すにしても地元民家の軒下を利用し汚水を門先に撒き夜ともなれば醉客が放尿に反對側にある地元民の軒下を使用する等あまりにも不衛生に辛棒しがたいものがあり且又夜二時三時ともなれば放歌喧噪で安眠を妨げるばかりでなく時に地廻りの暴漢の出現に恐怖し之等淫猥なる環境を見る家庭の子女の敎化にも惡く特に限られた道路上に固定したマート樣式の小屋を造られてゐる關係上火災發生の場合消防車の活動を妨げるであらう事を想像する時地元民としては默視するに忍びず再三當局に陳情せるも何等の誠意ある回答に接せず。最後策として今期市會に提出してほしいと希望してゐる。

市役所側曰く

市役所側の申し分としては最初は其責任を回避していた市長初め各助役諸君も地元民からの再三の交涉により當時露店の許可としては種々考慮したのであるが彼の道路は袋地同然であるから交通には左程支障もあるまいと思い市が引揚者に對する唯一の應援の意味で許可したので許可の範圍は市三尺で何時でも移動出來る賣店台を置く條件であり現在の如く小屋を建設する事は豫想してなかつた。其の中にも石垣を越へ公園內に建增しを出した分は市として必ず撤去させるが道路側の方に擴張した分は市警察の取締り範圍であるから如何とも出來ない。市としての道路使用許可は三ケ月以內であつたから最早期限は切れている。之に對し市としては最初の許可當時の形式に戾す迄は次の認可はせぬ心算である。と言つてゐる。が三ケ月の許可が十一ケ月經過した今日未だに整理出來てをらず袋地と言つているが立派な道路で別府郵便局に通ずる通路で元來自動車にしろ諸車がゆう〱と通れる道である。市役所のお偉方が市內の道路の幅も知らぬようでは市民として市政をお任せするのも心細い話だ。一月十日迄に撤去するよう命令を出したとか聞いているがいつこうに實行されてをらず。一面引揚者と稱する人達には氣の毒だが、こゝらにも市當局のタイマン振りがうかゞわれる。最初許可を受けた人達は僅かに四五人位しか殘つてをらず大多數は權利金とやらで讓り受けた人達らしい。

市警察署曰く

市警察の意見をきいてみる

營業方面の許可は縣衞工課に移り飲食衞生方面は保健所の管轄內にあり何等の干涉も出來ないが道路使用の點に於ては取締る。默認した市三尺が五尺になつても通行に差支へのない範圍ならばといふ立場から注意し規定通りにやれぬ樣なら斷乎强權を發動するつもりだ署としては許可したのではなく默認の程度であつて地元諸君のウンヌンで署は動く譯にゆかぬ。

要は法規に依り取締るのであつて一部の者の言葉で勝手な取締りは出來ぬ。異動式で默認したものが、固定した建築なら建築法違反だ此れは消防署の分野だ

保健所曰く

保健所の云い分をきいてみるにどうゆう內偵をしたのか知らんが料飲食店の許可を取つている者は一人も居ない露店の許可さへなく唯組合の許可だけでやつている。元來露店としては料飲食店は出來ない譯で之が料飲食店として許可があれば私共の取締の對照になり許可の無い店は干涉出來ない。こんな事は市長の行政方面より責任を持つべきものと思ふ。

不治の病に朗報

結核性腦膜炎は治る

竹崎博士　ストレプトマイシンの注射で成功

死亡率一〇〇パーセントといわれる子供の敵結核性腦膜炎について別府市國立病院小兒科部長竹崎博士が昨年六月から研究一歲から十六歲までの患者にストレプトマイシン療法を試み成功全治し得るという明るい話題をもたらしてゐる

この治療法の特色とするのは菌の溫床である大腦層に後頭部から直接注射することでそれにはアメリカで筋肉脊髓から注射するためにストレプトマイシン六〇一八〇グラムを使用していたのがわずか五グラム以下で二ケ月目に效果を見せており十六歲の患者は半年足らずで讀書、乘車等の普通人と變らぬまでに全治する。

南船北馬

公衆道德を守るため新たに制定された輕犯罪法は果して積極的に活用されてゐるかどうか人間が社會人としての公衆生活の廣い範圍にわたつて懇切に制定されたこの法が昨年五月施行されて以來同年末までに適用された事件縣下わずかに六十三件違反の內容の主なもの。

△能力がありながら一定の職(宿所)をもたず浮浪生活をしていたもの十二件

△合鍵、ガラス切り、等ドロボー用品を所持してゐたもの六件

△空家空船に勝手にひそんでいたもの四件

△質屋で僞名したもの四件

△配給行列、映畫館の行列、驛、電車の乘車行列などに割り込んで公衆に迷惑をかけたもの一件

街のボスは相變らず橫行している大ボスに中ボスそれに小ボスとあるが小ボスは中ボスを中ボスは大ボスを、と何とかやつつけたく思つているらしい。

市內のマーケットにはボス付で賣買されているそうだ。

お斷り

毎週日曜日に發行の豫定の處勤力の都合により爾後毎週水曜日發行に變更致します御了承下さい

「直霊館主」が探偵学について長々と語っています。直霊館がどこにあったかは不明です。

悪いと決まれば告訴もできる」「ハ　はっきりと出頭こばめる　逮捕されぬ　現行犯とか令状なしでは」と、イロハかるたで広めようとしたり、発行人の小野殷司氏はかなりのアイデアマンです。

借家問題をとりあげた記事には「別府中浜通りの某高利貸し　無茶苦茶な家主　二ヶ月留守にしたら借間人の荷物を自分の部屋に運び　二斗あまりの米　新しいシャツを盗んだ」とありました。家主の横暴を槍玉にあげ、借主の権利などを説明しています。米とシャツを盗むなど今ではちょっとありえない話です。

新聞社の行う無料の法律相談は別府だけでなく、大分市南新地、直入郡竹田町、北海部郡坂ノ市町など広く県下で行われていました。

新婚旅行での食事風景です。

別府青年新聞

日本再建は我等の肩に

一号(昭和二十四年二月)〜二号(昭和二十四年七月)
発行所　別府市青年団連合会　御幸町通三丁目
発行印刷人　別府市青年団連合会会長　香椎直
編集員　土井勲　河村道夫　樋田寔　杉江徳朗
田原准平　香椎直　井上良行　永井一幸
定価　一部五円　一年六〇円

別府青年新聞は別府青年団連合会の機関紙です。「日本再建は我等の双肩にある」と意気軒昂です。当時はGHQの指導もあり、全国的に青年団が「民主日本の建設」を目指して活動を行っていました。当紙も「祝創刊」として代議士の永田節氏をはじめ細田知事、脇鐵一市長、県体育会会長の岡本忠夫氏などが名を連ねています。

民主化のためにまず公民館設立を求めています。開館式(※昭和二十四年六月三日)には、県軍政部よりマクニーリー教育課長、ニーリー情報課長も出席し祝辞を述べていることが占領下にあったことを語っていますが、この公民館がどこにあったかなどは記載されていませんでした。初代館長は阿部轉平氏です。

「年中行事計画」を見ると「紙芝居コンクール、手芸工作品展覧会、一人一研究発表会、校区単位野球大会、子供祭り、共同募金のど自慢大会、市内駅伝競争、マラソン大会」などを計画しています。その中で、時代背景を物語るものとして「引揚出迎　愛の運動」が印象的です。

これは終戦後、日本に帰ってくる兵隊を駅頭に出迎える運動です。戦後数年にわたりシベリアに抑留されていた兵隊は、ソ連のいわゆる「民主化運動」により「赤化」され、駅や港に出迎える家族を無視し、まず共産党に入

別府青年新聞

發行所 別府市青年團連合會
別府市南町三丁目
編集人 土肥勳
發行兼印刷人 香椎直
定價 1部5圓 1年60圓

創刊に當りて

香椎直

第一回 市青連の行手を示す 單位團体長會開かる

創刊のことば

建設の聲

別青連機關誌

議事

規約により香椎會長議長となり議事にうつる、先づ年中行事を討議するに當り議長が月別に説明を加え其の都度賛否を質したが、時間の都合上一括の上賛否を問われ度い旨動議あり議長これを採擇し審議の結果滿場一致にて年中行事を承認、當面の意義並公民館設置の必

別府市青連年中行事計畫

2月	紙芝居コンクール	十二日（土）
3月	手藝工作品展覽會 一人一研究發表會	下旬 同
4月	校區單位團野球大會	廿九日休
5月	市子供祭	五日子供の日
6月	―	
7月	―	
8月	夏季講習會（文化講座）	中旬
9月	縣連音樂コンクール豫選	上旬
	野球秋季大會	下旬
10月	演劇コンクール豫選	上旬
	共同募金のど自慢大會	上旬
11月	市内驛傳競爭	中旬
	マラソン大會	下旬
12月	縣連別大間マラソン大會	上旬

◎註＝市、縣、縣青連の行事で變更あることあり

市會、市に對する要望

一、公民館運動促進の件

日本の民主化は我々國民の之に對する關心の薄い事であります。民主化を基調としたたゆまざる努力、實行力によって達成せられる事は申す迄もない處であり之を成就するに必要缺くべからざるものは公民館である事は良く認める處であります、然し我が別府市に於きましては此の公民館に關しては既に設立委員會を設けられその實現に日夜努力致されている事は我々青年として厚く感謝の意を表するものであります、我々青年は此の見地より公民館設立運動に關し微力ながら、あとう限りの努力精進を致し度いと希望するものでありますれば、市會、市當局に於かれましても我々の微衷をお汲取り下され是非共新年度の豫算に計上され此の運動の實現と具体化に一層盡力下さる樣切望するものであります

昭和廿四年二月六日
別府市青年團連合會
別府市長脇鉄一殿
市會議長垣迫杉太殿

青少年係設置要請

祖國再建は漸く軌道に乘らんとしている此の秋、吾等青少年に負わされた使命の愈々重大なるを感銘致し居る所であります然るに吾等青年自からの力乏しきに起因してか共の運動に遺憾の點多々あることを顧みて慚愧に堪えません、今玆に單位團長相團り結束、率先して研鑽努力、使命達成に當り以上の活動を致すことを決意し必ず將來に見るべきものあらんことを自負致すものであります、此の秋に當り市行政との連繫の必然性は今更申し上ぐるまでもありませんが、社會教育係の完全を期して敷くことに於いて市行政機構に青少年係を設置下されることを要請致します、惟うに別府に於ける青年は、今將に青年本然の使命を自覺し發展實行の期に際會して居ります、行政面のもつ青少年係の必要を痛感致すものであります、次の別府を擔う吾等青年の微意を御掬み下されその具現を期し下さる樣別府市單位青年團長一同玆に御願い申上げる次第であります

別府市青年團連合會
市會市長宛殿

萬壽會市青連支援懇望

この間今次戰爭犧牲者の結成せる萬壽會の現況並援助方の懇望が出席の同會委員より發言あり一同に深い感銘を與えた、四時十分再開し市青連に對する要望その他運營に關する主要事項等につき活潑なる質疑應答があり午後四時三十分第一回單位團体長會は盛會裡に閉會

むすび

市青連は所謂各單位團体の結集であって、その意味からかかる會同こそ最も重要にして最高の決議機關であって市青連の運營に關する総べての重要事項はこの會同によって承認されなければならない、以上の如く會同は重大なる意義があり、その觀點から次期會同には現行の規約審議改正等も當然豫想する事が出來るものである（樋田委員）

別府青年新聞の發刊

この時朝見青年會より機關紙の發刊に關する緊急動議あり、討議の結果、市青連土肥副會長に編集を一任する事に一決し土肥副會長挨拶の後各校區團長を委員にお願い致したいと希望あり、二月中に創刊號を發行する事を約して一應休憩

★祝創刊★

THE BEPPU SEINUN SHIMBUN と英文表記していますが、SEINEN をまちがったようです。

党することが問題になっていました。そのため全国的に青年団、婦人会などが「引揚出迎　愛の運動」に動員されていたのです。

団員の士気を高めるために団歌が作られています。楽譜が載っていないのは残念ですが、実際に歌った方に、思い出していただいて聞いてみたいものです。

別府市青年団の歌「集え若人」
詩　小林義人　曲　田村貞夫

（一）鶴見の峰に　飛ぶ雲は
吾等の意気にさもにたり
いざ友、理想の旗ふりかざし
真実の道　打建て行かむ
集へよ若人吾等と共に

（二）豊の海に昇る太陽は
乙女の胸の血潮なり
心さやけく身は美しく
新しき道を拓く進まむ
集へよ若人吾等と共に

（三）湧水は永遠に限りなく
吾等の栄えも続くなり
いざ立ち重き使命担いて
勤労の道をスクラム組まむ
集えよ若人吾等と共に

別府市政便り

正しい認識で正しい世論を

一号（昭和二十四年七月一日）～二号（昭和二十四年　八月一日）
出版者　別府市役所
発行責任者　田崎國廣
月刊

終戦後の昭和二十二年四月、それまでは「通牒」と言われていた広報誌が「市報」と名を変えて出され、現在まで続いています。

昭和二十七年四月号には「サンフランシスコ講和条約」発効を迎え、日本がいよいよ独立国として出発することが述べられていますので、市報も再出発する年を迎えたとの意味をこめたのでしょうか、この昭和二十七年一月号から通算番号も打ち直されていて、今年（平成二十五年）の九月号で一六一六号になります。

その一方で、昭和二十四年にはこの「別府市政便り」が出されています。紙が極端に不足していた時代に、市からの通知事項が中心であった「市報」と並んで別途に出されていたことになります。トップ記事は天皇巡幸についてです、日名子旅館、大分市、小百合愛児園、別府公園の市民奉迎場、麻生農園、九大温泉治療学研究所、国立亀川病院という日程とは別に、同病院の高安愼一博士が天皇に御進講した「温泉療養地としての別府」が掲載されています。

創刊の辞には脇鉄一市長が「市政について正しく市民に知ってもらい、正しい認識を基礎にした正しい世論を市政に生かしていくことこそが、民主化の第一歩である。

別府市政便り

1號　發行所 別府市役所　發行責任者 田崎國興　印刷所 森澤興榮堂

天皇陛下萬歳

別府にお迎えして　全市小旗にうまる

天皇陛下萬歳。小學生も老幼も父も母も兄も妹も手に〳〵小旗をふつて別府に陛下をお迎えしたのは六月七日であつた。午後五時三十八分お召列車をお迎えして脇市長は"本當に純心。素朴。國民の象徴として理屈ぬきで頭がたれる"と語つた。

陛下は御宿舎日名子旅館でゆつくり入浴され、すつかり元氣をとりもどされ八日朝さつぱりしたお顔で大分に向はれ零時二十分小百合愛兒園にひき還された。陛下はやはり子供がお好き父母のない兒達の遊びを御覽になり大ニコ〳〵。子供達にいつまでも帽子をおふりになるお姿は本當に親のようであつた。それから別府公園の市民奉迎場。麻生農園。九大温泉治療學研究所。國立龜川病院を御覽になつたが麻生農園では植樹をされ、國立龜川病院では戦傷患者のベットの枕もとに一つ〳〵立たれて禮をつくし"早くよくなつて下さい"といはれた。九日朝御出發には御着のときとは全くちがつた爽快なお顔色で脇市長に特にていちように御會釋を給り始終熱誠こめてお迎え申しあげた市民に應えられたのであつた。（弘報室T）

市政便りの發刊に當つて

別府市長　脇　鐵一

先般市内の各學校區ごとに市政報告會を開いたときも市政の内容を知らせるこおいう機會を度々ひらいてくれというのが市民の皆様をあげての聲であつた。市政を民主化し市政が市民にそのまゝ結ばれ、市民の輿論によつて市政を進めるためには市民の聲をそのまま開く窓が必要である。それとともに市政の有様を正しく市民に知つてもらつて、正しい認識を基礎にした正しい輿論を市政に生かして行きたい。こういう意味で市に弘報室が出來たのである。先般の市政報告會のような會合も今後はどし〳〵開いていきたいと思つている。今回この弘報室から市政便りを出すことになり、市政の内容をわかり易く解説して皆様にお知らせすることになつた。皆様の協力によつて市政が一歩〳〵と民主化されていくことを皆様とともによろこびたい。今後市政についての建設的な意見や陳情はどし〳〵弘報室を通じて市政に生かしていくようにしていたゞきたいと思う。

温泉療養地としての別府

高安博士の御進講

八日夜陛下は御宿舎で縣下から選ばれた六名の御進講をお聞きになつたが、國立龜川病院長高安愼一博士は"温泉療養地としての別府"と題して御進講を申上げた。その内容はつぎのようである。

今回計らずも御進講の恩命を拝受仕り、誠に光榮の至りで御座いまして、深く御禮申上げる次第であります。

私は「温泉療養地としての別府」と云ふ題を掲げましたが、一体此の温泉療養の別府と云う事につきましては其の歴史が非常に古いのでありまして、從つて一般人の間に於ける實際經驗と云うものは極めて豊富なものでございます。

加うるに近年、歐州諸國並に日本に於て頓に勃興して參りました科學的又醫學的の温泉研究に裏付けられまして、温泉治療も亦治療醫學の一方面として、特に慢性諸病に對する其の治療効果が確認せられ、其の應用も亦次第に擴まらんとして居る次第であります。特に日本は斷然として世界に勝れた温泉國でありまして、温泉の質に於ても、量其分布に於ても極めて惠まれた状況にあるのでありますから、私は平素是を、世界に誇る日本の特徴と考えて居るのであります。

故に又此の日本の特徴を生かし、是を活用して行く事は、實に日本人に課せられた一つの任務ではないかと考えて居るのであります。又温泉研究の如き事は、我國の如き温泉に惠まれた國でなければ、到底其の發達を期し得ないものであります。是が故に、私共同志は甚だ不肖ではありますが、専ら其の開發に心を潜め、約三十年來此の方面に微力を捧げて居るのであります。

今回計らずも御前講演の恩命に浴し、其の一端を拝聽を賜はる大御心を拝察して、唯々感激の外御座いません。

別府が温泉療養地として特に勝れたる点を數えてみますれば

一、當地に於ける温泉の種類、湧出量が極めて豊富で、且其分布が廣く、從つて又治療の範圍が廣い事。

二、當地の氣候が温和で、寒暖の差少く、且つ土地には高低の變化もありまして、療養上氣象の種々な好條件を選擇する便宜多き事。

三、當地には温泉治療學研究所又は國立温泉療養所の如き温泉治療専門の機關を始め、國立龜川病院其他一般醫療と温泉治療を兼ね行える大病院も散在し、又市中には醫師も多く、治療上の便宜多き事。

四、上水、下水を始め衛生上の諸施設が着々施工せられ、更に又交通、通信、慰安等療養者の爲に必要なる諸種の文化機關が、爲政者多數の努力によつて着々施設せられ、療養者の便宜に富める事。

五、天然の風光が明媚で、且つ名勝古蹟等觀覽地も少なからず、療養者の心を慰める環境に惠まれている事。

以上凡てサナトリウム的諸條件が極めて調整に滿たされる事を數える事が出來ます。

湧出量實に數十萬石

特に第一の温泉の質、量及分布につきましては、圖面に御覽下さいます通り（大別府地圖を掲ぐ）別府温泉郷として總括せられたる方數哩の地域におきまして別府を中心とし、東は別府灣の海砂の底より（砂湯）西は觀海寺、堀田に至り、南は濱脇、北は明礬、鐵輪柴石、龜川の各郷に至るまで、海中、平地、丘陵の各地点に於て、点々沸々と温泉が湧出して居るのでありまして、現在泉孔の數は無慮數千を數え、温泉湧出の總量は一晝夜實に數十萬石の多量に達するのであります。而して又其の泉質は、極めて多種多様でありまして、單純泉、炭酸泉、アルカリ泉、食鹽泉、土類泉、緑礬泉、明礬泉、硫黄泉、酸性泉及び是等の混合より成る極めて廣範圍に及ぶのであります。實にこの地における温泉の天惠は、天下何れの處に赴いても、此の地に勝る温泉郷は見出し難いのであります。從つて又此地において温泉治療を行い得る疾病の種類や又治療手段につきましても亦極めて多岐廣汎に渉り得るのでありまして、今試に既往多年の經驗に基き其の代表的のものを數えて見ますると

一、身体虚弱の人、或は病後恢復期の人々などに對する一般強壯療法の目的に利用すべき温泉は、別府には可なり多いのでありまして、特に別府の二條泉、濱脇温泉、又は觀海寺温泉、鐵輪の上下澁の湯、龜川の龜陽泉、並に柴石や堀田の温泉などは推奬すべきものであります。尚又別府の砂湯、竹瓦、北町、不老、田ノ湯、野口白湯、紙屋、日ノ出の諸温泉や、龜川の砂湯、濱田温泉等も虚弱者の程度や原因の種類に應じ、適宜利用して良く治療効果を收め得て居るのであります。

二、貧血症特に血液損失に基く貧血症に對しては、別府の楠園、弓松の諸温泉、又は龜川の濱田及柴石の温泉などがよろしいのでありまして、尚又濱脇温泉や、鐵輪澁ノ湯、龜川の龜陽泉などもよろしいのであります。

三、心臓病や血管病の著しく重症でないものに對しては、炭酸泉を巧に且つ注意して應用する時は、よく是を治療し得るのでありまして、是には別府の紙屋、北町、楠園の諸温泉や觀海寺、的ケ濱などの温泉がよろしいのであります。

四、消化器疾患に對しては別府の楠園、弓松、紙屋、日ノ出の各温泉、觀海寺や堀田の炭酸泉など、何れも推奬すべきものであ

欣びの提灯ゆれる

常に餘裕を持たれる陛下

⦿陛下は御多忙な御日程を終えて御宿舎にお還りになると幾度も〳〵廊下にお立ちになり日名子旅館前に集つた市民の喜びにお應えになつた。八日夜市民は申し合せたように手に〳〵提灯をかゝげて歡迎申しあげると"提灯はないかね"とおたづねになり提灯を高くあげられて市民の喜びの灯にお應えになつた。

⦿御宿舎で御庭を散歩された陛下は八ツ手の木を御覽になつて"この八ツ手は何という種類であつたかね"とお問いになり。植木屋さんが見事お答えすると"そう〳〵"と非常にお喜びになつた。どんな忙しい中にも常に陛下は余裕を持たれている。（弘報室T）

「回覧して下さい」とあります。現在は「市報」も「市議会だより」も全戸に配布されます。

「扇山のスロープは神の絵筆」正面は高崎山

そのために弘報室ができ、この弘報室から市政便りを出すことにした」と述べています。

別府市に問い合わせましたが、「別府市政便り」刊行自体の記録がなく、図書館などにも収蔵されていませんので、当時の市政の様子が分る貴重な資料だと言えます。

「六三制の国庫補助金は打ち切られたので、校舎は国庫補助金なしで建てなければならない。大分県の平均を見てもやっと四割程度しか完成していないが、別府市は九割完成している。これは全国最優位である」とあり、当時は何より教育に力をいれていたことが分かります。

次に力をいれているのは観光都市計画で、「我が国最初の観光港設計」のことが述べられています。翌年、全国のトップをきって別府が国際観光文化都市として位置づけられ、別府にだけ適用される法律「別府国際観光温泉文化都市建設法」が制定されたのはよく知られているところです。

「新制中学にも給食を準備」と言う記事では「占領軍の御好意により昭和二十年一月三十日より学校給食を始めた。大分県は第二学期より新制中学校にも実施することになり、本市としては設備に万全を期して之を完成し、実施の日を待機している次第である」とありますが、中学における学校給食は昭和四十七年開始ということですから、実施に四半世紀かかっていることになります。

大分県社会教育弘報

戦後生まれの「社会教育」

一号（昭和二十四年八月二十九日）
発行所　大分県社会教育研究会　別府市御幸通三丁目
発行者　垣迫杉太
編集印刷人　築城東
毎月一回発行（定価拾五円）

占領政策のひとつとして、昭和二十四年六月に日本の民主化を目的とした社会教育法が作られました。それまで地域の神社やお寺は集会場として使われることで、地域住民をまとめる場所としての役割を果たしていたわけですが、社会教育法にもとづいて各地に作られた公民館がそれにとって代わるようになります。「社会教育」という考え方自体が戦後に生まれたものですが、宗教と教育を分離するGHQの意図が込められているように感じます。その耳慣れない言葉を広めるために大分県の教育委員会は『教育弘報』を出していますが、この「大分社会教育弘報」は、市議会議長の垣迫氏が会長を務めているとはいえ、あくまで市井の「一部有志」の研究会がだしたものです。別府の青年達もなかなか頑張っています。細田知事をはじめ脇市長、また県の社会課長が創刊の祝辞を寄せ、市民生活において公民館の果たす役割や、社会教育の重要性について力説していますが、それ以外の記事もあります。

◆青年団だより　別府市仲町仏教青年団は毎月一回、三日に青年の仏教座談会、十五日に老年組の同行法話安信論を開いている。また同青年団の世話役の岡田眼科医院長の考案により、仏教盆踊りを作り、振付を新別府の花

大分縣 社會教育弘報

發行所 別府市御幸通三丁目 社會教育研究會
編集人印刷人 築城東
發行者 垣迫杉太
毎月一回發行（定價拾五圓）

縣民待望の社會教育法公布

内閣は社會教育法（昭和二十四年 法律第二百七號）の規定に基き、及びこれを實施するため、この政令を制定する。

（弘報宣傳に要する經費について）

第一條 社會教育法（以下「法」という）第七條の規定により、地方公共團体の長又は他の行政廳が教育委員會に對し、弘報宣傳の實施の協依頼し、又は實施の協力を求める場合には、その教育委員會と協議して、これらに要する經費について必要な措置を講じなければならない。

（公民館運營費補助申請書の提出）

第二條（1）法第三十五條の規定により國庫が公民館の運營に要する經費を補助する場合において、其補助金を受けようとする市（特別區を含む、以下同じ）町村は、第一號樣式により第三條第一項に規定する經費の前年度における精算額を記載した書類を當該年度の六月末日までに、都道府縣の教育委員會を經て文部大臣に提出しなければならない。

（2）都道府縣の教育委員會は、前項に規定する申請書を取りまとめ、これに自己の意見を附した第二號樣式による書類を添えて、文部大臣に送付するものとする。

（公民館に對する國庫補助の基準となる經費の範圍）

第三條（1）法第三十六條第一項第一號の經費は法第二十七條第一項の規定による職員でもつぱら公民館の事務に從事するものゝ給料、勤務地手當、扶養手當、特殊勤務手當等の諸手當を除く）に要した經費、法第三十六條第一項第二號の經費は、受講料等を徴しないで一會計年度十八日以上開設した定期講座に要した經費、同條同項第三號の經費は、公民館に備へ付ける圖書並びに視覺聽覺教育及び体育のための器材、器具の購入に要した經費とする。

（2）前項において「定期講座」とは、一定の教育計畫の下に、一日二時間以上で連續し又は連續しないで合計三日以上にわたり一般公衆に對して開設する講座であつて定期的に行うものをいう。

（公民館に對する都道府縣補助についての報告）

第四條（1）都道府縣が法第三十七條に規定する補助をする場合には、文部大臣は、同條の規定により、當該都道府縣の教育委員會に對し、當該年度の九月末日までに、左に掲げる事項について報告をもとめることができる。

一、公民館の設置運營の概況

二、公民館運營費補助額の明細

三、公民館運營費補助に關する都道府縣の條例又は補助の方法

（2）前項第二號に掲げる事項の報告は第三號樣式によるものとする。

〃公民館は市民活動の心臓である〃共に活用しよう!!

社會教育の必要性

大分縣教育長 飯田忠

日本の再建が社會のあらゆる點の改善に俟たねばならぬとき學校教育に比し社會教育が今迄なおざりにされたことは甚だ遺憾であつたが、最近社會教育法が公布されて國家としても眞劍に考慮して行かれるようになり、縣下各町村にも社會教育委員が委嘱され、町村に於ける社會教育の場としての公民館も各地に設置されつゝあることは喜びにたえない。ことに青年團体や婦人團体の指導者が社會教育に深い關心を寄せられつゝあることは、まことに好ましい傾向である。

從來社會教育は口達者な特定の人が專ら口演をもつて從事していたのであるが、今日の社會教育は、一人や二人が如何に熱心に巧みに努力しても決して思うように進展するものではない、あらゆる機會にあらゆる人々があらゆる方法により間斷なく努力しつゞけて行くことによつてこそよりよき結果が得られる。

こうした意味合から今回社會教育研究會の有志によつて社會教育弘報を創刊されることを喜ぶ[illegible]特に別府の如き繁華街においては、あらゆる意味から他の都市よりも社會教育の必要が強いのであるから、まことに時宜に適した好措置である。

出來ることならば、この社會教育弘報が一部有志の弘報でなく廣く市町村民のものとなつて、社會教育上各般の資料を提供せられるよう望んでやまない。

創刊のことば

別府市議會議長 社會教育研究會會長 垣迫杉太

今般社會教育法が公布され誠に喜ばしい次第であります、こゝに社會教育の必要なことは今更ら言ふまでもない現代の世相に於て特にその重要性を痛感する、然しともすれば世間は學校教育に引入れられ自然社會教育が輕觀されてきた感があり即ちこの教育の對象で漠として然かも事業が多岐多樣にわたるの實効を擧げることは頗る困難であつたからであります時に吾人待望の社會教育法が制定され社會教育に關する團体及び公共團体の任務を明かに其の活動指針を與えられたことは將來の發展のために慶賀すべきであります。茲に於て吾人は愈々社會教育の重要性を再認識し之が國民えの自覺を促べく社會教育の各種團体機關との相互連絡系を企り更らに進んで縣民一般への斯道の周知徹底を期すべく今回大分縣社會教育〃弘報〃を同人相圖り發刊することになりました縣下各社會教育團体を始め縣民各位の絶大なる御支援を賜り社會教育道の進展を期したく存じます何とぞ應分の御支持賜りますことを重ねて御願ひ申上げ創刊のことばに致します。

社會教育研究會

事務局 別府市御幸通三丁目 電話二四番

會長 垣迫杉太
副會長 香椎直
幹事 築城東

國民相互の自主的自己教育

大分縣知事 細田徳壽

終戦後の社會的混亂に對する地方公共團体の社會教育に對する施策の滲透が強く要望せられていました、ところが今般皆さんの發ね〳〵の要望が達せられ社會教育法の公布をみ今後の社會教育に關する國及地方公共團体の任務が明らかになりましたことは寔に同慶に存じる次第であります、これによりまして社會教育は新しい構想と希望をもつて發足せられるわけであります。もと〳〵社會教育は國民相互の間で行はれる自主的自己教育でありますから民間にあるあらゆる社會教育團体ができるだけ自主的なそして積極的活動を續けるところに社會教育の眞價もありよりよき發展が期待できると思います今度社會教育研究會で〃弘報〃を創刊されることを聴き洵に時宜に適した意義のあることゝ存じます。

これを通じ縣下のあらゆる友交團体と横の連絡を密にされて自由な批判と相互理解の實をあげられることを希望致します。まことに拙辭ではありますが希望の一端を述べ同時に〃弘報〃の創刊を祝し將來の發展活動をお祈りする次第である。

（次號は縣會議長安部雅也氏の祝辭を賜る豫定）

社會教育とは

大分縣社會教育課長 廣中益次郎

社會教育とは、人々がめい〳〵の教養を高めて行くことである。惡の華のいよ〳〵はびこらんとする世に、正しい道理を追求し、良識によつて生活を建て直すことは仲々にむつかしい。主義主張、立場々々に拘りなく「正しさ」を求める人を一人でも多く育てる——この育て役は、先ず官公廳の係員が公僕中の公僕として世話係を分擔せねばならないが、人々の間からそういう世話役を買つて出る人が多ければ多いほど世の中は民主的に進歩したといえよう。公民館等の施設を活用し、資料統計を交換し合い、正確な報導をすることは世話係の主な仕事である。今度、一部有志によつて、「社會教育弘報」が發刊され、この世話係を進んで買つて出られたことは、まことに喜ばしい。その正しく力強い發展を祈る次第である。

教育機關の擴充

別府市長 脇鉄一

今回大分縣社會教育研究會に於て〃弘報〃を發行せられることについては、まことに時宜にかなったことゝ存じ茲に簡單ながら祝辭の一端を述べさせて頂きます。

御承知の通り今日の世代は政治的にも經濟的にも非常に混亂致して居りまして、此れを克服して祖國の再建をはかるためには先づ國民の正しい智識と此れを推進する教育機關の擴充が絶對に必要であります。此の意味に於て私は市長就任の際市政については教育第一主義をとるということを市民各位に約束して着々其の實績を擧げつゝありますことは先般の市政報告會の折御知せ申上げた通りであります、然し乍ら教育のことはいかに設備が充實致しましても教育其のものゝ内容が此れに伴はないと所謂佛つくつて魂入れずということになつて何等の效果もないのでありまして教育の内容、質を高めるためには先づ良き指導者と此れに對する良き理解者を得ることが第一であります、殊に社會教育に於ては學校教育に比べて其の對象が廣いのみならず教育を受ける側の智識程度に於ても甚だまち〳〵のものが多いため此れを進めるには相當の困難が豫想されるのであります。然し乍ら其の必要性については今更論ずるまでもなく學校教育と平行して進まねばならぬものであつてどちらを先にどちらを後にするという性質のものではありません、特に最近の如き激しい世相に於ては社會教育[illegible]民心安定と絶對不可缺[illegible]に對する適切な處置が講ぜられなければならない[illegible]幸い今回大分縣社會教育研究會が〃弘報〃を發行して[illegible]縣民の文化的教育的水準を高めるため[illegible]運動が將來の大分縣並びに別府市の發展のため偉大なる成果を擧げられんことを特に希望して私の御挨拶と致します。

祝創刊 社會教育法公布

大分縣体育會長	別府市議會議長	別府市長	大分市議會議長	大分市長	大分縣議會議長	大分縣知事
岡本忠夫	垣迫杉太	脇鉄一	秦正直	上田保	安部雅也	細田徳壽

残念ながら検閲の文字がうすくて読めません。

柳嘉三鶴代師匠に依頼し各地区内において話題となり感激されている。

◆郷土史・的ヶ浜の巻　往時この浦頭に一幹の老松樹ありその高さ二百尺余にして枝葉大いに繁茂し広さ二十一余歩に渉り船舶のカンタン海（※別府湾）を航するもの遙かに之を見て目標となしてより此の名起れりと。或は久寿年間鎮西八郎為朝此の処に標的を設けて射術を練習したると云ふ。いまだ何れか是なるを知らず。右大将公修の古歌に曰く「豊国のまとの浜まつよる波のおとにきゝつゝ年をふるかな」

◆郷土史クイズ　大分県で日本一を五つ以上答えてください。大分県人で夫婦で中央に名前が知られたコンビを二組挙げてください。

注　残念ながら解答は掲載されていませんでしたが、中央に名が知られた夫婦は佐藤敬（画家）と美子（オペラ歌手）、もう一組は野上弥生子（作家）、豊一郎（英文学者）だと思います。

アメリカ國中の湖畔の休

アメリカノ

農村青年の動き

小農の子供たちである。

1930年代に日本でも親しまれ、戦争中は輸入禁止とされていたベティーさんを模しています。

公民館報

民主化のバロメーター

一号　（昭和二十四年九月十五日）
発行所　別府市公民館　別府市大字一一九番地
発行編集印刷人　阿倍轉平
印刷所　光進堂

現在、市内の各公民館報は無料で配布されていますが、この別府市でだされた最初の公民館だよりは「別府市民読本となるように創刊」され、「旧隣組に一枚宛てお送りしますので御面倒でしょうが早目に一廻りするように御配慮を願います。購読する方には実費にてお送りします」とあるように、回覧される以外は有料でした。活版印刷で四面ありますが、プランゲ文庫に入っているのは創刊号のみです。

昭和二十四年六月十日に制定された社会教育法に基づき、日本各地に「民主化のバロメーター」として公民館が作られるようになりましたが、別府市では公会堂と呼ばれて親しまれていた、現在の別府市中央公民館の地下室を公民館として利用することになりました。同年六月三日に開館式を盛大に行い、その後、徐々に全館を公民館として利用することになります。

公民館を「市民の教養文化の場、集合場所、娯楽慰安の場とする」など、現在の公民館活動と変わらないものもありますが、活動については、時代を感じさせるものとして、「結婚相談」と「同簡素化」という目標が掲げられていました。GHQの対日占領政策の一環として行われていた生活改善運動をすすめるために、結婚式の簡

発行所
別府市大字別府2119番地
別府市公民館
発行編集 阿部 軽平
印刷人
印刷所 光進堂

お願い
◇誰でも利用出来る公民館をお利用ください
◇館報に一般の御投稿を歓迎します
◇諸会合には公民館をご利用ください
別府市公民館

別府市公民館の性格
文化團体の活動促進
観光都の異色も盛って

別府市公民館の使命は市民の教養の向上と健康の増進、情操の純化とを図つて生活文化の振興、社会福祉の増進に寄与することを目標に本年六月開館一般市民の▼文化的教養の根據地▼社交娯楽慰安の場▼集会討議の会場▼産業振興の源泉地としての役割を持つ一般的性格の外更に本市の特異性に鑑みて▼各種文化團体間の連絡調整と之が活動の促進▼結婚改善をねらつた挙式の設備▼観光都市としての郷土室の設置などに特別の努力を拂いその目的達成のため各種講座の開催に主力を注ぎ、青少年の健全娯楽の指導はもとより何時誰でもたやすく利用の出来るようにあらゆる準備と方途とを講じつつある

本市内には青年團、婦人会、少年團、子供会など各種の文化團体が實に八十余を数え、これ等の團体はそれぞれの目的を以て活動しているものの何分横の連絡を欠ぎ行事の重複を余儀なくし、資材の入手にも不便を感じその活動を甚だしく阻害されている点が多いので、本公民館では各々團[illegible]それぞれ健全な[illegible]遂げるように[illegible]の役割を果[illegible]している

次は結婚改善のための一施設として本館既設の浴場（現在閉鎖中）を改修しこれに附帯した格好の室もあるのでこれらを利用して結婚式場を設けたいのが私の念願で、市民は何時誰でも此處を利用して簡易でしかも厳粛な結婚式が挙げられるようにあらゆる設備（式服や調度品は勿論記念撮影も披露宴も出来る）を目下計畫中である

次は観光都市としての公民館の性格を發揮するため館内に郷土室を設けて本市を中心とする大分縣の郷土資料、例えば各種の統計や博物や美術工藝品や文献などを蒐集展示して市民および観光客の研究観覧の資料に供したいと企畫し目下準備中で遠からず活用されるる時期が到来することを信じている

以上私は本市公民館活動の重点についてその概要を述べたが公民館の活殺は一つにかかつてその住民の理解と熱意と利用の如何によるので、市民各位には何卒本公民館の[illegible]

公民論壇

縣下に市町村立の公民館の本館が六十館あるが、その中で都市の公民館は佐伯、別府日田の三館である。それも新築ではなく佐伯市は舊お殿様のお屋敷と建物を利用し別府市のは公会堂を利用して發足した

全國的にみても都市公民館の不振な理由は公会堂や劇場や映畫館及び其の他の文化施設が多いため設置の意慾がうすく、建設されても他の文化施設ほど魅力的な行事をすることが困難なところに運営の苦心がある

都市公民館の経営並に指導に當る人人はこの点をはつきりと認識し、都市に即した事業や行事を實施せねばならない、公民館運営に魅力をもたせるためには、先ず市民に公民館で何をやつて貰いたいかの世論調査を

都市公民館の運營
縣社会教育課長　廣中益次郎

し、それに従つた計畫を立てることが大切で縣内でも優秀な公民館はすべてこの線に沿つている、然し市民の希望や要求はそれそのものが全部立派なものであるとは限らない、公民館が新しい町づくり運動であるということを忘れることなく、市民の長所短所、町のよしあし、堀りたて[illegible]

公民館報發刊に寄せる言葉
社會教育の道標
別府市長　脇鐵一

新しい日本の建設はその根本方策として教育をとりあげねばならぬということは自分がしばしば繰返えし強調してきたところで、この信念に基いて市政の上に教育第一主義を標傍して鋭意實行してきたところであるがこの教育というのは青少年教育と成人教育との二つの面がある、青少年教育は主として學校における教育であり成人教育は社會人として日常[illegible]

公民館の生れるまで

▽昭和二十三年四月二十二日市社会教育委員会教化部会で本公民館設置問題が初めて登場し研究開始▽同年六月一日原案作成、社会教育全員委員会に提案可決、全市有志の意見を聴くことにした▽同年七月十六日公民館設置に關する協議会開催、各界代表二十六名会合、[illegible]

行事の御案内

別府市公民館は發足して日が浅いが、公民館利用者は日々に増加し[illegible]

民主主義の修練場
太田杉造

協調の場
八坂眞兵衛

市民みんなの公民館
運營審議委員長　寺岡岩吉

創刊の辞

[illegible]

タイトルの中に別府のシンボルの温泉マークが画かれています。

素化をめざした設備を公民館内に設置したようです。どういう結婚式だったのか興味をひかれますが、具体的な記述はありませんでした。

公民館活動を広げるために、庶務部長の小野勝美氏が「一つとや　広い世間をまとめて練つて　薫る文化と平和の塔を築く別府の公民館」で始まる数え唄を作っています。「七つとや　ナトコ映写や講習講座　毎週日曜にや子供の会で嬉し別府の公民館」から、ナトコ映画といわれた、占領軍が日本の民主化のため作成した一六ミリフィルムの記録映画が、別府でもさかんに上映されていたことが分かります。また標語も募集していますが、一等に選ばれた「公民館誇る別府に湧く文化」二等の「坊や背に母も笑顔で公民館へ」はどちらも京都からの応募作品でした。

商都として

終戦後ややあって別府を訪れた歌人の中野菊夫は「観光都市、消費都市は僕の好みにあいません」と述べました。それでも活計のために懸命に働く人々の姿を見逃さず「暗きより荷をかつぎゆく女あり働くものは別府も同じ」という歌を残しています。いつの時代でも、どの街でも日々の生活のために懸命に働く人々の姿は同じ感慨をあたえるものです。この章では占領期の「混沌たる経済事情」をなんとか凌ごうとしている商都別府の姿が感じられる新聞を中心に紹介しています。商都別府といういい方は現在では耳にすることはほとんどありませんが、「観光都市別府を築く重要な役割を果たすものは市内商工業者の繁栄進展にほかならない。商都別府の進展に力を注ぎたい」という自覚をもった街は商都であるといえます。

三業地である別府にとって死活問題となった七・五指令、貿易再開により見返り物資として全国的に注目を浴びた竹製品の製造、預金封鎖や新円切替、相次いで出される新税制度への対応などにどの新聞もスペースを割いています。

占領期に出された多くの新聞が短期間で廃刊となることが多い中、商業タイムスは一〇一号まで着実にだされています。少ない資金で誰にでもできる手近な商売を始めたいという相談にも乗っています。露天商を薦めていますが、行政への手続きの仕方、仕入先や店開きをする場所などを具体的にあげて指導しています。手堅い、堅実な新聞です。

産業新聞

産業の復興を主眼に

一号（昭和二十一年十一月二十日）～二十九号（昭和二十四年二月二十日）　欠号＝二十四、二十五、二十七号

発行所　産業新聞社　別府市行合区立花通三丁目

発行人　山本耕平

印刷所　久保山勝　別府謄写堂　別府市秋葉通り七丁目　十四号より　旭通り三丁目に移動

購読料　一ヵ月一円五十銭

月刊

発刊趣意書によれば、産業新聞は「国是の指示するところに依り暫く休刊」していたが、「終戦後、最も緊急の課題である衣食住を解決するためにはとにかく産業の復興が重要である」から、その役に立つために再び発刊を始めたということです。漢字とカタカナ混じりで書かれています。町の話題などはほとんど掲載されず、ひたすら敗戦日本の危機的状態にある産業の復興を目指し、政府の経済政策や、アメリカの対経済援助などに関する記事ばかり目につきます。たとえば「数百万ドルの対日融資　アメリカ数銀行で協議中」「石炭不足で国鉄窮地」「地中海方面からエジプト塩を多量に輸入」「無煙炭の輸入許可」「通貨デフレ政策と九州金融界」などといった記事です。別府とはあまり縁のない炭鉱労務者の基準賃金なども詳しく書かれ、あまり面白みのない新聞です。

ガリ版刷りで、四面あり、昭和二十二年二月には第三種郵便物の認可を受けています。印刷人の久保山氏は『話の別府』『別府春秋』を出していた方です。

昭和二十一年一月十八日別府中央公会堂で「占領軍大分軍政部長官マゼッノト中佐隣席のもと」、細田知事を中心に県下の各職能代表が集まって重要時局問題円卓会議が開かれたという記事を読むと「占領軍の厚意で」「占

第29号　昭和22年2月18日第3種郵便物認可　SANGYO SINBUN　昭和24年2月20日

発行所 別府市行合区立花通り三 産業新聞社 発行人 山本朝平 印刷人 別府市加里通り三ノ五 別府勝写堂 本紙定価一ヶ月十円

復金一億五千萬圓
陸運関係の融資枠ほぼ決る

経済安定九原則の実施に伴う復金融資暫定措置の線にそって第三、四半期決定の分を含めて陸運業界に対する融資は一応棚上げとなったが、その後陸運監理局では関係方面に交渉の結果、別項の如く四、四半期の資金計画では九億二十萬圓の交通業の中に含めてたいたい陸運関係に一億五十万円の融資がほぼ確定的となった、一時陸運関係は復金融資の対象から除外されたので業界に一大ショックをあたえていたが、今後は海運、陸運を含めて交通業として融資の枠が一応確保されたものとみられている、最後的決定は来る二十日ごろの予定である、なお今後新車購入資金は認められないことになった

交通業に一括

四、四半期の資金計画　第四、四半期の復金資金計画がさる四日の閣議で決定したので大蔵省から発表されたそれによると期間中の新規融資額は二百廿二億八千万円（前期計画二百十億円）他に支払保障十億で、この資金配分計画のうちには交通業に九億二十万円が割当られており交通業界をホッと一安堵させた即ち第四、四半期の復金融資の暫定措置によって自動車業界は融資の対象から除外されており金詰りの業界は非常に憂慮されていたが今回の資金計画発表は業界に一まつの光明をあたえたものとみられている。

なお今回融資方針の主なる内容はつぎの通り

一、事業資金の調達はまず自己資金、市中融資によって行はしめる方針をとる、市中融資を促進する保証制度の活用をはかる

一、一般産業の新規設備資金は鉄鋼、電力、石炭、交通および主要輸出産業につき緊急やむを得ないものだけとしてその他設備資金は重要産業の継続的事業生産能率の維持向上に必要な設備の改良又は補修に不可欠なものを最少限度と考慮する

一、一般産業運転資金は手形制度日銀融資あっせん制度の利用換えにより原則とし市中銀行によらせ直接ゆう資は行わない

三月五日まで提出
昭和二十四年一、四半期

昭和二十四年度第一・四半期分所要資金提出要領はつぎの如く三月五日まで各県道監を通じて提出することになった

一、第一・四半期調査表は資本金一百万円又は融資額一百万円（当期の希望額を合算）を超ゆるものを三月五日まで提出のこと

二、右会社については一カ年間（二月一日、四月一日、三月）の資金計画を別表として添付すること

三、中小代理償に該当する会社にして新規の融資を希望する会社は第二・四半期、第三・四半期及第四・四半期の車両数及び融資希望額を調査の上二月十三日まで電報で報告のこと

四、整備工場関係は整備課に連絡し三万円以上整備に必要な機械工具の不足数（品名別で要すれば金額を附記）三月末日迄に報告のこと、調査表と一応同日迄に提出する（一カ年の計画を附記すること）

九州で一千萬圓が
福岡特監金融打合せ會で説明

福岡特監ではさる七日午前十時から福岡市千代町特監監理課で特監から中大路所長、福山監理課長池田、田中両事務官地方から各県道監金融担当官出席のもとに財務（金融）事務打合せ会を開いた、同会はまず池田事務官から本月一、二の両日本省で開催の金融会議の模様をつぎの如く報告した

この会議の開催中までには大蔵省の資金計画は決定してゐなかったが、その後発表されたところによると交通業として枠が決められたものと思われる、当時復金融資要求の二百三十億五千万円のうち陸運は一億五千万円を要求計画していた、今回の決定をみると二百二十二億八千万円であり一億五千万円の枠に対してはあまり動かないと思われる、しかして一億五千万円の枠に対する陸運関係の割当は道に一億円、自動車整備に五千万円という事であったのがいろいろ折衝の結果自動車八千万円、整備工場二千万円、鉄道六千万円に許合は成立した

かくて私鉄を除く自動車関係九千万円の割当順位はＡＢＣに分類しＡ線及会通過Ｂ提出書完了、Ｃその他となった

かすれて読み取りにくいですが、トップの経済記事に検閲チェックが入っています。

領軍の諒解を得て」「連合国当当局に深甚の謝意を表し」「生鮮食料品の統制は占領政策の一項目として全日本国民が協力して達成しなければならぬ」といった表現が目につき、占領下にあった日本の姿が浮かび上がってきます。

別府関連の記事はほとんどないのですが、株式会社なの字館古物競売所（牧鉄夫社長）が「財産税、所得税、増加税などの諸規に悩むあなた、なにを心配しているのですか、お宅内を見回してください。あなたにはこんな物と思われる品物でも世に出せば役に立つかもしれない。今は諸物価が最高の時期ですから、意外な高値がつくかもしれない。不用品を物質不足の巷に出して税金の解決がつくのです。そのご用命は信用あるなの字館へ。委託、買取ご相談ください。貴下の名誉と秘密は絶対に守ります。」と呼び掛けている記事がありました。見出しは「皆様へのお願い」ですが、別荘などに住む物持ちの富裕層を念頭に置いていたのだと思われます。

注　なの字館は明治時代からあった寄席です。楠温泉近くにありました。

復興のためにはとにかく石炭。「石炭がなければお湯も飲めない」

西日本実業新聞

深刻な燃料不足

一号（昭和二十一年十二月一日）～十八号（昭和二十二年七月二十日）欠＝二号
発行所　西日本実業新聞社　別府市下野口
編集兼発行人　西森清助
印刷人　稲本新吾
定価　一ヶ月五円　一部一円
週刊
廃刊届提出「昭和二十二年七月号より刊行中止して居ります。今後再発行は絶対致しませんから改めて廃刊届を提出します」昭和二十三年五月十七日

きれいな仕上げの上質な新聞です。「日本再建の鍵は産業の復興にあるが、産業の部門においては知られていないことが山積」しているので、「これを発掘し日本産業復興を双肩に担うべき地方の中小商工業者の便に供し指針ともなりまたその蒙を啓きたい」という創刊の志が述べられているように、「政府事業資金の貸出抑制の地方企業への影響」「極東委員会が出した対日基本政策の紹介」「独占禁止法について」と言った国政に関する記事や、さらには「イギリス産業の社会主義化」「ハンガリーのインフレ克服策」「スエーデンなどに戦後初めての綿織物が輸出」など世界を視野にいれた記事がかなり掲載されています。

「官僚主義助長への警戒」「中小商工業者の行方」と力の入った論説も掲載されていますが、筆者の山田一郎氏は、朝鮮から引揚げて、戦後初めての選挙である第二回総選挙（無所属）と、第三回衆議院議員選挙（労農前衛党）に別府市から立候補した人物だと思われます。

新聞の性質から別府関連の記事は多くありませんが、以下のような記事が目につきました。

◆高島屋百貨店開店　九州進出の第一歩を、別府市南町三一四番地二条料亭を中心に増築。

23-7-07

發行所 大分縣中津市下 西日本實業新聞社
定價 一ケ月五圓 一部壹圓

對日基本政策の決定！
—極東委員會發表—

極東委員會では去る十一日に「對日基本政策」の決定を發表した、この基本政策は過去約一ケ年半に亘り極東委員會に於て檢討を續けて來たものであり注目すべき要點を擧げると

一、これは米國政府が單獨にマツカーサー元帥に對して發した「對日政策」に代るものである

二、然し實質的には米國の對日政策と略々同樣のものであり、從來の政策實施の集積を再確認した如きものである

三、若干の相違點はある、それは極東委員會が先に發表した變更部分を合んで居り賠償及び日本經濟に關するものである

四、即ち賠償は從來は日本が現在有する資本財からの引渡しを規定して居たが新政策條項では現存資本財及び商品の引渡しを通じて賠償を取立てる旨規定してをり所謂現物賠償の路が開かれた

五、從つて右に伴ひ日本經濟に對する政策も、從來では日本は國民自身の平時需要を充たす樣な經濟を確保させるとあつたのが、今度のでは自己の經濟を維持するばかりでなく、現物の賠償取立を可能ならしめるが如き産業の水準を維持することが許されると變つてゐるので、從來檢討されて來た工場その他の設備賠償の規模が著しく減つて來るであらう、即ち、賠償實行案の再檢討が行はれよう

六、次ぎに本政策は完全に極東委員會加盟十一ケ國の同意と一致に基いてゐること從つて根本的には本政策の基本線に沿ふて將來の對日平和條約が締結せられるであらうことで、決して寄贈ならざること

七、尚本政策は、平和條約の實現まで、マツカーサー元帥を通じて履行され、それまで效力を有することになつている

暫定業種別 平均賃金決定
—工業總平均月千八百圓—

政府は新物價体系の策定と關連して業種別暫定平均賃銀を決定發表した

▲金屬製錬業及び鑄造業三三五〇▲電氣機械器具製造業二〇九九▲鐵道車輛製造業二三〇〇▲自動車製造業二三五〇▲船舶製造業二四四一▲機器製造業二一八一▲精密機械器具製造業一九九一▲肥料製造業一六四〇▲製藥業一六三七▲工業藥品製造業一六七六▲油脂製造業一七六四▲ゴム製品製造業一六八二▲製紙業一五三八▲化學纖維製造業一五二一▲皮革製造業一八三六▲瓦斯業二二〇九▲電氣業二二二一七▲セメント製造業一八八六▲その他の窯業土製工業一八三六▲製糸業一一二四▲紡績業一二一二▲織物業一二三四▲染色及整理業一二四五▲その他の紡織業一二三七▲製材及合板業一六一八▲木製品工業一五九三▲精粉及澱粉製造業一五六六▲醸造業一六二九其他の食料品工業一六〇四▲印刷業一九三六▲製本業一六七六▲其他の鑛業一五一〇▲石油工業一六六二▲旅客運輸業一六一五▲貨物運輸業二四四一

「備考」

一、この暫定業種別平均賃銀は工業總平均を月一千八百圓とし業種別、地域別、年齢別、男女別の給與格差及人員數に就いては給與審議會特別小委員會の決定したところに從つて算定した

二、この暫定業種別平均賃銀は所定時間外勞働に對する割増賃銀及法定福利費、通常の福利厚生施設費は含まれてない、その他の給與は現金給與、實物給與の一切を含む

三、ある業種の實際平均賃銀がこの表の金額よりも高くなつている場合及びこの表の業種より小分類の業種であつて特殊の事情ある場合は別途考慮する

古賀政男と共の樂團
開演愈々迫る

本社招聘〃古賀政男と共の樂團〃の公演一度本紙上に發表するや別府、中津兩市民は元より沿線住民の前人氣素晴しく愈々開演も目睫に迫り當日の盛況が豫想される。

別府公會堂　二十二日
中津公會堂　二十三日

社説

新物價体系に就て

戰後日本の再建に當つて、新たなる價格体系を設定することの必要は吾人の夙に痛感し絶叫して來たところである此の程政府に於ては漸く新物價体系を設定したが遅まき乍らそれ自体は當然の措置として歡迎せざるを得ぬ。

別項の如く、賃銀に就いては工業總平均一八〇〇圓に抑へ一般物價に就いては米麥を初め次ぎ次ぎに價格引上げを實施しつゝある。業者は待つこと久しいとばかりに値上げを迎へ、又闇値は潮の如くこれに追隨しつゝある。米は價格の不足と共に既に一升二百圓—二百五十圓を唱へつゝある。斯樣な有樣は何と云つても物悲しい現象である。價格を吊り上げずに生産再開の軌道を走る樣にするのが理想である。併し、我が國のインフレ昂進の程度と、文字通りの主要原料並に再建資材の拂底とは最早如何なる經濟施策、如何なる政治力を以てしても今のところ理想通りには行かぬところに痛し痒しの六ケ敷いところがある。片山社會黨首班内閣でさへ、一見資本のみの立場を擁護せざるを得ぬが如き價格吊上政策を採らざるを得ぬことは何としても皮肉である。

一般物價の上昇率に比して賃銀基準の設定は餘りにも低く過ぎる。これは勞働者に一層の耐乏を强ひることを示すものであるが、和田安定長官の言の如く、この線で何としても勞働者にも我慢して貰はねば勞働者自身の爲めにもならず、又我が日本の再建もなく、賃銀引上げ、物價高の惡循環は阻止出來ぬと云ふぎりぎりの線である。これが若し保守黨首班内閣の施策であれば、天下の勞働者は默つては居ないであらうが、一應は社會黨首班内閣たる現政府の有利な點はこゝにあらう。勞働者又國際政局の重壓と日本再建への自覺とを感じてゐる證左でもある。故に政府としては稍々もすると價格の再度引上げ、補給金制度の濫用等に依つて資本の欲望に引きずられる樣な偏重を避け、勞働者の生活安定確保に倦まざる施策を漸次的に示現して、物資でも日本再建に勞働不安のなき樣に努力することが新物價体系設定に當つての勞働者の沈默に應へる道であらう。

そして又今度の新設定は云はゞ背水の陣である。然して超えてはならぬ一線を政府は「價格安定帶」と名付けた。これは實に超え難きものとする意味に於て旗を掲げねばならぬ。同時に超える必要のない生産賃銀の向上を示現しなければならぬ。自らこれを名目に終らせてはならぬ。生産力の發揮と共に、一方的にそれのみを考へては從來の價格政策と何ら異ならず、一波は萬波を呼ぶ底の價格上昇、生産停滯を招來するのみ。勞働力の安定度を取戻すこと、それには物資の横流しを喰ひ止め、公正なるルートに依る公價配給の確保を絶對的に圖る樣努力することが何よりも肝要である。

業者も又、徒らに價格吊上げに隨從せず、原價構成要素の價格引下げ、技術の高度化作業の合理化等々自らをも破滅に陷らしめる如き價格引上のみに頼らず、勞働者の忍耐に應へるが如き溶實な臥薪嘗膽を覺悟すべきであらう。無政府的な資本の貪慾にのみ引き摺られて居ては國と國民とを共々に地獄に引きずり込むのみである。

この時期は事前検閲でした。欄外に発行日より２週間前の日付が書かれています。

七月一日より賑々しく開店した。諸雑貨の卸、室内装飾、船舶用器具の販売を開始したが、市民は卸部門だけでなく一般諸雑貨小売や、喫茶部の開設を期待している。

◆深刻な別府の薪炭の悩みを町内会の手で　いつ埒があくか、深刻な別府の薪炭の悩み　薪炭の配給をめぐって燃商と市の配給課と連合町内会がもめたが一向に埒が明かないままである。冬が来るのに未だに配給されない、暖房というより炊事にも事欠きそうである不安をかかえた市民は燃商（※薪炭を商う業者の組合のような組織だと思われます）への不満をもらしている。町内会側では市から輸送許可証明を出してもらえば、代わって集荷すると申し出た。最少でも別府市は一冬に薪を二十万束消費するのに二万束しか入荷しないのだから、輸送難もさることながら薪炭そのものが不足なのだ。たとえ闇値でも出回らないのは物価統制の欠落以外に山林所有者が金より物をと原木を売り渋っているからだ。農地調整法に準じて山林開放が要望される。

注　民主化の一貫として「改正農地調整法」により農地は解放されましたが、山林は手つかずのままでした。

商業タイムス

商都別府の進運に力を注ぐ

一号（昭和二十二年三月十一日）〜百一号（昭和二十四年九月八日）
発行所　商業タイムス社　別府市大字別府二三九六番地　旭通九丁目
編集発行印刷人　山蔭智軌
定価　月五円　市外　発送料共一〇円
旬刊　四号から週刊

商業タイムスは「商都別府の進運に力を注ぐための商工業者必読週刊専門紙」です。さらに十八号からは昭和二十一年十月に新発足した別府商工会議所の所報欄を特設しています。収蔵されている百一号のうち、二十号までを読みましたが、戦後、別府が直面した様々な課題を知ることができます。「商都」別府にとって貴重な資料だと思われます。

別府にとって死活問題となった七・五指令（注）に対し、「唯一の糧道」を断たれてはと、転業の指導を行い、さらに関係業者と商工会議所が不老町極楽庵に集まり宮本東洋軒主人を座長に自粛営業を認めるように知事、県議会へ申し入れする決議を行っています。

また入湯税の増税に対しては各種県税の四割を占める別府の入湯税を別府へ還元するように、内湯のない旅館からは徴収しないように、鉄輪、亀川、明礬などの周辺温泉地は値下げするようにとの要求を陳情する旨を決議しています。

また経営の参考にするため商店街の人通りの調査を行っています。午前十時半から十一時半までの一時間、午後二時半から三時半まで一時間のうち一か所一〇分間ずつ調べた結果、銀座街八坂別荘裏が一番多く一〇分間

昭和22年3月11日　　商業タイムス　　〔第1號〕（1）

發行所 大分縣別府市大字 別府2396番地 商業タイムス社 編輯發行印刷人 山路智義

C.C.D. J-2848

Passed 10 Mar 1947

吉田内閣反對四四%
進歩黨支持が三五%
商業人の輿論に聞く

別府市内の主として接客業ける各大衆のようになる品、薬局各一計一二を対象としない政情や社…進歩黨…

〔第一問〕吉田内閣を支持するか

〔第二問〕何黨に共鳴するか

の二問を掲げ十五業種にわたつて一業種から三名づつ計四十五名の營業主を調査したところ左のような數字が出た

—第一問—

支持する　一七名　三七%
支持せず　二〇名　四四%
意見なし　八名　一八%

—第二問—

進歩黨　一六名　三五%
自由黨　一二名　二六%
社會黨　八名　一八%
共産黨　二名　四%
意見なし　七名　一五%

また燃え上つた
日出税務署の別府移轉
市と會議所が猛運動

各組合の改組

ものになるか
勤務署新築

無届會社の濫立に
面喰つた別府市經濟課

別府中古衣商業協同組合

蛇の目

「金魚鉢」とも称された検閲済みを示すスタンプがくっきりと押されています。

の人通りは五百四人でした。楠湯前が四九一人、別府駅前通り国際館前が四位で三三六人です。現在と比較してどうでしょうか。なお夜間や雨天の調査も行っています。

開業相談欄があり、古本屋、古物商、文具店、玩具店、下駄屋などから相談があり、たとえば「下駄の台は本県は生産地で日田に卸屋があるので仕入れには苦労しない。しかし鼻緒は仕入れ困難で北町の伊吹商店が行っている。資金は一間間口の店で最低一万円かかるが、よい場所だと高級品を揃えても十分に売れ、二、三割の利益は確実です」などと丁寧に指導しています。

占領期だということを痛感させられる記事もあります。

◆英文による価格示については既に大分占領軍司令官により再々注意を受け指示しているが、市内にはまだこれを実施していない向きがある。厳罰に処せられることのないようにご注意ください。

◆看板の英文で間違っているのや又日本字の右横書き等が見当たるのは残念です。観光地別府からはこうした間違いを絶対なくしましょう。

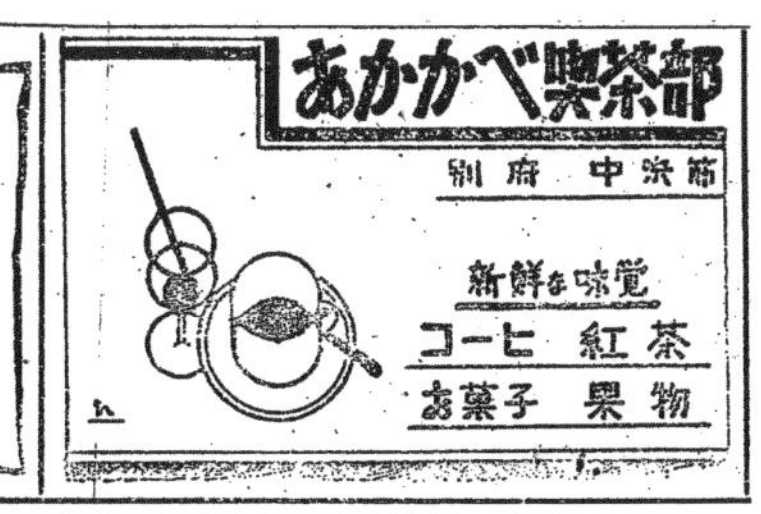

◆市温泉課の発案で竹瓦温泉階上で浴場看守人座談会をしたところお客さんに「しらみ」が多く脱衣箱からはい出しているとの情報に同課ではさっそく駆除にとりかかることにした。

注　食糧難対策としてGHQが外食券食堂を除く全国三三万軒の飲料店に休業を命じた指令

憲法発布を記念しての仮装大舞踏会！

九州工業新聞

民間貿易再開を視野に

一号（昭和二十二年四月五日）～二号（昭和二十二年八月三日）、特集号（昭和二十二年九月十五日）
発行所　九州工業新聞社　別府市中濱筋五丁目
編集人兼発行人　斉藤幸雄
定価　一ヶ月四円　一部一円
廃刊届　昭和二十三年七月二日　別府市住吉町五　小林美津路
昭和二十二年九月十五日限りで廃刊

観光温泉都市で発行されるには、「九州工業新聞」という名前は、そぐわない感じがしますが、ご存じの様に当時は占領軍基地建設のために多くの土木建設関連の会社がありました。「祝創刊　大分県が誇る九州唯一の工業界展望」また「北九州に比べて、貧弱な南九州の工業界を日本復興のためにもりあげるには、まず九州の玄関口であり遊覧都市である泉都別府から」や「創刊におくる　工業界の針路燈たれ」などを読むと、意気込みが感じられますが。その割には「週刊」と言いながら、二号が出たのは四ヶ月後ですし、特集号を組んだあとは「廃刊届」をだしています。やはり別府には工業新聞はちょっと無理があるようです。

それでも廃刊の前に頑張って特集号をだしているのは民間貿易が再開されたことを報じたかったのだと思われます。敗戦後、禁止されていた民間貿易が許可されたのは昭和二十二年八月十五日です。「民間貿易再開」「優秀品海外進出の好機」「再建への希望に燃えて」と言っていますが、何より必要だった食料を輸入したいにも、その見返りに輸出するものが日本にはありません。当時の主な輸出品は、樟脳、薄荷、玩具、セルロイド、和物工芸品などしかなかったので、大分県の竹製品は有力な輸

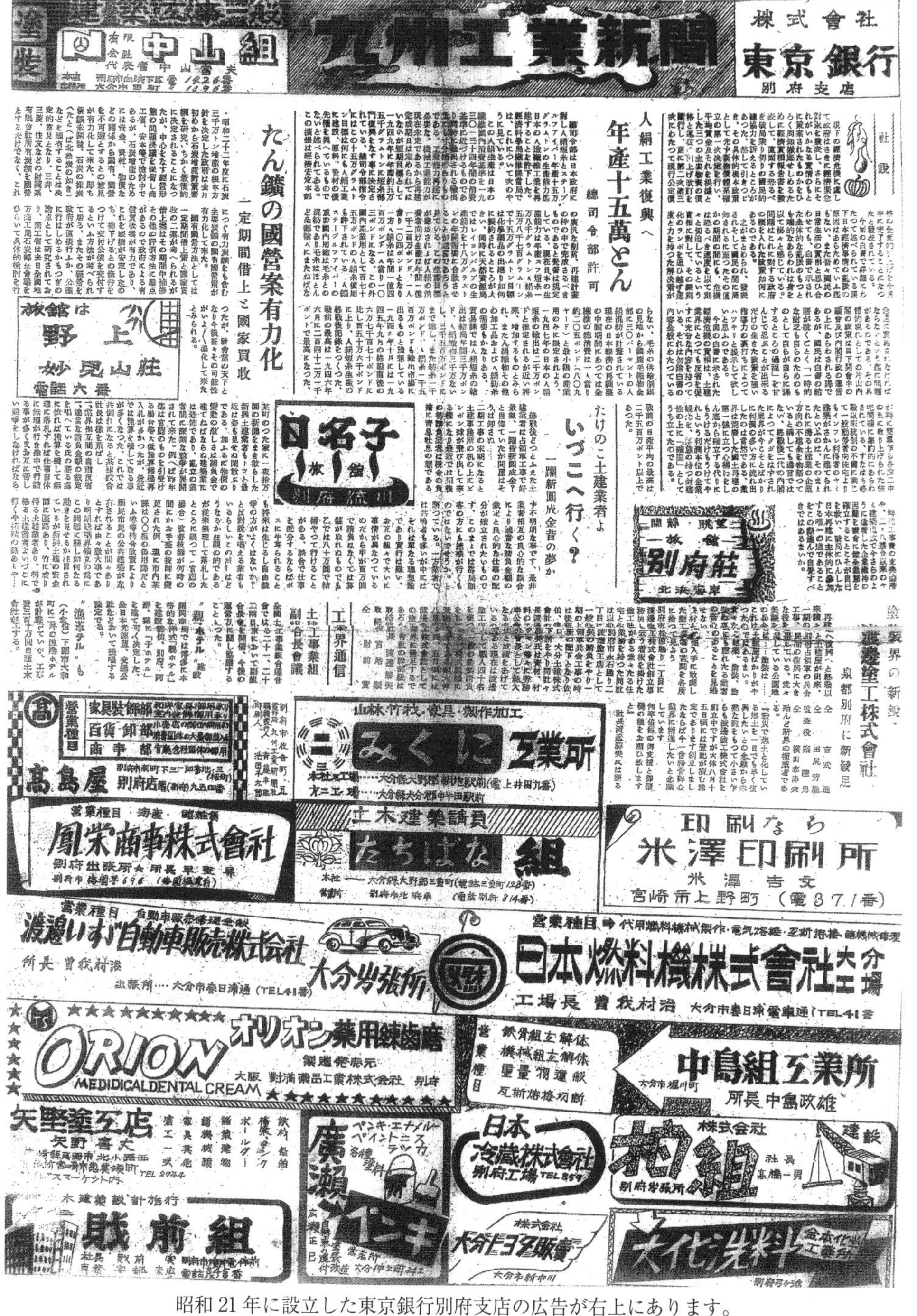

第2号　1947年8月3日　THE KIYUSHKOGYO SHINBUN　週刊

九州工業新聞

株式會社
東京銀行
別府支店

建築塗装一般
塗装
有限會社 中山組
代表者 中山富夫

社説

年産十五萬とん
人絹工業復興へ
總司令部許可

たん鑛の國營案有力化
一定期間借上と國家買收

旅館は
野上
妙見山荘
電話六番

別府荘
北浜海岸

日名子旅館
別府流川

いづこへ行く？
たけのこ土建業者よ
一躍新圓成金昔の夢か

塗装界の新鋭
渡邊塗工株式會社
泉都別府に新發足

工業界通信
土工事業組
副合長會議

髙島屋
家具装飾部
百貨卸部
商事部
別府店

山林竹材・家具・製作加工
みくに工業所

鳳栄商事株式會社
営業種目 海産・雑穀類

土木建築請負
たちばな組

印刷なら
米澤印刷所
米澤吉文
宮崎市上野町（電371番）

渡邊いすゞ自動車販売株式会社
大分出張所
所長 曽我村治

日本燃料機株式會社
大分工場
工場長 曽我村治
大分市春日浦電車通（TEL41番）

ORION
オリオン薬用練歯磨
MEDIDICALDENTAL CREAM
製造發売元
大阪 對清藥品工業株式会社 別府

中島組工業所
所長 中島政雄
大分市堀川町
鉄骨組立解体
機械組立解体
重量物運搬
瓦斯溶接切断

矢野塗工店
矢野喜丈

廣瀬ペンキ

日本冷蔵株式會社
別府工場

株式会社
柏組
建設
社長 高橋一男
別府出張所

土木建築設計施行
財前組

株式会社
大分トヨタ販賣

大化洗料工業所

昭和 21 年に設立した東京銀行別府支店の広告が右上にあります。

出品として注目されました。

「大分竹材貿易株式会社」の営業種目として「九竹（※丸竹の誤りと思われます）、海苔竹、染竹」などが挙げられています。そのため別府の住吉町本通りに竹材、竹製品を扱う、満珠産業株式会社の支店が設けられています。本社は山口県です。大量注文がありました。人気があったのはピクニック用のバスケットで、大仏通りにあった太平洋物産株式会社には米国から大量注文がありました。またシイタケも「七つの海を渡る輸出の花形」として注目を浴びています。自由が一つ戻ってきて張り切っているようです。

一方で、意味がよくわからないのですが、占領下だということを思い知らされる次のような告示も掲載されていました。「告示　占領軍設備用品生産者に告ぐ M.G.P.三二様式による製造積出報告は三月初め従来毎週提出することになっていたが四月以降は半月分を毎月一日・十六日に提出することになったから承知されたい。商工省特別資材部」

工業新聞らしく塗工店、舟釘店、工務店などの広告が多く掲載されています。

西日本商工新聞

敗戦日本百不思議　罪の都・別府

一号（昭和二十二年五月六日）〜七十号（昭和二十四年九月八日）
発行所　西日本商工新聞社　別府市眞光寺町
発行兼編集人　三浦伍郎
印刷人　池田千太郎
本紙定価　一ヵ月四円　一部一円

西日本商工新聞は商工業者のための「総合的専門的機関紙」です。活版印刷の比較的読みやすい新聞です。創刊時は、たとえば「一年間にストライキがどのくらい行われたか」という調査や「米の対日綿花政策」など、別府というより大分県全体の商工業界を視野に入れた記事が中心でしたが、会社が眞光寺町から大字浜脇に移転し、発行編集人も三浦伍郎氏から、同時期に大分新聞を発行していた梅村彰氏にバトンタッチしてからは、別府関連の記事が増えてきます。「大亀川町業界の展望」「東別府・浜脇商工業界の展望」という、現在ではやや大げさな感じを受ける広告も掲載されています。

「罪の都　別府　まず根源を衝け」という記事で「戦災を免れた別府が、あらゆるものが集まり、ヤミの巣窟であることは何人も異存のない敗戦日本百不思議の随一である」とまで書かれてはちょっと悲しくなりますので、なるべく楽しい記事を探してみました。

◆洋裁界の権威　別府ファッションスクール落成　流川通り八丁目に新築校舎の落成を見た別府ファッションスクールではいよいよ授業の開始にとりかかった。

◆別府ニュース館　復興に着手　戦時中に華々しく登場し、その後休館していた別府市本町のニュース館は昨年

西日本商工新聞

發行所　別府市其光寺町　西日本商工新聞社
編輯兼發行人　三遍伍郎
印刷人　池田千太郎
本紙定價　一ヶ月　金四圓　一部　金一圓

輝やかしき民主政治へのスタート

榮ある七代議士

首位當選　社會黨　安田幹太氏

當選者各派別

派別	人数	内訳
社會	142 (3)	67. 72.3
自由	135 (4)	67. 67.1
民主	128 (8)	61. 59.3
國協	31 (0)	13. 13.0
共産	4 (0)	2. 2.0
諸派	14 (0)	21. 2.0
無所屬	17 (0)	13. 4.0
總計	446 (16)	235. 224.7

電力と資材難

障碍のミシン工業

社説　炭鑛國管問題について

九州の配炭計畫　五月分

商工業者各位にのぞむ

河野縣經濟部長談

ヤミ建築に痛い灸

商工トピック

勞働基準局設置さる

天地言

社告

各都市闇物價指數

都市	指數	都市	指數
東京	100	神戸	161
札幌	81	和歌山	107
函館	100	岡山	106
旭川	80	廣島	93
釧路	63	鳥取	72
仙台	87	松江	71
秋田	93	山口	100
福島	73	高松	85
横濱	100	松山	135
宇都宮	94	徳島	96
長野	86	高知	104
新潟	63	福岡	84
名古屋	100	小倉	122
靜岡	67	佐賀	100
金澤	71	熊本	91
福井	87	長崎	83
大阪	169	鹿兒島	84
京都	139		

星野組、星野工業、星野商事と並ぶ広告に基地建設で大活躍した星野グループの勢いが感じられます。
昭和 24 年には都市対抗野球で全国優勝をして黒獅子旗を別府にもち帰りました。

秋、中津居住に鉱業家河野壮三郎氏が引受けた。施工の清水組が改造取壊したため一時中絶していたが、今夏更めて新築することになった。目下進行中。十一月末完成

◆祖国再興を目指して尚志館生る　青壮年の健全な心身の発達と祖国再考を願って別府市に柔道場尚志を設立する計画である。顧問は永岡秀一講道館十段名誉師範を迎える。

◆業界展望　別府合タク　亀川駅前に進出　大阪以西切っての動きを謳われる泉都の足、別府合同タクシーは在二十五台実動十七、八台で、バスや電車とことなりわずか三割の暫定的な値上しか認められず初乗りは四〇円、一日八〇〇円、オール木炭（注）の会社として大きな痛手のようである。客の扱いはさすがに土地柄抜かりはない。浜町の本社が地理的に弱いのを駅前のガレージがカバーしている。近く亀川駅前にも進出する。

注　戦時体制下タクシーやバスのガソリンの使用が全面禁止となり、木炭が燃料として使用されていましたが、ある時期まで木炭や薪が使われていて、昭和二十二年四月には佐伯の生産者が大分交通、別府合同タクシーに木炭五五〇〇俵を横流しする事件もありました。

大分産業新聞

早くネオンサイン復活を

一号（昭和二十二年八月二十日）～二号（昭和二十二年十月二十一日）
発行所　大分産業新聞社　別府市旭通り二丁目
発行兼編集兼印刷人　斉藤幸雄
定価　一ヶ月六円　一部二円

大分産業新聞は、九州工業新聞の編集発行人と同じ、斉藤幸雄氏が発行しています。この人はまた「ニュー映画タイムス」という映画専門新聞も出しています。上海から引き揚げ、別府で新聞事業にがんばっていたのですが、「結核を再発し、精根尽きて消費都市別府を離れるの止む無きに至る」という妻の代筆による手紙を検閲局あてに出して、故郷の大野郡千歳村に戻ったようです。消費都市別府での生活難と闘いながら、編集、発行、印刷と一人でこなしていた斉藤氏の奮闘に敬意を表したいと思います。いずれも活版印刷で良質な新聞です。

「故国産業界の耳目紙たらんとして」出された大分産業新聞は、九州工業新聞と同様に「再開したばかりの民間貿易」に関連した記事が目につきますが、今回はそれ以外の記事を紹介します。何もかもが不足していた占領期ならではの再生加工の仕事です。現在のエコ活動に通じるものがあります。

◆別府の再生産業一大飛躍　向濱下区の東建再生工業株式会社は海底電線の引揚加工工事を行っている。社長は華北から引揚げてきた大石晋三郎。旧軍が使った海底電線を豊後水道の海底から引き揚げて、さまざまな生活用品を加工販売している。ケーブル外部の覆いのゴムベル

(一)　昭和22年8月20日　（水曜日）　THE OITA SANGYO SHINBUN

大分産業新聞

発行所　別府市旭通り二丁目　大分産業新聞社　電話733番

輸出貿易實現の為　縣人に望む　商工業者向上に全力傾注を

魚介類需給は好轉の徴　資材リンク制を強化せよ

電力資源を開發せよ

米國新勞働法成立

聲明

國土開發同志會

創刊に當り業界並びに官界に望む

別府市商工會議員　八阪眞兵衛

建築監視官を地方別に増强發令

またも木材の値上げ　現行の一割二分程度を

木材の不圓滑に對し　農相と需要者連の懇談

再生產業に一大飛躍の　東建再生工業業界の注目をあび發足

一救國產業かいの耳目紙たらん

本紙の行き方

水產食糧增產を目ざして　博多、大島兩港擴張

社說　生産再開の鍵

御商談は　喫茶スターへ　別府・中濱通り

伴野物產株式會社　別府支店　別府市北濱海岸通　成和ビル三階　電話七五〇・一〇〇番

御旅館は日名子へ

トヨタ新SB型トラック

產業ブラック

渡邊塗工店　渡邊勝美　別府市松原一丁目　電621番　渡邊塗工株式會社設立準備中

日本燃料機株式会社大分工場

渡邊いすゞ自動車販賣株式會社大分出張所

衆議院議員　梅林時雄

祝創刊

大分縣知事　細田德壽
大分市長　上田保
別府市長　脇鐵一
縣會議長　荒金啓治
別府市會議長　垣迫杉太

日本通運　別府支店

大分交通株式會社

日本冷藏株式會社別府工場

富士草紫株式會社

御用命の節は二七七番を御利用下さい

二宮ペイント塗工業

終戦以来、禁止されていた民間貿易が再開（8月15日）された直後の紙面です。期待感が感じられます。

トは自転車のタイヤや草履の裏ゴムに。又は加工を施し、靴釘や釘にも再生する。ゴム下の綿布は染めて畳べりに利用するなど、きわめて利用範囲が広い。引揚者の方に授産所式に材料を一式提供して草履制作などをしていただこうと計画している。

◆泉都商店街の美化にネオンを　赤い灯、青い灯のネオンサインの復活は健全商店街の希望であり、再建日本の士気を高めるものである。暗いじめじめした夜の商店街は犯罪を生むようにすら思われる。治安が悪いから夜間営業ができないのか、夜間営業がないから治安が悪いのか。夜間営業は店員の食糧事情や労賃の問題もあり難しいが、なんとかならないか。これから夏期に入れば当然営業時間の延長となり活気を呈するのではなかろうか。ぶらりと出かける浴衣客を見られる商店街の復活が待たれる。赤い灯、青い灯、涼風をそそるイルミネーションは商店街の市民への愛情である。　（流川　一店主）

注　戦後の極端な電力不足から、ネオンサインは昭和二十三年六月に禁止されます。商工省がネオン使用を許可するのは昭和二十四年三月三日のことです。

西日本観光ニュース

目と心の観光を目指して

一号（昭和二十二年九月）
発行編集人　斉藤栄一　別府市弥生町二丁目
発行部数　五〇〇部
週刊　タブロイド型
編集方針　観光に関する記事を主題とし一般社会記事を配す

個人経営の週刊新聞で、民間検閲局に提出された原稿のみが残っている新聞です。創刊の辞には「今後交易が盛んになり、諸外国人の来朝が増える。日本の平和な天然の姿、日本人の心の姿をよくよく見て貰わなくてはならぬ。わが西日本観光ニュースは一地方の微々たる新聞ではあるが、目と心の観光、そして日本人も共に楽しむ平和日本の建設への文化の使徒として発足」とありました。別府観光の今後の姿を「目と心の観光」というなかなか含蓄のある言い回しで表しています。実際には発行されなかったと思われるのは残念です。発行編集人の斉藤氏は「夕刊サンデー」の発行編集にも携わっています。「別府地区の国立公園　資格は十分　お国入りの一松厚相談」という見出しで、杵築市出身の一松定吉厚生大臣に取材した記事がありました。

◆杵築町南台の実家に病気療養中の母堂（九十歳）を見舞った一松厚相は四日戦傷者、引揚者六百名を収容する国立亀川病院を視察。その後白百合愛児園（ママ）に孤児達を訪問。ソラリ・カルメラ園長に金一封を送り、国立別府保健所を経て日名子旅館の民主党県支部歓迎会に出席。国立公園候補地由布院を視察。

視察を終えての談話で「別府は九州の玄関で九州観光

Pre-passed 22 Sept 1947

C.C.D. J-2848

20

社説

創刊の辞

終戰後二年言論の自由を旗の下に幾多の新聞雜誌が刊行されたことは洵に喜びに堪へないことである
しかし乍ら一歩深くこれ等機関の言動を視る時果して自由の名にて恥かぬ文化の使徒としての役割を果し得たであらうか
悲しを言論機関にある筆者として社會に対し汗顔の至りに思ふことを見且つ聴くこと再ならずとも占領軍当局よりの警言は深く反省すべき秋なりと信ずるものである
此の時西日本観光ニュース社は敢て創刊せんとするは如何なる目的か
これこそ筆者の大いに唱えんとする所以で有る
言論こそは自由にして社會の事象を捉えこれを批判解剖して報導し以って社會の人々の判断に任せ或は又積極的に指導するものであると信ずる公署を私事に用ひたり思ひもつかぬ事を書きたて、金儲け的に発行する事は社會を冒瀆する公衆罪悪と謂ふべきである

この新聞は事前検閲にパスしたにもかかわらず実際には出されなかったようです。

ルートの扇の要だ、由布院を含む国立公園の資格は十分だと思う」と資格十分と言われ、別府市は大いに希望をもったようです。

商工会議所の専務理事牧鉄夫氏、秋月千穂氏などがそれぞれ立場で別府観光への提言を行っていますが、週に一回は裏山に上って亀川町を眺めているという三ヶ尻米市市議は「地の利を生かして独特な亀川町に。別府は観光客の消費地だが、亀川は別府のオアシス、休息所として落ちついた静かな町として作り上げたい」と提言しています。

「なるみ（注）で国宝美術刀剣展覧会」が開かれたという記事もありました。

◆県美術刀剣保存同好会の主催で東京国立博物館出張国宝美術刀剣展覧会を九日から十月日まで四日間別府市旅館なるみの大広間で開く。展示品は三條宗近の作になる三日月宗近はじめ国宝三十四振り。重要美術品十六振りの中には源頼光が大江山の酒呑童子を切った童子斬安綱の一振りもある。

注「なるみ」は楠町にあった高級料亭。戦前は連合艦隊が別府港を寄港地にしていたことから海軍将校の親睦・研究団体である水交社（クラブ）として使われていました。山本五十六はじめ海軍将校の千枚近くの色紙が残されています。創業大正三年、ふぐ料理で有名でした。

九州観光タイムス

市営温泉に〝闇の女〟!?

一号（昭和二十三年六月一日）～四十三号（昭和二十四年九月一日）
発行所　九州観光タイムス社　別府市大字別府三十一番地ノ一五六　北浜電停前電話七十三番
編集発行印刷人　仁科昌男
昭和二十三年八月十日　第三種郵便物認可
支社及支局　東京、京都、大阪、福岡、佐賀、宮崎、長崎、鹿児島、大分、久留米、高知
定価　書店売り　一部金五円也　一ヶ月金二十円也（送料共）
社長・主幹＝仁科昌男、編集長＝雨田新五郎、編集部員＝中野ひろし、営業部主任＝仁科貞夫、企画主任＝松浦邦夫（十六号にのみ掲載）
旬刊

観光施設の改善促進運動、観光客の誘致、旅館紹介、観光地と温泉の宣伝と紹介、隠れたる名勝と旧跡の紹介、地方物産と土産品紹介、交通機関、旅館のサービス改善運動を「使命」とした「観光文化の機関紙」です。昭和四十年まで続き、プランゲ文庫収蔵分とは別に国立国会図書館によって百三十六号（※昭和三十一年三月五日）から二百二十九号（※昭和四十年十月十五日）までがマイクロ資料として複製されています。紙不足の当時としては珍しく一号までは四面からなり、写真やカットも豊富で、「世界に冠たる泉都別府」にふさわしい新聞です。社長の仁科氏は別府ドレスメーカー女学院理事長をつとめた方です。

別府関連の記事だけでなく「九州観光都市連盟発足」「日田を国立公園に　広瀬市長等猛運動」「国際整備に乗り出した宮崎観光協会」「観光と林産物ルート　英彦山・耶馬渓接近」などの記事もあり、九州各地との連携、協力を打ち出しています。他の新聞に比べると、戦争の傷跡はほとんど見られません。

接収解除となった鶴田ホテル、八坂別荘、清風荘、鶴の井ホテル、日名子旅館などが中心となり、旅館間の親睦を図り、サービスや施設の改善について協力しようと、

（昭和23年8月10日第3種郵便物認可）　第43號　旬刊　THE KYUSHU TOURIST TIMES 昭和24年9月21日　（水曜日）（觀光文化の機關紙）

九州 觀光タイムス

發行所　九州觀光タイムス社　編集發行印刷人 仁科昌男　電話73番

產業も觀光もまず道路

東西國東橫斷道路

貫通期成同盟會で運動

秋近し別府高原　寺司勝次郎画

處女列車試乘記

【日豊線處女列車デコレーション】

裏別府への廊下

安心院線近く着工

湯町龜川を良くする

驛名變更公聽會開かる

大分交通增資完了

九州觀光行政協議會

杵築町秋の商工祭

九州觀光都市連盟臨時總會十月開催

觀光大野郡案内

内山觀音

三國峠

菅尾の石佛

犬江釜峽

大野地方事務所長　加藤武馬
三重町役場
菅尾村役場
犬飼町役場
川登村役場
蓮城寺

後に「屋根の版画家」となる寺司勝次郎（1927 ~ 2015）の画が掲載されています。

明です。旅館組合とは別に「十五日会」を作っています。不明朗で宿泊客に非常に悪評だった時期もあった旅館代金明朗化などの努力をしています。

油屋熊八にならったのか、別府合同タクシーが案内ガールをのせて地獄めぐりの乗客に名所旧跡の説明をさせるというサービスを始めることが記事になっています。

公衆浴場の在り方を規定した公衆浴場法案が施行されると、「市内にある三十余の市営温泉に、闇の女であることを知りながら入浴させた場合は営業主および管理者は拘留または科料に処せられるが、どうすればいいのか。闇の女を見分けることは困難であるから、写真付きのリストを管理人に渡し、浴場に張り出さねばなるまい。性病をもった女ほど湯治をしたがるから危険千万である」と別府ならではの悩みも述べられています。実際に写真を貼りだしたかどうかは不明です。

戦争中は途絶えていたバスガールが復活しました。

九州建設新聞

天文台やカジノ計画も

一号（昭和二十四年二月十日）〜三号（昭和二十四年四月十日）
発行所　九州建設新聞社　別府市鉄輪町大観園
発行編集印刷人　内田豊太郎
定価　一ヶ月三〇円　一ヶ年三〇〇円

終戦後の復興のために建築ブームが起きました。この新聞は、名前の通り建設関連の記事で埋まっていますが、別府市だけではなく大分県全体を対象にしたものです。特に戦災に会い中心部が焼失した大分市の復興計画や、佐伯市の元海軍施設跡の活用計画などの記事もあります。戦災に会わなかった別府市でも、占領軍基地の建設とは別に、国際観光都市として出発しようと大きな計画が立てられ、さまざま施設が建てられました。

しかし統制がきびしくなり建築許可がなかなか下りず、「ちょっとした家屋の増築や修理にも不便している。セメントや釘は不足しているが　材木は公定価格を割ってあまっている　大工や左官は失業しているのに」という嘆きが論説で述べられ、「建築違反判決」を受けた業者の名前と理由、罰金額などが掲載されています。たとえば「無許可新築」「無許可増築」「遊戯場無許可用変」により、一千円から二万円の罰金を言い渡されています。「軌道に乗る観光別府の構想」という記事に掲載された都市計画がそのまま実現されていたら、実相寺山付近には温泉博物館、競馬場、乗馬クラブ、カジノができ、聖人ヶ浜には海底パノラマ風景を楽しむガラス張りのタワー、大平山には天文台、日出方面に水上空港、大分亀川間の

發行所 別府市[illegible]大觀園 九州建設新聞社
發行兼編集印刷人 内田豊太郎
本紙定價 1ヶ月30圓 1ヶ年300圓

大分縣下 五市の都市計畫 特長生かして速進

縣下の都市計畫はそれぞれの立地條件からそれぞれの特長を生かして進められているが、大分市では復興を主眼として縣の中心商工都市建設に輝かしいスタートを切りすでに大道路網を中心とした復興事業を進めており、別府市は國際觀光都市としての巨大な設計を東京で完成したのでこれを實地に移すためにその陣容強化を急いでいるのでペーパー・プランから實施面への移行も近いとみられている

また中津市は北九州と本縣を結ぶ中心点として驛前疎開地を中軸とした商工都市計畫の實現を企圖し、日田市もまた觀光に重点を置き福岡、大分線の中間地帶として林産その他をバックとした計畫實施に乘り出しており、佐伯市は港灣を中心とした觀光都市にしようとねらつている

五市のほかに目下申請中の町では農村を中心とした官公廳、教育地として立とうとする三重町、港灣開發を重点とする臼杵、高田、國東の三町などがあるが縣計畫課ではこれらの審査を急いでいる

臨時防火建築規則 劇場等特殊建物に適用

昨年十一月一日から公布實施された、臨時防火建築規則については未だに徹底されていないやうであるが、臨時防は木造建造物の多い日本として災害を防ぐために設けたもので大分縣としては大分、別府、中津、佐伯、津久見、鶴崎の六市町で適用される、内容は學校、劇場、映畫館、演藝場、見世物、展覽會場、集會場、公會堂、百貨店、市場、共同住宅、寄宿舍、下宿屋、旅館、病院、診療所、公衆浴場、倉庫、自動車々庫、その他に對してこれらは規定に從つて防火構造をし、屋根を不燃材でおゝわねばならぬ、なおこれらの建造物に對してはとくに防火資材を配當することになつている

大分商議新築に決定

大分商工會議所は現社屋が手狹なため近く[illegible]揚町に新築することになつたので、[illegible]建築委員長は[illegible]會議所の[illegible]

[illegible]予定であるが、新社屋の竣工は大体六月の予定である

論説 建築統制を緩めよ

ちかごろ矛盾したものに建築統制のワクがある。この統制權はこのほど建設院から縣に移管され、近くは土木出張所長に認可權が與えられるなど、その手續きにおいてはだいぶ簡便になつてきてはいるしかしながらいまだに法規や條件は改善されておらず、ちよつとした家屋の増築や修復をするのにもはなはだしく不便を感じる。しかも材木資材は公定を割つて余つている。不足しているのはセメントやクギくらいのもので、大工も左官も半失業狀態にある因るのは地方の農家で、戰爭中放つたらかされた、め倉や納屋の修理を要するところが多いが、なかなかその許可の手續きがめんどうで、ちよつと大きくなりすぎても違反の燒印を押される。迷惑な話だ。非生産的な方面に材木が流れることは十分取締るようにして、生産面の統制は解いてよいところだと思う

建築促進を要望す

大分市城崎グラウンド跡に建築の市營庶民小住宅五十戸に對する借家希望者は十九倍を越えている。六疊と四疊半で五百五十圓以内という家賃は安價ではないに、多數の申込者が殺到して市社會課の窓口に長い列をつくつたのは、大分市民がいかに住宅難に苦しんでいるかを示すものである

由來住宅問題は西洋では家屋が石造建築であるため新築が容易でなく重大な社會問題であつたが、わが國では家屋が簡單な木造建築であるため戰前大した問題ではなかつたが、敗戰後は深刻な社會問題となつている。これに對して政府も諸種の措置を講じていないのではないが、再建は遲々としてすゝまないのが實情である。ことに戰災を大きくうけた大分市のごときは全國でも有數の復興立ちおくれの都市である。現在のまゝの再建の速度では市が復舊するには三十年ないし五十年はかゝる。半世紀もかゝるようでは放任しているのも同然で、當局が助成しているものとはいえない。再建の遲れている原因について當局も市民も再檢討の時期にきている

縣市當局の熱意ある措置が要望される。現狀のまゝでは市の復舊は助長助成されているとはいえないではあるまいか早急に大量に住宅を建築しなくてはわれわれの世代には間に合わぬ。金融、資材などの面から制約されているからであるが建築資金については安全率からみて積極的に貸出しができるようにすべきであろう。新築の建物そのものや土地を擔保にして容易に借り出せる方法がとられないならば、當局は眞に再建を望んでいるか否かが疑われても致し方がないと思う。金融業者、[illegible]らが眞劍に市の復興を考えたらそれほど至難の事業ではないはずである。他の都市で可能なことが大分市で不可能ということはない。これらの方面の協力により法人を組織して住宅、商店、工場、病院など緊急を要する建築を引受けて再建家造めるのも一策である。さしあたり住宅の増築だけでも實現してもらいたい

住宅建築に改善を要す

戰爭は日本の都市から[illegible]住宅[illegible]。[illegible]都市では[illegible]住家を建てる[illegible]らはじまつた[illegible]三年余にして都市は[illegible]ややく外觀をとゝのえたが[illegible]のは住宅の[illegible]である。[illegible]都市住宅が[illegible]住宅建築と[illegible]様式について再檢[illegible]がなされるべきチャンスであつたそれはどの点にあるかといえば、まず保温の設備と疊の廢止である。日本の建築は、外界と紙一重という貧弱なものであるから、冬期になると部屋の中でもガタガタふるえていなければならない。コタツだとかアンカだとか非活動的な暖房にしがみついている。これは建築の不合理がそうさせるのである住宅を密閉式に改めて暖を擬することを條件に、今後の建築は改善されなければならない。本縣は疊表の産地であるが、疊表はカーペットに代るうすべりとして十分役に立つもので、あり簡單にとり替えることができるから消費量には變りないだろう。建築家はこういうことを條件として、新らしい住宅の設計を試みるべきである

大分縣建築代理士講習會を開催す

大分縣建築代理士會では[illegible]二月八日、九日の兩日[illegible]講習會を開催した[illegible]について鈴木技師、建築代理士條令の解説田吹主事

二月九日は午前九時から開講、臨時建築統制規則について、及び建築申請様式について岡崎技師、建築技術について佐藤技師、午後三時より質疑應答、各講師答辯、閉會の辭を渡邊建築代理士會長に依つて述べられ盛會裡に講習會を終了した

大分縣土木部長　大野台助
〃監理課長　本田熊夫
〃道路課長　畠山實
〃河港課長　佐藤康治
〃建築課長　野添彰
〃計畫課長　田村雄次
〃砂防課長　椙本吾郎
〃住宅營繕課長　森武生
〃特建課長　木寺五郎

大分土木出張所長　河野道好
佐伯土木出張所長　田上基一
中津土木出張所長　佐藤英一
臼杵土木出張所長　中忠雄
三重土木出張所長　吉田政雄
竹田土木出張所長　河野司郎
森土木出張所長　稻葉眞
日田土木出張所長　伊藤保
日出土木出張所長　山下榮一郎
高田土木出張所長　富成欣一
四日市土木出張所長　吉松旭俊
東國東土木出張所長　祐原宏

大分縣建築代理士會

顧問　縣會議長　荒金啓治
全　縣會土木委員長　小林政治
全　縣土木部長　大野台助
相談役　縣建築課長　野添彰
全　縣計畫課長　田村雄二
會長　渡邊健太郎
副會長　堀重夫
理事　佐桑武雄
全　渡邊惣一郎
全　宗岡良益
全　矢野益太郎

◎大分支部
大分市南新町　支部長　日下繁
全　警察署前　渡邊健太郎
全　大分縣神社上　佐桑武雄
全　江戸町　村上雅敏
全　大字高松字新高松　三代耕資
全　生石町五六八　市橋住雄
全　金谷橋昭和土建内　合澤松信
全　王子町二ノ八九　中村工業會社
全　勢家八四三　指原工務店
全　中島四條通り　河村工務店
全　勢家八五二　二豊土建會社
全　荷揚町　友永睦夫
全　中島三條三丁目　藤澤望
全　荷揚町一一〇　齊藤顯徹
全　西春日町四班藤村組　佐藤信人
全　鶴留町共榮土建　安部慶雄
全　中央通り　日豊建設會社
大分郡鶴崎町警察署前　大平儀人

◎別府支部
別府市警察署前　支部長　溝邊幸雄
全　北町　松井建築事務所
全　春日通　堀重夫
全　北濱老松區立花通　渡邊惣一郎
全　荘園十班　水口隆助
全　本町中央市場内　日高從郎
全　市役所前　天野保
全　〃　天野千之助
全　濱脇南立田町　阿部成元
全　別府富士見通　狩良建設會社
全　荘園百花村　高柳恒
速見郡日出町　高山和子
全　杵築町　矢野勝義

◎佐伯支部
佐伯市大手前　支部長　有田二郎
全　仲町　矢野益太郎
全　本町　嶋石利春
全　東本町　川邊精齊
全　大手前　坂田正鴻

◎日田、森支部
日田市淡窓町　支部長　増田今朝市
全　若宮町　橋本岩樹
全　三本松町　濱水光雄
全　市役所内　華藤弘海
玖珠郡東飯田村　梶谷守

◎臼杵支部
北海部郡川添村　支部長　爪生田一男
全　大在村　姫野晋一
全　津久見町　衞田義人

◎中津支部
中津市殿町　支部長　是木良
全　京町　宗岡良益

◎三重支部
三重町内田　支部長　曲一馬
全　市場　藤澤梅太郎
大野郡野津市村　菊村菊一
全　菅尾村　浦松忠博
全　大野町　後藤進
全　河野茂

◎高田、四日市支部
高田町　支部長　増田武人
四日市町土木出張所内　中嶋吉
全　警察署内　三上安美

やがて土建王国大分と呼ばれるようになることがひしひしと感じられます。

高速電車などができていたかもしれません。

現在はありませんが南石垣野口天満宮北側の空地に「国際観光都市にふさわしい市営球場」（※現・境川小学校）が作られました。着工を報じる記事では、球場坪数六千坪、内野スタンド十五段、約三万人収容選手の入浴場も設けられた立派な施設だったようです。

今では聞かれない言葉ですが、「道路愛護精神」を育むために「別府速見道路協議会」を作っています。東豊トラック別府地区自家用自動車組合、亀の井バス、植良建設など関係者が別府市議事堂に集まり発会式を行いました。占領下ですから、大分軍政部からキチン軍曹も出席しています。「道路愛護デー」まで設けられたということですが、いつなのかは書かれていませんでした。

現在ではなくなった資格ですが、建築代理士合格者要覧には合格者の名前が載っています県下の合格者三〇人のうち一〇人が別府市の方です。

別府新聞

旅館・飲食店の業界向け

十九号（昭和二十四年九月七日）〜二十二号（昭和二十四年九月八日）
発行所　別府新聞社　別府市梅園区九組
発行編集人　佐藤陸雄
定価　一部一〇円　一ヶ月三〇円
週刊

別府新聞は「プランゲ文庫」には十九号から二十二号しか収蔵されていませんので、創刊の意図などは読むことができませんが、旅館や飲食業を中心とした別府の経営者たちを対象とした新聞のようです。食料品卸相場の調査結果、まもなく実施されるという屋外広告条例、景気浮揚のため皆が大いに期待している別府博覧会の取り組みについての記事、金融界の事情、またとくに別府の経営者たちが無関心ではいられない遊興飲食税についての情報などが掲載されています。「業者のはげしい要望が通って遊興飲食税が今月から下がって芸者の花代は十五割から十割に、花代を伴う飲食、宿泊料は八割から四割に。右以外の料理店、貸席、カッフェ、バー、キャバレー、旅館（通常宿泊を除く）は五割から四割に下がった。これで別府のような遊覧都市の粋界はいくぶん助かる」とありました。今は一律の消費税八％だから、滅茶苦茶に高かったことが分かります。実際は酒を出し、その他の接待もしているのに、表向きは外食券食堂（※外食券と醤油券の両方が求められた）として営業し、二割の税金しかおさめないのは違法行為であると力説する税務課長の記事からも、税金の高さに頭を痛め何とか免れようとしていたようすが窺われます。そうした経営者のた

SEP 19 1949

別府新聞

別府市海岸區五組
發行所　別府新聞社　電話七一一番
發行兼編集印刷人　佐藤陸雄
定價　一部十円　一ケ月　三十四円

シヤウプ案に頼り 餘り安易になるな

岩永日出税務署長に聞く

シヤウプ勧告案が別府市民の税金にどうひゞくかについて毎日市公會堂の分室に頑張り徴税督励の第一線を指揮している岩永日出税務署長と問答を試みた。

記者　こんどのシヤウプ案に[illegible]別府市民の税[illegible]どの程度の影響が[illegible]るか、ごく大まかでもよいから教えてほしい。

署長　まだ新聞に出ただけで細目は一切わかつていないから見當がつかない、しかし來年度といつても五十億の減程になると傳えられている五十億の一割が九州としてまた五十億を全國四五十ケ所の税務署に分割して見るといくらになるかと云うことを考える必要がある。

記者　藏相はシヤウプ案以下に減税し得ると云つているが…

署長　藏相談はいつの時代にも政治的含みがあるからそのまゝ信ずるわけにはゆかない、假に減税は出來ても補給金が減るから米の價格差補給金がなくなつて米價が上ると云う風になけなしの財政をヤリクリするのだからどこかに反動が現はれて來る、要するに我々は飽くまで九原則の線に沿つて耐乏生活を續け日本再建に資せねばならぬからシヤウプ案に頼りすぎて安易になる事はさけねばなるまい

別府の納税は 管内で一番悪い

まづ大口から整理する

記者　別府市の滯納額はどの位か

署長　數字は秘密にされているから發表されないがとにかく悪い、管内で一番不成績だということはいえる

記者　過日の市會で市税の滯納が一千萬圓からあり、滯納整理に不公平があると問題になつたが當署ではどうか

署長　こちらは大口から整理している占領軍接收ホテルなど何百萬という大口をいまやつと片付けたところだ、もつともこれらには政府資金の仕拂いがおくれている關係もあり氣の毒な點もある、税務署は業者を殺してしまうのが主意ではないから殺さぬ程度に徴税しなければならない

記者　結局苦しいから滯納するので樂に暮して滯納する者は少いと思ふ

署長　税金は一年アトから課税するので贅澤をして使つてしまつてからでは滯納になるのも無理はない

記者　税体形に大變革を加え電灯、水道料のように十二ケ月賦の使用料制になると樂に納まるのだが

署長　そのために納税組合などに加入して税金の分を別にとりわけておく必要がある、とにかく當方としては國の要求するところに從つて課すべき額は課せねばならない、こんどのシヤウプ案實施に當つては恐らく帳簿の正確記帳とか納税者にもある程度の義務を負わせるのではないかと思う

記者　正確に記帳するとその者だけ高くとられるというので記帳したくもされないのではないか

署長　そんなことはない決して一杯々々にとるということはしない、正確にしてくれれば他の人の分も類推出來て好都合だし種々得があつても損はないと思う、正直者が馬鹿を見るという状態から極力脱却しなければならない

取引高税の明年廢止は困難

記者　別府の納税成績が悪い原因は？

署長　土地柄地元の人がすくなく六、七割は他國の人が占めており遊覽都市で榮古盛衰がはげしいためと思う、廿二年度增加所得税のときには税金問題が思想問題にまで發展したところだからいま極力常道に引戻すべく努力中だ、ときに貴紙に取引高税の解説が連載されているが

記者　取引高税は廢止されるというから記事掲載をやめようと思つている

署長　取引高税の廢止には條件がついている、つまり國の予算が四千五百億以下に壓縮された場合は廢止してもよいというのだが明年度あたりとても四千五百億に引下げることは困難だと思うからスグ廢止されると速斷するのは無理だ

税務相談欄　新設

質問は遠慮なく本社え

金詰りと税攻勢で別府市民は沈滯の底に沈んでいる、シヤウプ案の發表によつて税の輕減が豫想されいくぶん生色をとり戻しているのが現状であるが税に對する不平、不滿は非常に多い、その反對に税務當局としては誤解の釋明や要望などがいろいろあると思う、そこで本紙は讀者にかわり税務當局に質疑をただし相互の意思の疏通をはかり、税務行政の圓滑な運營を促進したい、直接では聞きにくいもの、忙わしくて聞きにゆけないものなど税に對する質問をドシドシ寄せて欲しい、中傷的なものや攻撃せんがための攻撃、感情による個人的不平は困るが公的な正しい主張や質問は大いに歡迎する、ハガキでも封書でも結構、（口頭はかたくおことわり）紙上匿名は自由だが住所、氏名、職業を別紙に明記されたい

税務署別府移轉

いよいよ近く流川上に

日出税務署の別府移轉は用地（流川上現星野組事務所所在地）を別府市が買收して國に寄付し五百四十萬圓の經費で建設廳が新築することになつており、星野組の立退き先がないのでおくれていたが、同組は現在の第二星野寮の向い側松林内に移轉することになりすでに着工中であるからいよいよ税務署の新築も近く實現する

現在日出の本署と別府分室の二ケ所に分れ市民に不便をかけているが、新築移轉が完了すれば税務關係の諸會議や同署に出入する人が來別するので別府發展の一助として期待されるなほ星野組が移轉すれば同所にしばらく假廳舍をおくことになる豫定

皆さん考えて下さい 有用か無用か

最近・市の事業二つ

最近市のやつた事で有用か無用かが問題になつたものが二つある、星野組の歡迎と市政便りの二つだ、前者は共産黨で調査したがまだ表向きに黨としての反對運動はきかない、合同新聞の投書に「回反對意見が出ただけだが十三萬圓という費用までで知つているところを見ると共産黨員だろうとの評がある、何事も厳密な價値評價だけではいけないものがあるからむづかしいがベッブ宣傳に貢献した星野組の歡迎にはあまり反對はないようだ

「市政便り」は市弘報室で編集發行しているもので市會で一、二の議員から論難された、議員の攻撃には政治的含みもある模様だがこれは一回キリでなく將來も續く刊行物だから市費をハカリにかけて尚問題になる余地を殘している

新聞内報

成績八〇%

「大分合同新聞」

◇別府で夕刊發行を傳えられる大分合同新聞は人も知るとおり舊「豐州新報」と「大分新聞」の合併したもので一縣一紙ではあり、一紙獨善の評もあるが地方新聞としてはまづよい方でお隣りの「日向日日」等とは印刷の鮮明、紙面の品位など段違いといえる

◇地味すぎるとの素人評もあるが單獨讀者がある以上共同通信モノものけられず「新九州」式に派手な編集はなおさら出來ない、あまり「別府の生態」などを詳報しすぎると「家庭で讀めぬ」とお叱りがくるのでなかなかむづかしい點がある

◇とかく批判は樂だが作るのはむづかしいもので岡目八目ともいうから酷評はさし控えたいが、一、二點は前記紙面の綺麗さと寫眞班の優秀さなどとでむかし「讀賣」にいたとかいう白水氏以下寫眞はこの種地方紙としては優秀な方で、その技術は高く買つていい、論説は論説委員が澤山いないのだからまづまづこの程度で我慢しなければなるまいし「東西南北」も河野露花氏ほどピリッとしたところはないが上品にはなつたしとくに近頃の進境見るべきものがある

◇一番面白くないのは後藤和夫氏の「東京便り」と渡邊秀郎氏が文化欄に時々モノすことで前者はわれわれ程度の小新聞のやることだし、後者も新聞が公器である以上編集者が紙面を私してはいけない大衆性のない「個人に關した感傷」などはとくに禁物である

◇家庭欄の「ランチ・タイム」は輕くてよいようなものゝ創作くさくていけない、やはり新聞は實在性をバックにしないと地方紙では信じられぬのではないか、紙面を百パーセントに活かしているのはほめてよく、とくに「先進地農業觀察報告記」は調査圓にクッツイていつたにせよ近來のヒットだ

米價下がる

別府の闇米相場は檢問所開設以來パッタリはいらなくなつて高騰し最高二百卅圓まで稱えたが最近は百六、七十圓までガタ落ちとなりなほ先安を予想される

理由は檢問がゆるんだこと、端境期近くなり配給量減少を予想していたところとしは案外によく九月も十六日分の配給が發表されたことなどで宮崎、都城方面から投げ賣りに來ているとのうわさもある

大分交通總會

大分交通では廿一日臨時株主總會をひらくが七日から同日まで株式名義の書換を停止しその間に增資新株の消化と整備をはかる模様

魚が安くなる

台風の連續などで海に臨む別府市にも魚類の入荷がすくなく、配給以外のサカナは貧乏人の食膳にのぼりかねているが、これについて別府魚市場では九月に入るとボツボツ漁期にいるしトロール船もちかく就航することになつているので今月からサカナを安く豐富に提供することが出來ませうといつている

別府の物價

―本社調査―

本社調査による最近の別府市に於ける一般物資消費價格次の通り。（九月三日現在。）

品目	單位圓
△白米一升	一七〇　二〇〇
△餅米〃	二〇〇　二二〇
△丸麥〃	一〇〇　一二〇
△押麥〃	九〇　一〇〇
△小麥粉〃	九〇　一〇〇
△甘藷粉〃	四〇　五〇
△きなこ〃	二五〇
△大豆〃	二〇〇
△小豆〃	三〇〇
△うづら豆〃	二五〇　二七〇
△食油〃	九〇〇
（百匁）	單位圓
△牛肉　上並	一四〇　一七〇
△ロース	二〇〇
△鶏肉	一七〇　一八〇

品目	價格
△あらいも	[illegible]
△鶏卵一ケ	[illegible]
△蓮根（百匁）	[illegible]
△午蒡	[illegible]
△胡瓜	[illegible]
△南瓜	[illegible]
△茄子	[illegible]
△大根	[illegible]
△里芋	[illegible]
△甘藷	[illegible]
△馬鈴薯	[illegible]
△菜類	[illegible]
△さや豆	[illegible]
△葱	[illegible]
△玉葱	[illegible]
△人参	[illegible]
△トマト	[illegible]
△西瓜	[illegible]
△メロン	[illegible]
△味瓜	[illegible]
△ブドウ	[illegible]
△梨　赤 青	[illegible]
△林檎	[illegible]
△イリコ一升	[illegible]
△削節	[illegible]
△トロロ昆布	[illegible]
△するめ	[illegible]
△海苔佃煮	[illegible]
△梅干	[illegible]
△澤庵	[illegible]
△鯛	[illegible]
△鯖　小	[illegible]
△鰺　大	[illegible]
△鰕	[illegible]
△鮑	[illegible]
△ロールハム	[illegible]
△ソーセージ	[illegible]
△ヨムハム	[illegible]

写真などはありませんが読みやすく、親しみやすい新聞です。

めに「別府新聞社は金詰りと税攻勢で沈滞の底に沈んでいる別府市民のために税務相談欄を新設する」という予告記事もありました。

「敗戦以来続出したにわか商人が影をひそめ、手堅い商人だけ顧客を吸収し始めた時勢に鑑み、サービスの良い人気の身店を選ぶ」という目的で、別府新聞社は優良な「市民の店」を選ぶ人気投票を行っています。新聞に刷り込まれている投票券に店名を書いて、本社宛に送るように求めています。締切り一週間前の発表によると一位は吉村薬局（七〇票）、二位は峰崎一心堂（六五票）。岩井履物店（四〇票）、西村茶舗（三八票）、かねますや（三五票）、中河ラヂオ商会（三〇票）と続きます。さらに秋吉化粧品店、中央衣装、江藤呉服店、東保時計店、古川一心堂と、今もある商店や、消えてしまったけれどなつかしい商店の名前が見えます。

投票券

「市民の店」選定
商店サービス人氣投票

推薦店名

營業　住所

主催（送り先）
別府市梅園五組
別府新聞社

1紙につき5枚刷込まれていた商店サービス人気投票券

新別府

県下初の夕刊紙

一号（昭和二十四年九月十五日）～三十一号（昭和二十四年十月十五日）
発行所　新別府新聞社　別府市向浜
発行兼編集人　加藤久
定価　一カ月四二円　税分附加税　七一銭　一部一円五〇銭

占領期に出された新聞は、週刊、旬刊がほとんどで、中には月刊というものもありました。ガリ版刷りで個人が趣味的に出したと思われるものもありましたが、新別府は「その日の記事と写真がその日に見られる新聞」をうたい文句にしているように、共同通信社から世界ニュースの配信を受けている本格的な日刊紙です。

二面からなり、一面が「米英、ソに新提案か　対日講和行詰まり打開」また「満洲の引揚再開」といった世界や中央のニュース、二面が大分関連の記事で、長谷川伸の小説「おふくろ道中」が連載されています。写真も豊富に掲載され、当時は「大分県下唯一の初の夕刊」という触込みでした。「正規割当用紙使用」や「配達は新聞共同取扱所引受」という宣伝文句に世相が現れています。社長は岩尾恒吉氏。

世界や中央のニュースにまじって別府の記事ももちろんあります。中でも興味を引いたのは、「特産の別府焼復活雅味をねらう名人芸の景堂さん」の記事です。

◆別府陶器の工場（市内上原区）では職人の大野景堂（三十四才）さんが製作に余念がない。同窯業は故佐伯素堂氏が大正九年本場の長州萩から移住してはじめ別府高麗焼きと銘打って製作し、別府名物として内外の観光客

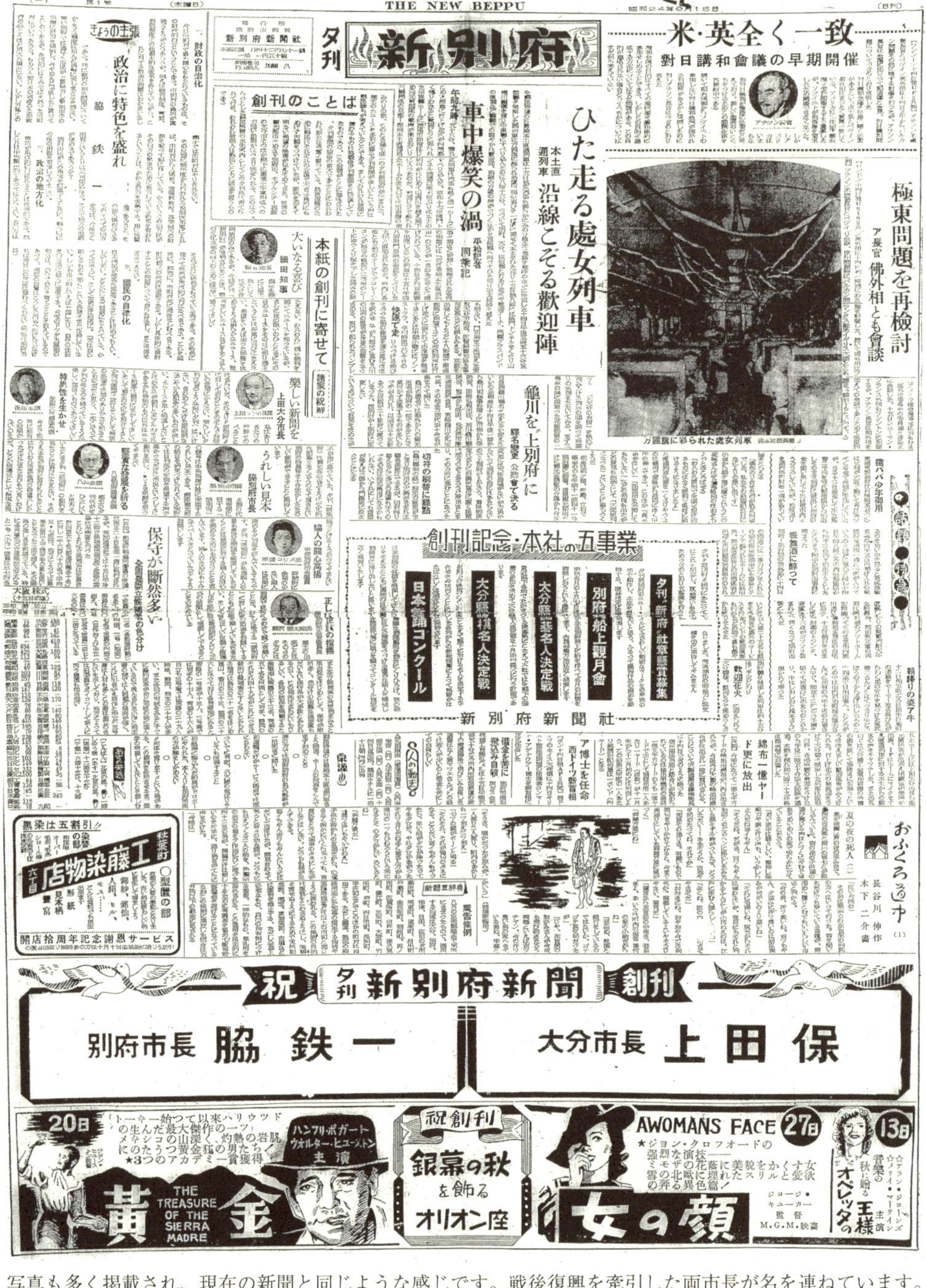

THE NEW BEPPU

夕刊 新別府

米・英全く一致

對日講和會議の早期開催

極東問題を再検討

ア長官 佛外相とも會談

ひた走る處女列車

本土直通列車 沿線こぞる歡迎陣

車中爆笑の渦

創刊のことば

政治に特色を盛れ

脇 鉄一

本紙の創刊に寄せて

大いなる喜び

樂しい新聞を

うれしい見本

保守が断然多い

龜川を"上別府"に

創刊記念・本社の五事業

夕刊"新別府"社章懸賞募集

別府船上觀月會

大分縣碁名人決定戦

大分縣棋名人決定戦

日本舞踊コンクール

新別府新聞社

綿布一億ヤード更に放出

ア博士を任命

おふくろ道中

長谷川伸 作

木下二介 畫

工藤染物店

開店拾周年記念謝恩サービス

祝 夕刊 新別府新聞 創刊

別府市長 脇 鉄一

大分市長 上田 保

20日

「トーキー始つて以來ハリウッドの生んだ最大傑作の一ツ」

メキシコの山深く、灼熱の岩肌にのたうつ黄金狂の男たち！

★3つのアカデミー賞獲得

ハンフリ・ボガート

ウォルター・ヒューストン

主演

黄金

THE TREASURE OF THE SIERRA MADRE

祝創刊

銀幕の秋を飾る

オリオン座

AWOMANS FACE 27日

★ジョン・クロフォードの強烈な演技

ミモザの花蔭に美貌をかくす女

雪の北歐に埋れたスリルと愛欲の渦巻く異色篇！

ジョージ・キューカー 監督

M.G.M.映畫

女の顔

13日

☆アラン・ジョーンズ

☆メリイ・マーティン

主演

音樂の秋に贈る

オペレッタの王様

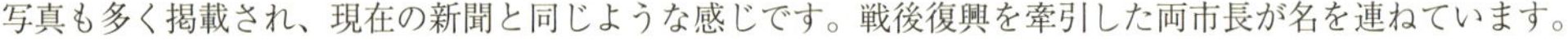

写真も多く掲載され、現在の新聞と同じような感じです。戦後復興を牽引した両市長が名を連ねています。

の土産品として愛されていた。素景氏の死後あとを継いだ一直氏（四〇才）が中心になりこの春別府陶器株式会社を設立し復興をめざしている。
これまで本場の萩から原料の土を取り寄せていたため、別府焼と呼びながらその実萩焼と変わらなかったものを一直さんや景堂さんの創意で市内湯山の原土で作ることに成功した。景堂さん曰く　私は昭和七年から十一年までここで先代の指導を受けその後九年間戦地にいましたが帰ってきて穏やかな空気にひたりながら別府特産の完成を期しています。輸出の計画もあり、そうなれば機械ロクロでの大量生産となりますので、雅味を失なわないように苦心しています。

今でもありそうなニュース「眼をむく試験問題漏洩別府美容師会　てんやわんやの騒ぎ」もありました。
◆二十六、二十七日別府公会堂で行われた美容師国家試験は百五十名受験したが学術試験の問題が漏れたのではともっぱらの噂である。もともと犬猿の仲であった県美容協会と県美容連盟がお互いを非難しあっている。
試験を主管する県医務課長夫人が受験したことが騒動のきっかけとなったようです。

注　戦争未亡人など手に職を求める人が多く、美容師は人気の職業でした。

楠銀天街にあった中村デパートでの第２回ファッションショーの広告です。

占領期のブログ

占領期には全国的に多くの雑誌や新聞がだされました。戦時下の言論統制の重圧から解放され、それまで一方的に情報を受け取るだけだった市井の人々が、自らのメディアで自分の思いを発信しようとしたのです。そういう意味でそれらの出版物は占領期のブログという印象を受けます。その多くには、占領期ならではの解放感や熱気があふれていますが、短期間で廃刊、休刊になることがほとんどでした。

この章で紹介している新聞も、プランゲ文庫には創刊号しか収蔵されていません。創刊の辞には新生日本への意気込みにあふれた言葉が並んでいますが、いささか空回りしているような印象もうけます。新聞自体よりも検閲文書のほうが多く残されている新聞もありますので、面倒な手続きなどに悩まされ、創刊号のみで発行をあきらめたのかもしれません。

占領期の資料として大きな意味があると思えるのは大分民主新報です。新聞自体は収蔵されていません。しかし英文和文合わせて二十五枚の検閲資料が残されています。それによると「県下の共産党、社会党、農民組合、従業員組合、教員組合などの進歩的文化団体の機関誌としての役割を果たすため」に、GHQに紙と印刷機の斡旋を願い出ています。昭和二十一年五月二十五日付けのその「懇情書」を読むと、GHQが解放軍であると信じ切っていることが感じられます。出版を計画した人は翌年二月一日のゼネスト中止命令をどう受け止めたのでしょうか。

大分民主新報

ＧＨＱに紙と印刷機を直訴！

検閲文書（昭和二十一年四月三日〜昭和二十二年一月八日）
発行所　大分民主新報社　別府市北町一丁目
社長　若松盛彦
発行印刷人　佐藤陸雄
編集人　松本武文
五千部発行　タブロイドの予定
日刊

プランゲ文庫には大分民主新報社が昭和二十一年五月五日付で検閲局に提出した便箋十枚にわたる「新聞用紙並に印刷機等御斡旋方懇請の件」と、きれいな筆記体で書かれた便箋一五枚にもなるその英訳文が収められていますが、実際には新聞は発行されていません。紙も印刷機もなく、ただ新聞を発行したいという一念だけが、大分民主新報社若松盛彦社長、発行印刷人佐藤陸雄氏、編集人松本武文氏を突き動かしていたようです。「中央における軍国主義者、侵略者は一応マッカーサー司令部の公職追放措置により処分されたが地方の反動分子は依然として要職につき地方行政や社会動向を支配している（略）本県は文化低く民度低級、封建的残滓やボス的制度濃厚なため民主的啓蒙の機関少なく、終戦後八カ月を経過するも県民の思考生活は民主化されたる形跡がない。よって吾等大分民主新報社一同、新生日本のため県下各種民主的団体とともに決起した」と長々と述べていますが、意気込みはともかく、読みたくなる気にはあまりなりません。

要するに「民主化への熱意を汲んで紙と印刷機を与えてほしい」と見当違いの「懇請」をしているのですが、当然「当局（※民間検閲局）は検閲を行う部署であって、

No. 1

Beppu May 25th, 1946

To the censorship of Publishing, Cinema, and Broadcasting at Fukuoka District

Re papers, types, and printing machines to be used for news paper.

Dear Sir,

We beg to inform you that we are going to issue a daily newspaper here tytled "The Oita Minshu Shimpo" (The Oita Democrat Gazette), the particulars of which as per enumarated in attached copy, and are preparing with most effort to publish the 1st edition on the 1st of July. But at present it is exceedingly difficulty to

No. 1

昭和二十一年五月二十五日

別府市北町一丁目
大分民主新報社

福岡地区検閲所 出版・映画・放送課 御中

●新聞用紙並に活字印刷機等御斡旋方懇請の件

本社は来る七月一日、別紙の如き趣旨、内容、形態を以て日刊紙「大分民主新報」を発刊すべく目下[illegible]力を傾け諸般の準備を進めつつあるも、新聞用紙並びに之が印刷機に関し困却致し居り、而もこれが急速打開の道は唯一つ、占領軍当局の絶大なる御理解と御支援とに依り強力に左記の如き方法を採らざるより他なき実情にて、御迷惑乍ら何卒左に(?)

英語の力は相当あったようですが、
思い込みの強い編集人のようです。

貴殿の抱える問題を助けることはできない」とあっさり断わられています。

「商工省繊維局内の新聞及び出版用紙割当委員会に対して強く斡旋指導し、司令部において紙を確保のうえ、別府市旭通り五丁目にある大分県紙統制株式会社を通して、我社に少なくともザラ紙一日分一連半、一カ月分四十五連の配分があるようにしてほしい。また大分市の大道航空廠にあった印刷機五台のうち三台が、大分交通新川工場内に移動保管されているので、それを我社に斡旋してほしい」と実に具体的です。いろいろな事情に通じています。「懇情」というよりまるで「指示」している感じです。占領軍の進める諸々の民主化への取り組みをナイーブに信じていることが窺われます。

九州毎日新聞

第一号の原稿だけ残る

一号（昭和二十三年八月十三日）
発行所　九州毎日新聞社　別府市楠町二百七十五番
　地ノ一
発行人　後藤図
編集人　渡邊数朗　別府市向浜下町
発行部数　壱千五百枚
編集方針　一般民衆の読物　地方の文化　ニュース
　等
定価　一部四円
週刊　タブロイド型又四切型ニスル

プランゲ文庫には一号の原稿のみが収蔵されています。文字が小さく不鮮明であるばかりか、言葉使いも分かりにくく、非常に読みにくい新聞です。編集人の渡辺氏は、九州朝日新聞にも発行人として関わっています。事実、タイトルも雰囲気もよく似ています。いずれも実際に刊行されたかどうかは不明です。

何とか読みとれるのは、「吉田茂　講和会議と日本再建への道」、「重政誠之（注）危機に立つ日本経済」という見出し、また「この頃、別府に現れた私立探偵社である大分探偵社と九州探偵社は一人でやっている怪しい会社で、早く取り締まったほうがいい」と言う内容の「生きた眼で調節を取れ」という要領を得ないタイトルのついた記事くらいです。

検閲パスのスタンプが押されていますが、こういう新聞を読まされる検閲官も御苦労なことだとつい思わされる新聞です。

注　重政誠之　昭和二十三年に起きた昭和電工疑獄事件に関与した政治家。

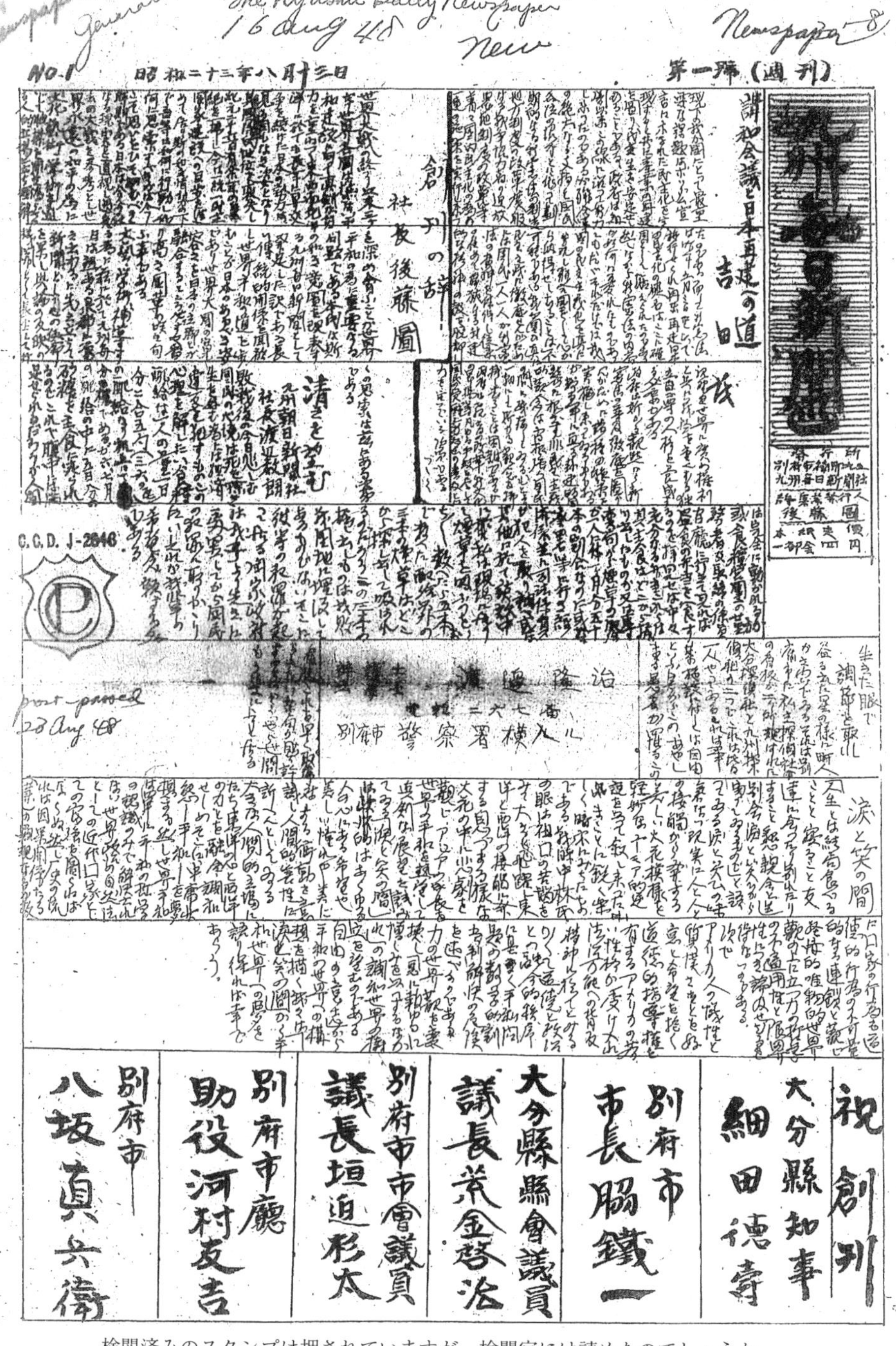

Newspaper General "The Kyushu Daily Newspaper" 16 Aug 48 New "Newspaper-8"

NO.1 昭和二十三年八月十三日 第一號（週刊）

講和会議と日本再建への道

吉田 [illegible]

創刊の辞

社長 後藤圓

清さを望む

九州朝日新聞社 社長渡邊毅朗

C.C.D. J-2846

post-passed 28 Aug 48

治隆 德 酒

電話二六七番

別府市 警察署横入ル

涙と笑の間

祝創刊

大分縣知事 細田德壽

別府市 市長 脇鐵一

大分縣縣會議員 議長 荒金啓治

別府市市會議員 議長 垣迫彬太

別府市廳 助役 河村友吉

別府市 八坂眞兵衛

検閲済みのスタンプは押されていますが、検閲官には読めたのでしょうか。

九州朝日新聞

米兵との交際、慎重に

一号（昭和二十二年五月二日）
発行所　九州新聞社　別府市御幸町通一丁目三六四八
発行人　別府市向浜下町第八班　村井方　渡辺数郎
印刷人　第一プリント社　大分市大道町一丁目
発行部数　二〇〇〇部
日刊

九州朝日新聞と言えば、つい現在の朝日新聞の九州版なのかと思いますが、この新聞はまったくの個人がだしたものです。プランゲ文庫には事前検閲を受けたガリ版刷りの原稿二枚と民間検閲局への届出などの書類が一四枚、残されています。新聞本体よりも、関連書類のほうが多いのですからおかしな感じがします。休刊届出によると、届出以後、「病気並びに用紙の配給なき為とにて引き続き休刊仕り候」とあります。また事前の検閲で、一部削除命令を受けていますので、創刊の志は「敗戦後、日本は統一民主主義国家建設への一歩を進もとしている。多くの新聞が出されているが中央偏重であったり局地的でありすぎ人身攻撃の記事に忙殺され、新聞の真の使命を果たしていない感がある。自分はこのギャップを埋めたい」と立派でしたが、実際に発刊されたのか、発刊されたとしてもどの程度の頻度だったかは疑問です。

削除命令を受けたのは「フラタニゼーション」と呼ばれる、米兵と敗戦国である日本の女性との懇ろな交際についての記事です。「フラタニゼーション」は、真面目な交際から、売買春、さらには犯罪行為にいたるまで、現実には大いに行われていたことは誰もが知るところです。しかしそうしたことを記事にすることは、「公安を

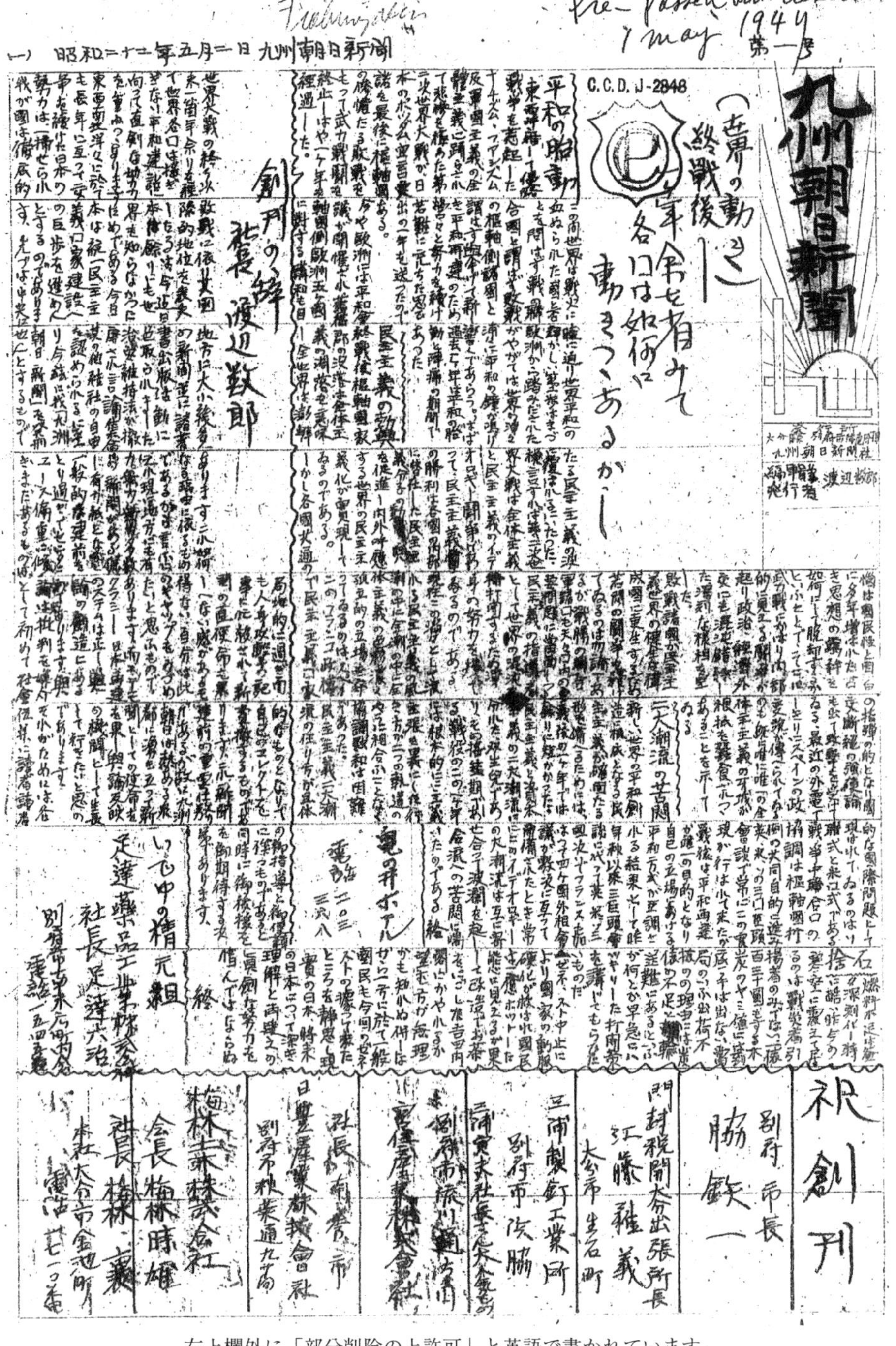

Pre-passed with deletion
1 May 1947

一) 昭和二十二年五月一日 九州朝日新聞

第一号

九州朝日新聞

C.C.D. J-2848

（世界の動き）終戦後二年余を省みて各国は如何に動きつゝあるか

平和の胎動

民主主義の勃興

創刊の辞　社長　渡辺数郎

二大潮流の苦闘

電話 二の三 三六八

祝創刊
別府市長 脇鉄一

右上欄外に「部分削除の上許可」と英語で書かれています。

乱す」として、ＧＨＱが最も神経を尖らせて監視していたことの一つです。「女性に望む」という見出しで、「先日社用あって福岡へ行きましたが、博多駅前から渡辺通りを歩きました処、進駐軍と日本女性との交歓状景を見るにつけ考えさせられることが多々ありました。（略）処が進駐軍と並んで歩いている日本の女性が何か口にいれているのでしょうモグモグさせながらあるいている。日本女性の誇りを持てとは言いませんし、真面目な交際ならそれで結構。進駐軍との交際においても新生日本のために一役買ってください」と、日本女性に「誇りをもった慎重な行動」を求めています。

別府駅前に取締の厳しさにもかかわらず出没する闇の「お握り屋」の記事や、別府八景として、現在とは異なり「鶴見ヶ丘、高崎山、実相寺山、観海寺、東公園、日出城下海岸、由布仙境、柴石渓流」を上げて説明する記事などが目につきます。

赤い湯けむり

モスクワ放送の番組表を掲載

Ｎｏ・１　昭和二十三年一月一日
出版者　日本共産党亀川細胞
責任者　本多従子

「赤い湯けむり」はタイトルだけ聞くと、紅灯の巷にたちのぼる湯けむりを連想させ、いかにも別府にふさわしい新聞のような気がします。しかしこの新聞は、「日本共産党亀川細胞」が出したものです。「細胞」は、今なら支部とでも言うべきところですが、当時はこうした言い方をしていました。戦争中には弾圧されていた共産党は、終戦により合法政党として再出発し活発な運動を展開します。医師たちの刊行する「赤い処方箋」、郵便局員たちの出した「赤い自転車」、炭鉱夫たちの出した「赤いトロッコ」、その他「赤い切符」「赤い燈台」というように、全国的に多くの共産党細胞の機関紙が出され、そのほとんどは「赤い」と名付けられていました。「赤い湯けむり」はその一つです。

「赤い湯けむり」はガリ版刷りの一面だけの新聞です。第三検閲局への届出には every ten days とあるので、旬刊ですが一号しか残されていません。発行部数二〇〇部。発行地は亀川町浜田、発行責任人は新川、六軒長屋の本多従子さんです。届出には HONDA　Tomoko と記載されていました。

「赤い湯けむり」が発行された昭和二十三年には、女性の参政権を認めた新憲法もすでに施行されています。亀

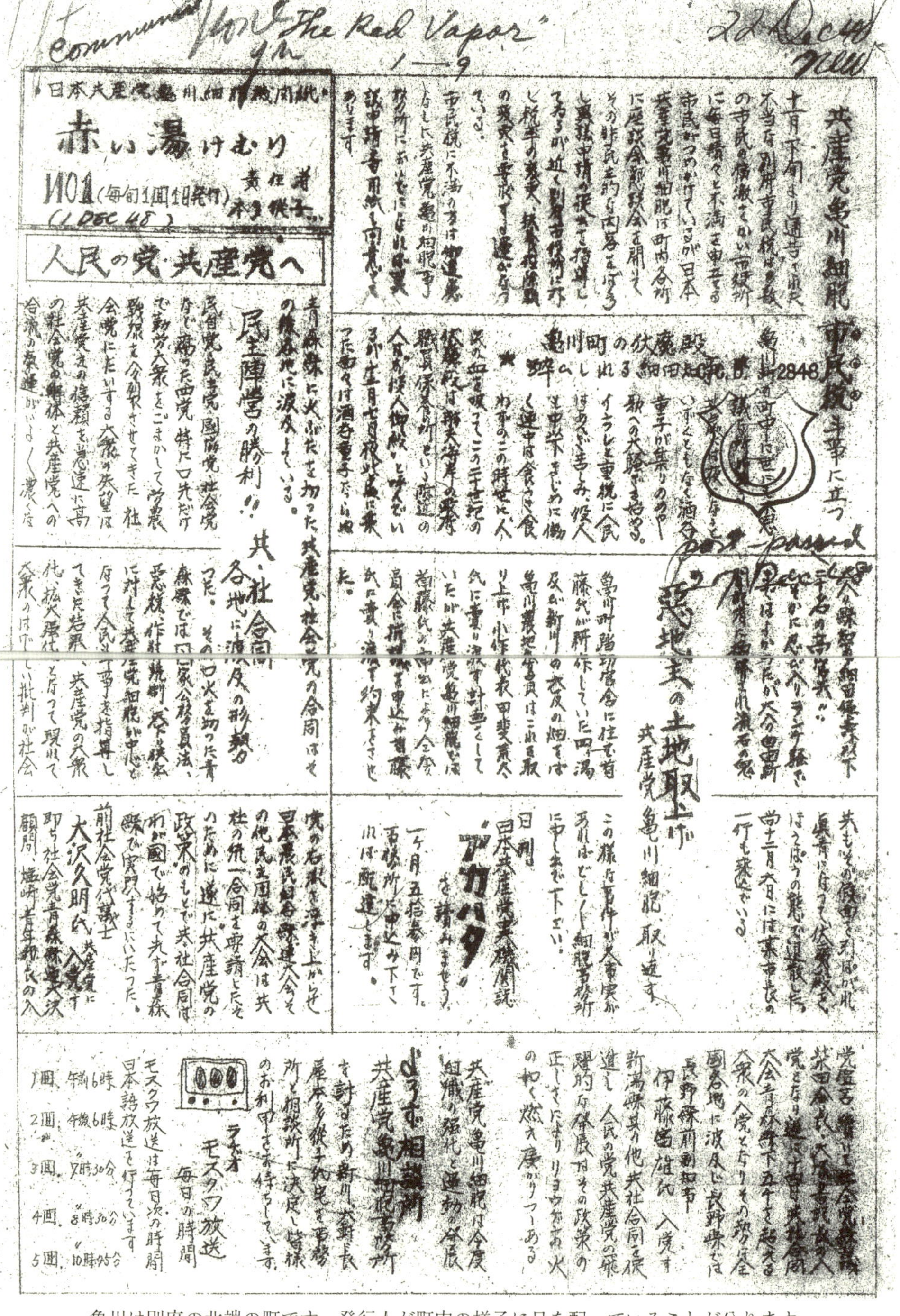

Communist Vol I "The Red Vapor" 1―9 22 Dec 48 new

日本共産党亀川細胞機関紙

赤い湯けむり

No.1（毎旬1回1日発行） 責任者

(1 DEC 48)

人民の党 共産党へ

共産党亀川細胞市民税斗争に立つ

亀川町の伏魔殿

民主陣営の勝利!!

共、社合同 各地に波及の形勢

悪地主の土地取上げ

共産党亀川細胞取り返す

日刊 日本共産党機関紙 アカハタ を読みませう

よろず相談所

共産党亀川細胞事務所

ラヂオ モスクワ放送 毎日の時間

モスクワ放送は毎日次の時間日本語放送を行っています

1回、午前6時

2回、午後6時

3回、7時30分

4回、8時30分

5回、10時45分

亀川は別府の北端の町です。発行人が町内の様子に目を配っていることが分ります。

川のこの女性も一段と力を得て政治活動に励んでいたのではないかと思われます。「組織の強化と運動の発展」を目指し、自宅に「よろず相談所を開」き、「市民税闘争」のために市内各所で座談会を開くなどの頑張りを見せています。「悪地主の土地取り上げ　亀川細胞　取り返す」の記事を読むと、「亀川の土地委員会が取り上げようとした亀川町の踏切宿舎に住む首藤氏の耕作している四の湯、新川の土地を取り戻す交渉をした」ということです。「亀川町の伏魔殿　酔ひしれる細田知事」には「弁天海岸の政府職員保養所における役人の酒呑童子のような乱痴気騒ぎを大分自由新聞にすっぱ抜かれた」ことなどが書かれていました。

その他、目に付くのはラジオ欄にモスクワ放送が日本語放送を行う時間帯を記していることです。一日に五回放送があったようです。Tomokoさんが熱心に聞いている姿が目に浮かびます。

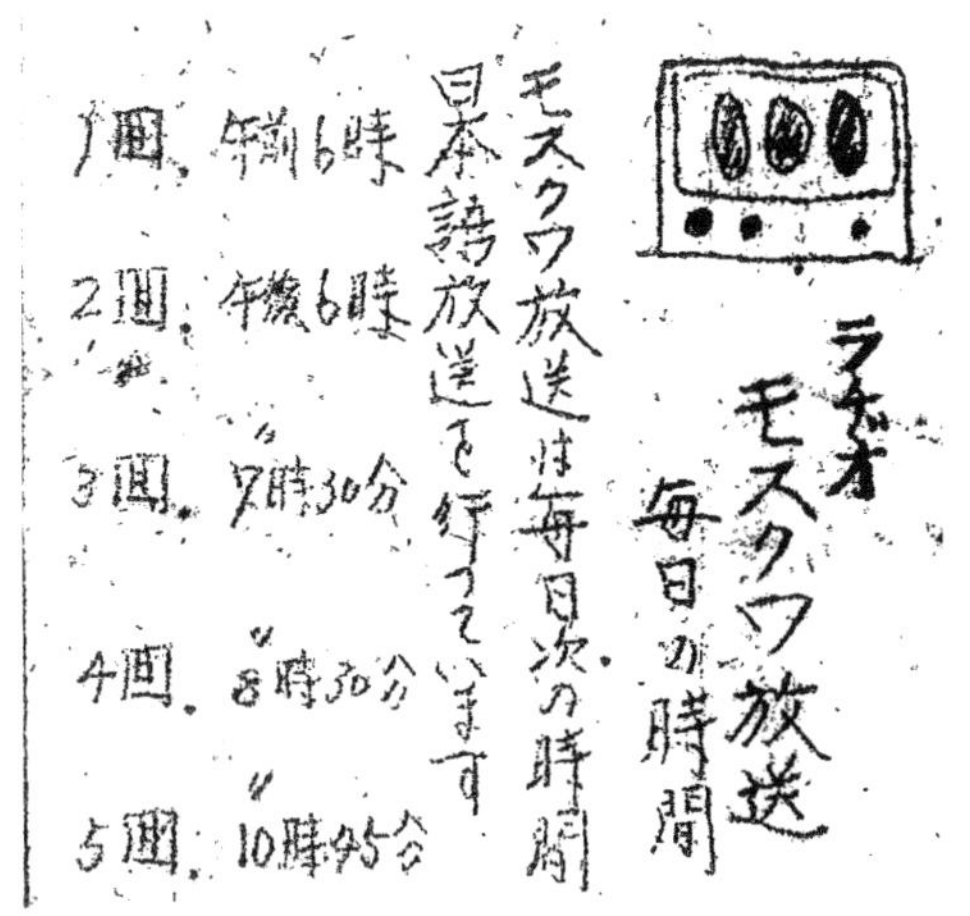
ラヂオ
モスクワ放送
毎日の時間
モスクワ放送は毎日次の時間
日本語放送を行っています
1回、午前6時
2回、午後6時
3回、〃7時30分
4回、〃8時30分
5回、〃10時45分

ソ連に抑留された日本人の安否情報が放送されていました。

暁時報

新しい秩序の黎明

一号　昭和二十四年一月二十日
発行所　別府市秋葉町七丁目
編集発行人　杉山武雄
一部定価五円
月刊

暁時報は別府で発行されていますが、視線は足元ではなく、天下国家にばかり向いていて、やや空疎な印象を受ける新聞です。紙名には、「新しい秩序」への期待がこめられていますが、戦後の人心の悪化、モラルの低下、特に政治家の無責任ぶりを嘆いたり、憤慨したりする言葉が続くばかりで、具体的な事実の報道はほとんどありません。新聞と言うより編集発行人である杉山氏の愚痴や意見を並べているといった感じがします。

ただ「医療の民主化」という記事で、現在では普通に行われている医薬分業を進めるべきだと主張している点が目に付きます。

唯一身近な話題として「道義　地に落ちず　若き女性教官の美徳」という見出しで「杵築駅から中山香駅間、戦時中よりの苦労の数々で沢山の破損箇所のある通勤列車内を毎日黙々と清掃している中山香小学校教官の首藤美智子さん（十八才）」をとりあげています。「身に質素なる服をまとい、静かな面持の内に堅忍不抜祖国の急はまず実践窮行と、燃ゆる愛国の熱情も深く、真の自由主義を地で行く若き女性教官の善行」となんとも大仰なリードがついています。

昭和24年1月20日　曉　時　報　第一號　（一）

曉時報

發行所　別府市秋葉町七丁目
編集發行印刷人　杉山武雄
月刊一部定價五圓

創刊の辭

新しい秩序の黎明で[illegible]が大きい[illegible]ばならない[illegible]環境のまゝに流し[illegible]くことを止め[illegible]戰爭の[illegible]物質的なもの[illegible]でなく、精神的な[illegible]ので破壞され、失はれてしまつたもの〻如くである。三年半の時日を經過したのである。混迷といひ、道義の墮落といひ、從前の優越感に對する卑劣感といふ。混迷、墮落、卑劣感について[illegible]ばならない。他によつて良い社會が造られ、それを、そつくりそのまゝ與へられるといふことはないからである。他の努力によつて、吾人の社會が、よきものに改造されるといふ事もないのである。

戰後の人心惡化である。社會的混亂である。止むを得ないとして來たのである。が、無氣力、放恣、安易、良い加減な妥協、は排されねばならない。混迷、墮落を捨てねばならない。この社會を良いものたらしめる爲に、秩序が必要である。

昭和二十二年夏以來舊い秩序は失はれた。しばし空白の時が流れたのである。新しいものが創られねばならない。善意で、眞面目なる人々の間に、その必要は感ぜられていた。限られた極一部の人々の間に、その芽生えはあつた。芽生えの育生に、吾々も努力を致さうとするものである。混迷はそのまゝ放置さるべきではないからである。社會の進化を信ずるものは、善き秩序の失はれたる以上、新しきものを創るより外行く可き途はないと考へるからである。

個人生活にもあれ、社會活動にもあれ、正義感が要請される。現代世相に、正義感の強く要請されるは、反面悲しむ可きことである。然も事實を直視せねばならない。社會改良の第一歩は、此れなくして成立し難いからである。

不正をなさずだけでは不足である。正を踏まねばならない。自己が正をなすだけでは尚不足である。不正をあくまで、排し打たねばならない。

敗戰後の社會的諸原因からとは云へ、個人的たると、社會的一般たるとを問はず、正義感の稀薄缺如は蔽ふ可くもない。ごさくさにまぎれ、自己のみいゝことをしようといふ小根性は、あくまで排さねばならない。社會的財を、個人又は個人の家族のみの繁榮に流用せむとするが如き事實は社會の嚴しい批判を受くべきである。「法を免れて恥なし」とするゆき方は、大衆の名により社會より葬らる可きである。

世界史的立場に立脚すべきである。

國際的觀點より總てを律する要がある。

吾人の未來史は、世界の變動、運命、發展より孤立して存在し得ない。吾人のみの運命の發展を考ふるは、全く無意味である。時勢は急轉したのである。宜しく一活眼を開くべきである。

世界が嵐ならむか、嵐の影響を切實に受ける。世界が平和ならむか、吾人の生活も、直ちにその余澤を享受する。世界は經濟安定あらむか、吾人日常生活に安定あるべく、世界に經濟的不均衡、不況あらむか、吾人の日常生活上亦然りである。

狹き日本國内に於て自己の安住のみ考ふる時代は過ぎたのである。吾人の持つ總ゆるもの政治、經濟、文化、産業、教育、は世界史的範疇に屬する。國際的事態が、吾人の個人生活にあらゆる影響力をもつ。影響を免るゝを得ないのである。

吾人の未來を創造するに當り、沿革と比較に於て、事態を考慮するの要ありとする。

「過去を無視する新機軸は、必ず反動政策に終る」進化の法則を信ずるものは、一國の實狀は適合しない急激論は、理論として一貫性あり、人の耳目を聳動する時快味あるも、實際社會の建設的改造の上に於て、決して歡迎すべきものでない事を知るべきである。過去を全然無視して現代はあり得ない。現代を全く考慮することなく將來は存立し得ないのである。

他との比較をとらずして、自己のみ獨往するは危險である、獨り優越であると過信するは大なる過誤をもたらす。

現代の一時的混迷に失望せず、吾人社會の精神的、物質的進化を信じ、如上の諸觀點を強調すべく、本紙の刊行は企圖されたのである。このまゝ現狀に沈潛すべからずとなしたのである。總ゆる條件の不備を超へて、第一歩を踏出す可しと感じたのである。眞摯なる意圖の繼續せらるゝ事を望むや切なるものがある。

醫療の民主化と社會性に就て

[illegible]

感せしめ之が行政上の結果として表面化せしむべき責任を負ふものなれば日本國民の一人として眞の醫療の民主化の爲に燃るが如き熱情を以て一層の努力を望むものである。

再び街の衛生に眼を轉ずるに古來「醫は仁術なり」と云われ、それ故に「先生」の尊稱の下に社會的最高級の知識階級として尊敬せられて來た醫者も最近は「醫は利益なり」として醫術の商品化を計らんとする輩が續出しつゝある、勿論インフレーションの現在醫藥品其他の購貲はあるも餘りにも醫療費を不當に貪り過ぎて居る感はまぬかれぬであらう之は明治以來の醫療制度の惡習に原因するものにして今日街で醫者を開業せんとする者は唯單に醫療器具のみならず街の薬局同樣に薬品を揃へねばならず其上女中兼用の看護婦迄雇入れねばならず患者が來ない現況で從て多額の醫療費を要求せざるを得ないのである。

又醫藥兼業の惡弊は其内の惡德者に依て處方を公開せざる所謂秘密治療の爲に大衆は不當の醫療費を請求せられたのである。

一方大多數の薬局の藥劑師は公衆衛生予防衛生の民衆第一線の指導者であり確たる調劑權を持ち乍ら何等普通の小賣商人と變る事無く唯物品販賣のみに專念し藥劑師として街の科學者の行動を忘れ剰へ自己の政治性並に不勉強は棚上げし醫藥分業の空念佛を唱える等極めて封建的な醫療制度が行はれて來たのである然るに今回醫師法並に藥事法の改正により「醫者は眞の醫師に」「藥劑師は眞の街の化學者に」法的にはそれぞれ本來の任務に復すべく定められたが國民保業者の自覺ミ、國民大衆の今尚明治文化の遺物たる封建的醫療制度の崇拜觀念を打破せざる限り到底國民生活の民主化と醫療の社會化は期し難いのである。

而しながら今直に傳統的な醫療制度を打破し最も社會性を帶びた制度を普及せしめん爲め公的機關として國立病院ならびに各都市に保健所が設置せられ、制度上に於ては一應民主化の形を整へつゝあるも前記の如き政治家の不認識と其新しき民主化舞台に於て立廻る役者に今尚古き官臭を留むる事は之が社會化に多分に支障を來して居る事は事實であらう、誠に殘念な事である、それ故に國民生活の他部面に於て容易に民主化を來し得ざると同樣に之が眞の民主化には尚長期の時日を要するであろう。

然らば現在日本の醫療制度を民主化せしめ主に眞の社會性を持たせる事を促進せしむるには如何にすべきや、之は將來我々國民に殘された重大問題であろう。

正シクツカヘコノ一票

正しい選擧を行へ

終戰四年世相は一變し益々生活苦は深刻を辿り稅金は大衆課稅の惡稅ミ化し物價は安定どころか揚る一方、それに引替へ收入は一定の釘付ベース購買力の低下により喘ぐ大衆此れに反し享樂三昧をしているのは誰れか!! ヤミ屋と惡政治家どもだ吾々の代表者議員が選擧に際して己れが當選しヤミ取引により私腹を肥し享樂三昧を味あわんが爲まるで自分が當選すれば政治も經濟も安定出來一般國民は生活が樂に成るかの如き嘘八百の宣傳をし當選したならどうか國民一般大衆などは念頭に無く外吹く風に吸血鬼と化し來たのだ、此れが今迄の議員連中だ斯の如き裏切行爲の人間に大切な國政がまかせられるか否かである。

最近狂氣的鳴物入りの選擧運動が街々村落に至るまで展開されているが大衆の輿論に聞けば吾々は支持すべき政黨否人材人物が無いと云ふ風評が濃厚であ[illegible]

る。然りだと思ふ本當に吾々の味方になり獻身的に我等の爲に權利を擁護して與れる立派な政治を行つて與れる人物こそ我等の代議員として選出すべきで有り我等の代表とすべき人物を選出するには只だ義務的に金錢又甘言に釣られ誰れとなしに見境いも付けず投票することこそ間違であり無責任な投票をなすことに依り吾々の日常生活は益々苦境になり行くものであるから眞に正しい政治を行ふには吾々國民一人々々が政治的に目醒て國家の政治を知ることだ、吾々が國政を行ふのだ、俺達の議會だと眞劍且つ堅實な信念の持主と成り誠實な人格國家の爲國民の爲なら身命を賭して働いて與れる堅忍不拔の思想の持主眞の代議員を選擧し國民全員打つて一丸と成りてこそ政治改革、經濟安定が出來懇稅も撲滅出來、課稅も平等に成り生活も樂になり行くものである。

正しい政治を行ふには正しい人物を投票すべきであり、眞の人格者愛國に燃ゆる觀念の如き思想の持主、我等の爲に働いて與れる人物を選出することだ、絶對に金錢的利欲に走らず保身的中間の惡道に迷はず光明を求めて住みよい社會吾々の明るい國家を復興すべきである。

泉都地獄湯

◎この一票が民族滅亡の祖國の急を救ふもの、金と權力の前に屈從するな、破れたりといえど正しい襟法は嚴守せよ

◎四等三落、三當二落値上値下の聲を聞く小菅の聲も耳を打つ

◎縣下何れの行政機關の窓口も、戰時中の枠のまゝこいらから解放せよ、縣廳を初め何れの門も、民衆の中にとけこんで何一つの政策方針はないと云ふ民主化は先ず行政の機關から

◎役人衆の惡業があとをた・ず更に地方のボスに結びついて醜狀目にあまると云ふ天網かいかいを肝に命ずべし

◎復金融資の恩典を受けた縣下の各會社の内容は正否は別こして一應全部内容を全縣民の前に明らかにせよとは大衆の希望

◎取るべき正當な稅の徵收は遠慮は大禁物但し、取るべき者から取らないのが、現在の徵稅者側の努力するところとあつては、これ如何に

◎生命を保つ馬の泥棒と陰に陽に魔手を振つて、惡錢を山積する人間と何れが正しいるか、街の紳士淑女の方々の皮を一枚めぐつたらこれ又如何に

◎金と女と酒の集る處が、犯罪の巢、檢察當局の慧眼を望む、されどミイラ取りがミイラになるべからず、兎角街の噂はうるさいもの

◎人權擁護[illegible]保でストストは結構だが一般民衆は不平の持て行くところなく、今日の食糧にことかぐ家庭が澤山ある、何事も限度を越すと破壞である

◎自由と平等の權利は身を以て獲得せよ、他人はこれを與へずまして一國の自由と平等は全國民の努力にかゝる、他國はこれを保証せず。他にこれを求めんとすることの恥を知れ

紙面の出来栄えとしては新聞らしい新聞です。

Ⅱ　占領下の新聞紙面に見る世相

凡例

一、各新聞からの記事を紹介している。本文で紹介した別府で刊行された新聞以外にも、福岡で出された「九州タイムズ」、大分で出された「別府日報」からも紹介している。

一、抄と記載しているものは抄録したことを示す。抄と記載していないものは原文のままである。

一、明らかな誤字と思われるものは修正している。

一、活字が不鮮明で読み取りが困難であるものは（不明）とした。また不鮮明であっても町名や人名などで容易に確定できるものは筆者の判断で表記した。

一、引用文中、旧字体は原則的に新字体に直して表記した。

一、引用文中、旧仮名遣いは新仮名遣いに直して表記した。

ここにはⅠで紹介した五十二タイトルの新聞から選んだ記事を発行年順に掲載しています。福岡市で刊行された「九州タイムズ」(一号昭和二十一年四月八日〜二七八号昭和二十四年十月十五日)と、大分市で刊行された「別府日報」(四号昭和二十一年五月十日〜八三号昭和二十二年十月十日)からの記事もあります。占領期の別府という、ある意味で特殊な時空間の中に展開する出来事のごく一部を垣間見ることのできる記事です。

温泉観光都市であり非戦災都市であったがゆえに、別府には実に様々な人々が身を寄せ、今では理解しにくい事件や滑稽とさえ思える出来事も起きています。町内会のボスの振舞などを告発する記事などは、地方紙ならではのもので、時代の変わり目が感じられる記事だと言えます。中央で行われた取締の影響が地方にも波及してくる様子、禁じられていた国旗掲揚に対する人々の反応などが分かる投書もあります。それら些末な出来事の一つ一つが、敗戦と占領がもたらした生活難、急激な変化にとまどいながらも日々の生活を凌いでいる地域の普通の人々の姿を浮かび上がらせてくれます。その姿は日本全体を見つめ返す視線を与えてもくれます。

昭和六十年に野球殿堂入りすることになる「火の玉投手」、当時二十二才の荒巻淳が書いた「私の野球人生」などは地方紙ならではのものです。また滝廉太郎追悼四十五周年記念音楽祭のために来別した土井晩翠が夭折の天才と敗残の国土を重ねて歌った「若き天才逝きてより四十五年の年流る敗れし国を悲しみてまた荒城の月歌う」なども地方紙が書き留めていなければ知られることのなかった歌です。

昭和二十一年

「闇商人の別府通い」抄

（「九州タイムズ」昭和二十一年七月二十八日）

別府小唄にも歌われる阪神別府航路がここ別府の真昼の陽ざしを浴びて岸壁へ着くと湯の町は俄に活氣づく、この航路が復活してから電報受付は一躍五倍の六百通近くにふえその八割は「モノ手に入った金送れ」「ウマクいかぬチヨツトまて」などのヤミ取引関係だという。汽車では体だけでキユーキユーだが船は「お一人三〇キロ」は大いばり、一等ならチツプ次第で別扱いもきく、毎航路二、三十トンのヤミ商品が持込まれる。「往きは三等で小さくなっていたお客が一等で悠々帰る例もあります。闇商人の根性ではチツプも世間でいうような派手なものじゃありません」とボーイさんは景氣の良さを打ち消す。

注　別府と大阪を結ぶ関西汽船は戦時下の昭和十七年に設立されました。昭和二十一年三月に再開。当初は五日に一便でしたが、六月には二日に一便、十月から一日二便となります。ちなみに翌八月に新就航するこがね丸は一九〇六トン　で、定員は一等四三名、二等一八八名、三等五五〇名です。

「町内会長　お盆用の酒をピンハネ」抄

（「別府日報」昭和二十一年八月十六日）

別府八幡町内会長の交代が行われた際に、町内会長と結託して、班長がお盆用の酒を一世帯より一合以上半ば強制的に頭を撥ねた事が分かった。班員が、その班長である別府郵便局主事の高野某を難詰するや、彼は居丈高となり、別府郵便局には二十数名の各町内会の班長がいるが、みなこの通りやっているのだぞ、貴様の様な馬鹿野郎には何も言う必要はない、はっきりさせると、衛生部長の肉屋を呼んで話してやると脅迫した。あまつさえその班員の妻を自宅に呼んで班より出ていけ、他の町内会へ行けと脅迫した。その班長は常に大言壮語して婦人用の煙草の配給も規定通りには行わず、自分勝手に喫煙せざる昵懇の婦人にも煙草を配給していた。この班長、並びに、お盆用の酒の頭を撥ねた町内会長の民主的ならざるやり方に町民の不平は大きい。

注　昭和二十二年五月三日の日本国憲法施行に伴い町内会は結成が禁止され、従来の町内会には解散命令がだされます。

「沈没艦の解体作業始まる　別府湾日出海岸の異風景」抄

（「別府日報」昭和二十一年八月十六日）

昭和十四年三月三菱長崎造船所で建造された純国産豪華客船アルゼンチナ丸を改装した航空母艦海鷹が昨年八月十二日別府市外日出海岸で米機に撃沈されてからちょうど一年になるが、本月五日から日本サルベージと下請負中村組の手で解体作業が始まった。明春四月までに解体を終わり鉄くずとなる。現在艦内は魚の棲家となり、艦底の倉庫には食料がいっぱいだという話である。艦と運命をともにした兵士の父が愛児の遺骨代わりに海岸の小石を拾って仏壇に供え霊魂を弔っていると日出の町には奇特な話題がはずんでいる。

注　そのまま浮揚させ、船としてもう一度役立てようと解体作業はいったん中止となります。昭和二十二年四月に空母浮揚に取り組みますが難事業のため断念。昭和二十三年一月に解体されてしまいました。別府湾を望む日出の城址公園には軍艦海鷹乃碑が昭和五十七年十一月、元乗組員が結成した海鷹会によって建てられました。

別府湾を望む日出町城址公園にある軍艦海鷹之碑

「米国CIC をかたる不届き者　別府に現る」抄

（「別府日報」昭和二十一年十月三日）

シーアイシー最高顧問の米国某隊長と同窓であるなどと称する悪党が何事かをせんと別府市に在住するという噂があるので、確かめるために、本紙はシーアイシーの関係者である大分日本キリスト教会宮先生を訪問した。さらにシーアイシーの事務所にもお尋ねしたところ、まったく左様なものはいないと言われた。逆にそやつはだれかと聞かれたので人相書と名前をシーアイシーに提出した。尚追跡探査中。

注　この記事はCICに言及していることを理由に掲載不許可という英文の検閲文書がついています。

「湯の街別府に渦巻く世相」抄

（「別府日報」昭和二十一年十一月十六日）

別府の闇は正に大分県否九州の代表的なものと云っても過言ではない。このかんばしからぬ現象の裏に描かれる社会相はまさに湯の町独特のものだ。世はまさにお百姓の天下で資本家は配下の社員を使い、東奔西走、永続性を持たぬ闇買いにうつつを抜かし。変化の激しい九州の標本的土地別府に不寝番ならぬ情報係りの人間を常備し、関西より流れ込む情報のキャッチに二役も三役も買わしている。

片やお百姓の悠々と湯にはまり込む連中の多いことは余りに有名な派手な現象だ。食糧の横流しでホクホクの百姓天下、これがため供出不足となり食糧生活面に暗い影を投ずる結果となった。お百姓が湯の町に現はれ今まであまり見掛けなかった大尽気どりにはただおどろくばかりだ。

注　供出とは、政府が農民から主要食糧の一定量を一定の価格で強制的に買い上げることです。別府は供出の成績が芳しくなく、問題になっていました。

「漫語」抄

（「大分新聞」昭和二十一年十二月二十八日）

九大付属温泉治療学研究所は研究費が封鎖されてはや

り切れぬと新円稼ぎの妙手と一石、玄関の下足預り所にスリッパを置いて外来者に貸している。昔の国防献金箱を思わせる紙箱の表面にスリッパ料金入れ箱と書いている。

〝料金はいくらでもお志で結構〟と下足子は言う。今どき小銭のないときだから大抵は五〇銭札を入れる。事務局の話では昔スリッパ代一銭のときに一日十円あがったというから、その計算でいけば一日五〇〇円、一ヶ月一万五千円とは大したものだ。

注　封鎖とは、昭和二十一年二月に実施された戦後のインフレ収束のための金融緊急措置。預金封鎖、新円への切り替えなどが行われました。硬貨は切替対象外でした。

昭和二十二年

「地震の悪戯　お湯なしのお正月」抄

（「大分新聞」昭和二十二年一月三十日）

地震の影響で温泉異変が起きている、流川筋では八丁目踏切上の弓場常太郎氏の所で温度の低下、六班で湧出停止、中濱通二丁目の河合（一字不明）氏宅の温泉も出なくなり、田の湯十二班の梶原義音氏宅では今まで四一度だったのが三六度に下がり、白かったお湯が無色となった。

不老町では湯量が激減。老松町の鶴水園も温度低下。儲けたのは浜脇一帯で、立花屋の湯が熱くなったのを始め、高橋豊之進宅、川中組では出なかったお湯が出始め浜脇一号も何年ぶりかで復活した。面白いのは港六旅館で地震後の二日にして湯が出はじめ喜んだのも束の間正月四日から又もと通り出なくなった。向浜の八幡温泉、松原の垣迫温泉が温度上昇、湧出量増加。永石温泉の女湯の湧出量はめざましい。

秋葉温泉は四八度より五一度と熱くなり、野上歯科、市役所も同様。延寿泉は湧出量大いに増加。中町町内会九班では温度は低下したが量は増加。楠町南町下の藤原千尋さん方は温泉が出なくなった。合同銀行亀川支店の湯も出なくなった。まだまだ異変は続くと専門家はみている。

注　昭和二十一年十二月二十一日に大分県下で地震が発生、死傷者一四人を出しました。

「結婚相談部案内」抄

（「夕刊サンデー」昭和二十二年一月十一日〜昭和二十二年二月九日）

◎養子に行きたし
当方　二八歳　二男　中卒　会社員　血正　姓名在社
少々財望む　容貌望まず

◎養子に行きたし　急ぐ
当方　二六歳　二男　中卒　技術者　品行方正　姓名在社　財望まず　容貌望む　両親あるもよし

◎嫁を求む
当方　二四歳　長男　会社員　財なし　容貌望む　二〇歳より二二歳まで　両親あり　姓名在社

◎嫁に行きたし
当方　理容師　二一歳　身長四尺九寸　体重一二貫　美貌保証　希望二七，八歳の男子　職業問わず　容貌、学歴、資産望まず　親切なかたで保証人二名を要す　詳細在社

◎嫁に行きたし
当方　美人　二三歳　痩形　身長　四尺九寸五分　希望三〇歳から三五歳まで　容貌、財産望まず　学歴　中卒　男らしき男性を求む　詳細在社

◎養子を求む
当方　財あり二二歳　両親健在　医専、医大卒　二七歳までの男子　結婚後開業せしむ　詳細在社

◎養子に行きたし
当方　二六歳　二男　二〇歳より二七歳まで　財産望まず　両親あるもよし　寄合世帯も可　姓名在社

◎嫁を求む
当方三二歳　子供女子三歳一人あり　共に苦労を嫌はぬ人で子供好きな二五歳より二九歳までの子なき人を望む

注　戦争で若い男性の数が減り、「婿一人に、嫁はトラック一台」と言われていました。結婚相談欄はそれを反映しているようです。「財望む」は、財産のある人を望む、「容貌望む」は容姿の良い女性を望むという意味です。「在社」は詳細な情報は会社にあるという意味です。男性のほうがかなり強気のように感じますが、その割には養子に行きたいという希望が多いのには驚きました。

「占領軍からの通達」抄

◇占領軍物資所持者は厳罰に

（「別府日報」昭和二十二年三月五日）

最近、占領軍物資所持違反に問われるものが激増。外地在留中に軍事物資を支給されたり贈られたりした引揚者は特に注意するように。所持を発見された場合は軍事裁判によって厳罰に処せられる。衣類、菓子、煙草、石鹸などの官給品、或いは酒保で販売しているものでも売り買い自体が違反であるから注意するように。

◇占領軍キャンプ区域の通行禁止

（「別府日報」昭和二十二年三月五日）

占領軍別府MP隊長より日本人の野口原キャンプ区域内道路の通行禁止の注意があった。基地東門（富士見通り）より北門（別府高女前）に至る道路、富士見通り及び流川通り西中央門より北門に至る道路は三月二日より日本人の通行を禁止。キャンプ内に用のある占領軍労務者はキャンプ地域の堀の外を廻って北門前の労務課で指示を受けること。一般日本人は大分地区占領軍副官または別府MP隊長の発行するパスの交付を受け各門のMPまたは衛兵の許可を受けること。違反者は起訴される。

注　別府高等女学校は現在のニューライフプラザのところにありました。昭和二十三年四月には学制改革により県立別府第二高等学校、昭和二十六年には別府緑丘高等学校となります。占領軍基地に囲まれていたため、通学には金網に囲まれた西側のでこぼこ道を迂回しなければなりませんでした。昭和三十年頃には登下校の決まった時間のみ富士見通りに面したバックゲートが開けられるようになりました。門が開くのを待つ間、門衛兵と英会話を楽しむ生徒もいたということです。

「火葬場の設置を望む」（投書）抄

（「夕刊サンデー」昭和二十二年三月十三日）

現在、日出町には火葬場が設置されていない。土葬では場所をとり、また伝染病での死者を埋葬するのは非衛生的である。火葬して骨として埋葬するには火葬場を必要とする。近隣にはなく、別府、杵築方面にまで行かねばならない。行くには乗物を必要とするが、それには運賃がいる。そればかりか着いて、さて火葬してもらおうとすると他の町村の火葬は受付けないと言われる。無理に頼めば火葬料金を高くとられる　仕方なく引き返して土葬する。無駄足を運び、また非衛生的である　火葬場はぜひ必要だ。煉瓦造りでいいから造ってほしい。

注　翌年六月にはＧＨＱの「公衆衛生対策による覚書にも押され「墓地埋葬等に関する法律」や「公衆浴場法」「旅館業法」などが施行されました。因みに投書があった当時、別府市野口原の火葬場の火葬料は特等が三六円、並等が二四円でした。昭和二十三年六月にはそれぞれ九〇円、七〇円に値上がりしています。

「温泉祭　人か　波か　嵐か　声か」抄

（「夕刊サンデー」　昭和二十二年五月十一日）

別府っ子の待望は固苦しい選挙月から解放され遂に爆発した、飲め、踊れ、騒げ、走れで、或る者は終われば嬶に叩かれるのを覚悟し、またラバーさんから振られるのも忘れて立ち回った。トップを切ったのは仮装行列だ、裾模様から飛び出た毛だらけの足、オッ上手々、別嬪さんと思えば、通り過ぎたら、大きな手で尻をゴリゴリと掻く始末。占領軍の兵隊さんは片語交りの「モシモシ、ムスメさん」で、誘惑を始めたが、野太い声での返事にびっくりし目を白黒させる。雲助の仮装をした二人組はよく出来ていたが、日本の娘さんにはヤア面白いと受けたものの、裸を嫌う占領軍の女兵隊は見るに堪えぬという面持で雲助のムキ出た尻から下をチラチラ見ては見ぬふりをしていた。とにかく五日間の別府駅の客は一五万を下るまい。その他電車、船など各地からの出足はものすごく、さすがに泉都別府だ。九州の否日本の別府の名を一段と売った行事に違いなかった。しかし、印象に残る何ものはない。ただ瞬間を享楽し、亡国への道を辿る行列としか受け取れない。武装なき日本、いつまでも国民が仮装であってはならない。真の姿を新憲法に則つた形で表現しなければ滅亡への一途あるのみだ。祭りはすんださあ正しく働こう。

注　温泉祭りは通常は四月に行われますが、昭和二十二年は、新憲法下で初めての総選挙が四月二十五日に行われたため、五月（一日～五日）に開催されました。雲助は江戸時代の駕籠かきの蔑称です。

「六文で布子着て行く太え奴」抄

（「別府タイムス」昭和二十二年五月十五日）

「六文で布子着て行く太え奴」は江戸時代の川柳。わずか六文の入場料で他人の着物を盗む者がいることを風刺しているが、今日の別府なら「五〇銭で着物着ていく太え奴」と上の句を変えると当てはまるだろう。世に盗人の種はつきまじと言うが、町の温泉浴場のあちらこちらでは泣く泣けない悲喜劇が毎日のように見られる。「スカートを盗られた」「ズボンを盗られた」「肌着を盗られた」はまだしも、上から下まですっかり盗られてしまい、タオル一枚でオロオロしているのを見かけるのは気の毒である。

これっきりしかない衣類を盗られ、裸では暮らせないが、買うとなれば月給取りなら二、三ヶ月は食わずにいなければならない額だ。深刻な打撃である。浴場はほとんどが市営であるから、見過ごすことができない。市当局は早急な解決方法をみつけるべきだが、看視人を置くと人件費が嵩む。資材難の今日だが、鍵付き脱衣箱の設置が問題解決の早道だ。入浴する市民も十分に注意しないといけない。

注　市内に五六ヶ所あった共同温泉における着物泥棒は、観光別府にとって悩ましい問題でした。竹瓦温泉では入湯客の提案で湯船から見える手すりに着物をかけ、「湯につかりながら着物をにらむという方法で効果をあげた」そうです。

「もう一度見直してください」

（「商業タイムス」昭和二十二年七月二十一日）

市内の工場、店舗、会社などに掲示されてあります看板その他において英文で屢々間違っているのや又日本字の右横書きなどが見当たりますのは誠に残念なことです、観光地の別府からはこうした間違いを絶対なくし正しい英文、正しい日本字の掲示に努力しましょう。

注　戦後は、左から右へ書く英語の表記に合わせて、徐々に左横書きが一般的になっていきます。ちなみに大分合同新聞の横見出しや日付などは昭和二十二年一月十四日から一斉に左横書きとなっています。

「別府キタナイわねエ　修学旅行生の瞳!!」抄

（「夕刊サンデー」昭和二十二年六月十五日）

別府へ別府へと修学旅行生が押し掛けて来る。別府にとっては貴重なお客様である。笑顔で迎え丁寧にもてなさなければならないが、はたして修学旅行生はいかに別府を観たであろうか。見物中の大阪の女学生に聞いた。「別府は初めてだけど、街キタナイわね」と遠慮がない。「旅館とお店の多さに驚いた。旅館が米をインチキするのだって、本当ですか」ときかれドギマギする。「品物が高い。大阪で一五〇円の日傘が二二〇円もした」「別府の婦人警察官は怖い。三回も怒られた」「別府の女のひとは素足で歩いているのがいる」「パンパンガールは大阪にもたくさんいるけど別府のパンパンガールは下駄を履いているので驚いた」と滅茶苦茶にけなす。「竹細工製品はとても精密だ」とやっと認めてもらった。「別府の人は毎日お風呂に入れて幸福ね。大阪はお風呂に困る」と愚痴も言う。「山と海が近いから空気がいいけど、町の中にバラックがたくさんあるのがよくない」その他いろいろと批評。新婚旅行にぜひというと「ワッ！」と言って逃げて行った。

注　戦災を受けなかった別府は戦後早くから修学旅行生を受け入れています。昭和二十二年三月に広島の県立呉第二高等女学校が訪れていますが、こちらは「焼け跡ばかり見ていた眼には別府は天国のようでした」という感想を述べています。

「新円降りしきる街　泉都別府の表情」抄

（「別府タイムス」昭和二十二年六月十五日）

開口一番、「国際都市」ととなえる別府はいっそのこと戦災にあっていたら思い切った区画整理ができ、上海か香港のようになっただろう。が、終戦前五万人の人口が一三万に膨れ上がってどうにも手がつけられない。別府駅からドッと吐き出されて来る旅客、通勤者へ突き出されるニギリ飯、煙草。どちらもヤミルートの品である。〝あんなものが〟という品物が片言の英語で米兵へ売られる。喫茶店、高級料理店の一隅では貪欲な目をギラギラさせてヤミ取引が行われている。そのさまはまさに別府の縮図だ。今日も明日も降り止まぬ新円の雨、別府の街は吸取り紙のように手を代え品を代え新円を取り込んでいる。しかし、市民の大半は公定の生活に甘んじて火

の車である。強制疎開のあとの菜園からは、毎日によう
に味噌汁の具にするはずの実が盗まれる。九州柳壇の大
御所、内藤凡柳（注）の「辛うじて住んで別府をうらや
まれ」の句こそ別府の消息をつたえている。

注　内藤凡柳（一九〇一～一九八九）川柳作家。別府市の商家に生まれ、大阪で住み込み店員として働きながら川柳を始めます。その後、別府で現代川柳の普及につとめ、別府番傘川柳会、大分番傘川柳会を主宰。彼が選者となった『川柳文化』には全国から投稿がありました。

「温泉神社の白装束盗まれる」

（「大分新聞」昭和二十二年六月二十八日）

宗教不干渉で別府市の手を離れた同市公園区内の温泉神社は朝見神社の宮司が兼務していたため定住禰宜もおらず放置されていたがこのほど同神社内の倉庫を調べたところ神輿氏子用の白装束約百人分がそっくり盗まれていることがわかり、氏子たちを落胆させている。市堀観光課長談：例の不干渉指令以来、市有であった社殿はじめ同神社一切のものを朝見八幡に寄付したので、その後なんら調べても見ませんでしたが、夏服をつくれば何十人分もできるでしょう。

注　宗教不干渉とは、軍国主義の温床と思われていた国家神道の禁止と、政教分離を命じた神道指令のことを指しています。GHQにより昭和二十年十二月に出され、それまで市費で行われていた温泉神社の祭祀は個人的に崇敬する人たちにより維持されることになり、昭和二十一年の温泉祭は松原海岸への御神幸は中止となります。それにしても市の責任ではないので、白装束で夏服が何十人分もできるでしょうと観光課長はいたってのんきです。

「巷の主張　教科書を頂戴よ」抄

（「大分新聞」昭和二十二年六月三十日）

別府市内の各学校はもう夏休みに入るのに、今日までに配給された教科書は大事な算数でさえクラスに五冊という有様だ。私の子など本がないから勉強する気になれんと言っている。市に一冊でも教科書が入ったら、粗末なものでもいいから印刷して全児童に配布しては貰えぬだろうか、紙不足といってもヤミでならあるはずだ。そ

のために市民に寄付を願うなら子をもつ我々市民は、一日二日絶食してでも子供たちに教科書を与えるであろう。別府市　野下春夫

注　敗戦によりパルプの供給源であった樺太を失い日本は極端な紙不足となりました。学期末に配られるはずの通知表の紙も入手が困難で、たとえば昭和二十二年一学期、野口小学校の通知表は半紙型雑ザラ紙を四つに切った謄写版刷りのものでした。教科書ももちろん満足に作れませんでした。この教育熱心な親の投書からも紙不足の深刻さがわかります。

怪物月旦「里見林蔵　引揚者のパイロット　政府施策を事前に」

（「別府タイムス」昭和二十二年七月五日）抄

沢山の中には横着な奴もいるから引揚者の厚生援護は一筋縄ではいかぬ。数十年乃至十数年に亘り営々築き上げた財産を捨て、終戦とともに一千円の現金とリュックサック一個で心身ともに疲れて祖国に上陸した里見林蔵は、一見つかみどころのない人間のようだが別府市内三万人の引揚者をまとめた男である。

本社調査部の資料カードによると、彼は千葉県上野村殿代の出生。本年五三才。千葉医大の日本外科学会の泰斗である鈴木五郎博士は里見の末弟だ。早くより東京に出て、一中、一高、東大法科（大正六年卒）と秀才街道を邁進、卒業と同時に廣田弘毅が大使であったソ連大使館の書記官を振り出しにモスコー、ハルビンで外交官として勤務。帰国して鹿児島青年訓練所（後の出水中学校）校長として教育に専念したのち、経済界に打って出る。福岡で昭和三年に福岡自動車株式会社を起こし米国よりフォード等を輸入。また中野正剛の同志としても政治的に活動を行う。菅原道真が書いた観音経を大宰府の立花男爵家に寄付して豪腹振りを発揮。この時代の里見は天馬空を行く勢いで「福岡の里見か鹿児島の林田か」と言われた。爾後八〇万円にて里見製薬を創立。事業に失敗し一時別府に雌伏したのち昭和十三年に渡満。佳木斯に本拠を置く茂林公司を運営。終戦後八千万円の海外資産を残し引揚げてきた。再起するべく別府駅前通り田辺写真館前の露店にて蜜柑売りを始めた。しかし凡庸ならざる彼のこと故指導者なき引揚者が内地の事情が分からない困窮していること、また当時の協生会のダラ幹的やり方に義憤を感じ、占領軍軍政部、県庁、市役所、警察署

と交渉、引揚者の実情を説き海外引揚者自治組合を創立した。旗幟に集まるものたちまちにして五千名、而して中央市場の建設を始め、永石温泉横に市場兼住居を建設、更に別府桟橋前の海上露店を一夜にして三十戸建設、彼の動くところ意図して可ならざるはなく政府が計画して果たさざる点または後に至って実施せる問題を事前に見通し実行。その逞しき果断の精神は一般人のなすところにあらず。今回選ばれて別府市協生会会長及び同消費組合理事長に就任したが、政府が種々対策に腐心する引揚者の厚生、援護事業を手際よく片付ける彼に期待するところ大である。里見は引揚者の仕事は明春頃までやってあとは信じられるものにまかせ、自分の事業をやりたいと語っている。さて彼の前歴と睨み合わすとどんな仕事をやるか。今は天機をもらさないがジャーナリストの関心の的である。

注　平成二十六年九月の「市報べっぷ」に以下のような記事が掲載されました。「(仮称) 永石アパートが老朽化し危険な状況になっており、所有者（別府海外引揚同胞自治組合）の所在を探しています。この団体に関する情報をお持ちの方は建築指導課までご連絡ください」

この永石アパートは一階が店舗、二階が住居の数軒からなる建物で、永石マートとも呼ばれています。数年前まではその一角で営業していた店舗がありましたが、現在は廃屋となり、建物全体に落下防止の網がかけられています。所有者として登録されている別府海外引揚同胞自治組合の代表者として、里見林蔵はじめ数人の名前が記載されていることは確認されていますが、それ以上の情報はつかめていません。この「怪物月旦」に記されている里見林蔵の経歴が事実なら何らかの情報が得られると思われますが、現在のところまったく手がかりさえつかめません。別府の引揚者をまとめた後、数年後にはかき消すようにいなくなったということになります。

「土井晩翠氏を囲む座談会」抄

（「大分新聞」昭和二十二年七月三十一日、八月六日、八月十日、八月十九日）

竹田岡城址における天才音楽家滝廉太郎の四五回忌式典に仙台から来県した土井晩翠翁夫妻が、式典の後、別府に立寄ったのを機に本社では脇市長をはじめ同市内の文化人十数名を招き座談会を開いた。

土井晩翠翁を囲む座談会

独唱を披露した脇市長に土井晩翠が「こういう市長さんがいるから別府は文化性が高いのでしょう」と褒め、脇市長が「折紙つきです」と応じて笑い声が起きる。晩翠が、土井の読み方がドイかツチイかという問いに「元はツチイだったが選挙人名簿をみるとドヰとなっている、それで一〇年ばかり前からはドヰで通しているがどっちでもいいですよ」と答え、ついで話題は明治三十二年出版の『天地有情』に移り、野上氏が「表紙が紺色の大正十二年版を持っていて熱心に読んだ」と述べたのをきっかけに、与謝野鉄幹の『東西南北』、島崎藤村の『若菜詩集』、晩翠の「星落秋風五丈原」などが次々に話題になる。晩翠は戦後行われた漢字制限により詩作がダメになったと嘆いています。北原白秋の妻が大分の鶴崎の出身であることが話題になり、野上氏が「僕の家の目の前の硝子屋さんの親戚だ」と言うと山田氏が「西法寺の住職が従兄になる・・」と応じる。戦災により先祖からの書籍三万巻を失ったと言う晩翠に、脇市長は仙台藩とのかかわりなどを問うが、晩翠は「伊達家とは無縁で、ただの町人ですよ」と答える。次に詩の音律についての会話が熱心に交わされる。

「ポツダム宣言の承認以来、憤慨してつくったものの大多数は発表できないのですが」と前置きして、「若き天才逝きてより四十五年のとき流る、敗れし国を悲しみてまた荒城の月歌う」という滝廉太郎を偲ぶ詩を披露する。

明治三十一年に上野の音楽学校に進み、滝廉太郎と同窓となった土井八重氏が以下のような「秘話」を語る。

—　滝さんが当然選ばれると皆が思っていた留学生になぜか幸田幸さんが選ばれ、なんだか滝さんが気の毒だった。でも幸田さんの送別会を樂友会で開いたとき、滝さんはちっとも屈託なさらない顔で「これは僕が心をこめて作った送別の曲です」と言ってピアノを弾かれました。それを見てほんとに滝さんは偉いと思いました。

注　昭和二十二年六月二十九日に竹田市の岡城址で、滝廉太郎の追悼第四十五回周年記念音楽会が行われたことは比較的知られていますが、その前日の二十八日に別府市公会堂でも記念音楽会が開かれ、仙台から来県した土井晩翠が挨拶に立っています。大分新聞は、別府に滞在していた土井晩翠が帰途に就く前に、「土井晩翠翁を囲む文化座談会」を開き、その様子を四回に渡って掲載しています。参加者は脇鉄一市長をはじめとする以下の「別府の文化人一〇数名」です。市収入役山田耕平、評論家の西村武司、別府中学教諭の野田次男、文化人会の野上順平、音楽家の紫津憲丸と紫津捷一、舞踏家の三宅郁子、医師の田原敬三、同夫人の田原百代、土井晩翠、同八重夫人、大分新聞社の山上編集局長ほか。場所は日名子旅館です。ここで語られた「送別の曲」は滝廉太郎の評伝などでも把握されていない曲だと思われます。

「ダンスホールと旅館の家争い　引揚ダンサー百名が　騒ぐ」抄

（「別府タイムス」昭和二十二年九月十五日）

北浜の花菱旅館は隣接する建物をダンスホールとして八千代会館に貸していたが、旅館が手狭になったので八千代会館に家屋の明け渡しをせまった。八千代は経営者の高山利夫をはじめダンサー他従業員はみな引揚者で、今ホールを取りあげられては家族約百名の死活問題だと必死になって別府警察署に嘆願。結果、一時営業停止になったものの、事情を酌量して営業が許可された。

そもそも八千代会館は前経営者鈴木、小川氏が滞納していた税金十万円を高山氏が日出税務署に払って経営に乗り出したものである。しかし花菱旅館の児玉房雄氏は鈴木氏には貸したが高山氏には貸していないと主張。なぜ最初の経営者鈴木氏は誠意をもって高木氏に名義変更しなかったのか。なぜ花菱は家屋明け渡しの訴訟時、高山氏に相談なく立退き料の話をしたのか。花菱はなぜ急にダンサーの百名の生活を脅かしてまで会館を取り戻そうとするのか、町では様々な噂が飛び交っている。紫粉の香り漂う中でジャズの音で踊って暮らすダンサー達も寄宿舎のことを考えると憂鬱になってくるという。

注　両者の言い分の理非は全くわかりませんが、八千代会館のダンスホールは翌年の二月には再び差押えとなり、ホールのマイク、机二四脚、椅子七四脚、冷蔵庫、鳩時計などが競売にかけられました。

「商売のぞき」抄

（「民主新聞」昭和二十二年十一月一日）

◇街の楽師

目に見えて増えるのに街の楽師がある。特に夜間、いろ街に活弁、歌謡曲、浪曲、新内流し等々、午後の八時過ぎから十二時すぎまで入れ替わり立ち替わりだ。身形からして戦災、引揚者が多いようだが、紋付羽織、はかまのいでたちも見受ける。門前三分～五分で二～三〇円。注文では五〇円になるときもあるらしい。下手な露天商よりズット増しな稼ぎだ。

◇街頭バクチ

秋になってやや減少しているが、その分ちゃんと一回のカケ金額は増えている。たばこバクチは一回五百円、千円というから気の小さいものには向かないが、三角くじ以上の興味を引くと見えてなかなか繁盛している。

注　もちろん違法行為です。中心街のみでなく鉄輪地獄下道路で玉ころがし競馬というバクチをしていた五人が現行犯逮捕されています。この内三人は出張旅費など二万六千円を巻き上げられています。また同じように現行犯で逮捕された中国人二人は軍事裁判で懲役四ヶ月の判決を受けるなど、別府警察署は取り締まりに懸命でした。

「刺青と小国民への影響」抄

（「民主新聞」昭和二十二年十二月一日）

近来刺青が全国的に小国民の間に流行していることが教育界の問題となっている。別府市においても「写し絵」が流行している。殊に男子小学生が腕をまくり、また股をまくって見せ合っている情景は街の方々で見受けられ、それが漫画式のものから、「やくざ映画」に見るそれにまで進歩？してきたことは父兄の注意を喚起する必要がある。「父兄と先生の会」の席上でも問題となり、別府市における流行の近因については先生側から「盆踊り大会で刺青組を一等に入選させたことが子供の関心を買ったと思われ、市役所主催たる以上、踊りそのものの優劣のみならず、其後の影響をも考えて入選順位を決めて欲しい」という意見がでた。刺青が一時の流行として看過し得られるものならば特に気に病む必要もあるまいが、終戦以来急変した社会状勢は未だ民主日本としての軌道に乗りきっているとはいえない。かかる過渡期の末梢的思想こそ再建日本の将来に大きな悪影響を残すものであり、子を持つ親への警鐘である。

注 「写し絵」ではなく本格的に刺青を入れる小中学生も少なくなく、全国的に問題になっていました。明治時代に出された「刺青禁止令」がGHQの意向により廃止となったことと関係があるのかもしれません。別府には米兵が日本土産にと刺青を入れる店もありました。

昭和二十三年

「文化建設へ別府外国語学校」抄

（「民主新聞」昭和二十三年一月十一日、四月十一日）

日本は武器を捨て未来永劫戦うことなきを誓った。だから日本は平和文化国家として救国文化建設を行うべきだ。そのためには国民の教養水準をあげることだとして昨年十二月、県立別府中学校において別府外国語学校が設立した。入学生は十二月二十七日現在五六五名。聴講券なき室外聴講生は毎夜多数につき夜間通学電車を運行している。入学者は、男女中等学校卒以上、または同等の学力をもつ一三歳から六〇歳までのもの。

かくのごとき語学の徹底をはかることは貿易外交はもとより文化の養成源泉であるので市民は大いに期待している。大学に昇格予定。名誉校長は脇別府市長、顧問には前代議士八坂善一郎氏。現教授陣は以下の通りである。英語　田北貢（県外事課・米国南加大卒業）原田種臣（元建国大学教授）宮松治（占領軍通訳官）、足立富美子（別府高等女学校教官）（省略多）授業は午後六時より午後九時まで、修業年限三ヶ年。必修第一科目は第一外国語として米英語、第二外国語として露、華語。必修第二科目は経済、社会、法律、諸科学。選択科目として文化史、哲学、心理学、教育学および商業実践諸学科。

注　名誉校長の脇鉄一は別府初の民選市長です。彼は「観光第一主義」ではなく、一貫して「教育第一主義」を唱えていましたが、そのことが感じられる記事です。建国大学とは満洲の新京にあった国立大学です。

「防犯はお互いの義務　夜歩きに十分注意」抄

（「民主新聞」昭和二十三年三月一日）

別府市内は夜間八時を過ぎれば横町か、人通りの少ない道路では軟派、硬派、中派型の種々様々なゆすり、追いはぎが出没して百鬼夜行を思わせる。犯人は青年が多いとのことであるが、被害者は男女を問わず一寸風采が良いと眼をつけられ危険千万である。被害者の話を総合すると、屈強な男に対しては二―三人で、また相手が二―三人なら四―五人と云った風に、相手次第で犯人の人数が常に優勢で、ポケットに凶器があるが如くに装い、人通りのないところに誘導して懐中物からオーバー、くつなどを奪う。相手が女とみると犯人も一人で恐喝。中には暴力による追いはぎもやる。それも「警察に言うと為にならんぞ」の捨台詞がつきもので、人相風体の解っているのもあるが、後のたたりが恐ろしくて泣き寝入りだという。暖気とともに夕食後に散歩をしたくなる季節だが、用事のない限り夜歩きは禁物。また被害者の泣寝入りは犯人検挙にも防犯にもならないので派出所に届け出るように。人員に限りある警察官では到底行き届くはずがない。市民の協力こそ最大の防犯である。

注　民主化の一環として、昭和二十三年三月から発足した自治体警察は予算も少なく、人手不足でした。またそれまでのサーベル（銃剣）は禁止になり、代わりに警棒を帯びていましたので、市民にとって頼りがいがある存在とは言えませんでした。

「九州演芸会社創立」抄

（「別府タイムス」昭和二十三年三月十五日）

九州映画株式会社の傍系会社として作られた九州演芸株式会社は事務所を旭通り五丁目におき、演芸を主体とし、運営が軌道に乗れば映画制作にまで飛躍する計画。

社長は佐藤国松氏。九映の長澤亭監督が専務として采配をふるう。第一回作品として二十五日から野津市にて同氏原作演出の「人生円舞曲」と「花咲く山」を披露。

注　九州映画株式会社は昭和二十二年十一月別府市南区の製材所の一角に作られました。初代社長は荒金啓治氏。日活の牛場監督を迎え養成俳優男女三〇名でスタートしましたが、一本の作品も完成しないまま家賃不払いなどで解散となりました。

「M・Pが家宅捜査　伏魔殿の富士久旅館」抄

（「別府タイムス」昭和二十三年三月十五日）

敗戦の結果日本に家が払底し、借家紛争は跡を絶たない。これらの真相を見ると、悪ブローカーまたは委任を受けていると称する者や悪管理人が登場してくることが多い。市内北町一丁目七五七番地の富士久旅館の場合は深刻でついにはMPによる家宅捜査にまで及んだ。富士久旅館は姉である前経営者より受け継いだ妹のTさん（三〇才）が経営していた。家主のFさん（五〇才女性）とは帰国したら明け渡すという特別契約を結んでいた。ところが鎮南浦より引き揚げてきたFさんに対し、Yという管理人（四七才男性）が返還しないと申し渡したのみか、Fさんと、担架に乗せて連れ帰った夫（七〇才）の二人を、一七室ある中の六畳一間に押し込んだ。その哀れな姿に同旅館の間借り人、「義侠の人」SさんとUさんが同情し、私費七万円を出して代理人となり訴訟を起こしたところ、管理人Yは彼らに様々な嫌がらせを行い、あげくは全治二週間の怪我を負わせた。両人に協力しようとする訪問者の入室を拒み、水道と風呂の使用を禁じた、さらに一年近く居住しているSさんに四畳半一部屋を一ヶ月三千百二十円と一方的に値上げし、払わねば出ていけと脅迫。

他方、悪人と知らずYに一万円を預けたが返してくれず告訴中の大分市内在住のMさんが、警察に「Yは拳銃と実弾を所持している」と告げたので、富士久旅館はMPより家宅捜査を受けた。どこに隠したのか発見されなかったものの、この事件に関して大分検察庁、大分県警、また別府警察署に投書があったため騒ぎが大きくなった。別府警察署の清水刑事が担当となり、Yは逮捕されたが、捜査はなかなか進まない。この間、富士久旅館にいた清水刑事の友人が二万円の盗難にあうという事件なども起こり、刑事は転勤となるなど収拾がつかなくなっている。

富士久旅館はパンパンガールの巣窟で、風紀紊乱はその極に達し、浴場は性病の媒介所となり、まじめな居住者は多大な迷惑をしている。繁松別府保健所主任は訴訟の件とは別に今後の推移によっては営業許可取り消しもあると言っている。

注　実名で報道されていましたが、アルファベット表記にしました。

「地熱発電をめぐりて」抄

（「豊後新聞」昭和二十三年三月二十日）

一〇年前に別府に百貨店ができるというはなしが持ち上がった時に、一部の商店が結束して反対し市議会に働きかけ反対運動をしてぶち壊したことがある。今回も同様で、別府市会施設委員会は十二日午前十時から会議を開き地熱発電工業化は従来のあらゆる経験からして泉源枯渇の悪影響を及ぼすものとして試掘お断りを満場一致で決定した。別府市全体のことを考えればこうした排他性を打破することが先決だ、国際都市という冠頭語が泣くと脇市長さんは決定にベソをかいている。

商工省地下資源調査課の指定地点である白瀧地獄東方約四十米の畑の中にやぐらを立て試掘の準備をしていた小田二三男博士と近藤課長は「泉脈をさけて単に下調べをするだけだから泉源が枯れるということはありえない、しかしどうしても地元が反対するのであれば当局の今度の意向を待つ」と語る。

注　その後議会も態度を軟化させたのか、同年十二月十一日付けの「民主新聞」には、「反対運動はあったが別府の地熱発電は見事に成功」という記事がありました。ホットしましたが、現在話題になっている地熱発電との関係は分かりません。

「高利貸しする医者と逃出さんとする医者」抄

（「泉都べっぷ」昭和二十三年三月二十六日）

医は仁術だなどと侠気たっぷりなお医者はちょっと見当たらない。それもその筈、医薬品と看護婦の賃金高騰、それに生活費の高騰とくれば、食うために開業した医者にとって医は仁術とばかりは言っていられないのは仕方ないだろう。しかし仁術ならぬ鬼畜根性の医者が市内に存在するにいたってはこれまさに市民の仇敵なりとの抗議がある。特に氏名を秘すが金融ブローカーを手先に医師としての営業以外に高利貸しまでする医者は仁術を笠に貧民の生血をするものと言わざるを得ない。社団法人別府医師会は健在なりや。一不徳漢のせいで真面目な開業医全体の名誉と信用を汚すことは由々しい問題だと識者は顰蹙している。

開業は辛うじてしたが、地縁はなし、医療設備の不完全と、患者が来ないので到底生活はできぬと逃げ腰になっている医者もある。同業のよしみでこうした貧乏医者のために一肌脱いでやった方が、高利貸をするより有意義だという皮肉を言うものもある

注　戦争中、必要に迫られて粗製乱造された外地引揚医師の過剰氾濫問題が背景にあると思われます。別府は陸軍病院、海軍病院があり、戦争中は医療基地として多くの傷病兵を受け入れていましたので、中にはこの記事のような医師がいたことは十分にありえます。

「歓楽と享楽のるつぼ?!」抄

（「民主新聞」昭和二十三年四月一日）

民主新聞社主挨拶　春爛漫、温泉祭りに際し、わが民主新聞社は趣向をこらし、市内各業者を代表する著名会社、商店を紹介宣伝するとともにこれを美しい色刷りとして興味津々たる道中双六に見立て、購読者の家庭に贈り、子女諸君の娯楽の一端に供することにした。また祭り見物客、浴客の慰安に弥次喜多道中の仮装団を繰りだし、この世の極楽大夢幻境を現出することにした。

占領軍通訳協会理事挨拶　観光都市別府は世界的にあまりにも有名な湯の街だ。フジヤマ、サクラと共にどんなに湯の街別府にあこがれて来たかを、よく外人の会話に聞かされる。私共はその度毎にヒヤリとさせられる。明光風美な山と海、豊富な湯量、そうした天然自然を除いた外に別府に何があるだろうか。如何に敗戦後の今日とはいえあまりにも貧弱ではなかろうか。吾が別府市にひとたび足を入れたら日本を代表するに足る誇りと自信を十分持てる、外人の度胆を抜くような諸施設が欲しい。今回民主新聞が温泉祭りに際して、別府宣伝に力を致されている。われら占領軍通訳協会にも援助を願われたこ

民主新聞が購買者に配った弥次喜多漫才訪問双六

とに心から敬意を表し、今後微力ながら献身的協力を惜しまぬものであります。

注　熱っぽく祭りについての計画を語る民主新聞社主に対して、協力を頼まれた占領軍通訳協会は冷静です。

「衛生都市への構想　別府市衛生課長談」抄

（「豊後新聞」昭和二十三年四月二十九日）

夏期の防疫としてＤＤＴ散布班を作り、各学校区別に全家庭の消毒と、伝染病予防のため鼠族駆除運動を行う予定。また最近、温泉の温度低下と性病にたいする無知のため共同浴場で性病が感染したようなことが再び起こらないように、亡国病である性病の予防知識を普及すると共に性病の人々の入浴を道徳的に遠慮してもらうようご協力をお願いする。またヤミの女の性病は現在週に一度は必ず検診を行い、罹病者は強制的に実費で診療治療させている。人糞処理については、昔は付近の農家が各家庭を回り、早朝、搬出してくれていたが、人口急増により、経費や資材の関係で現在まで画期的な方法がなかったことは別府市としては恥である。清掃会社ができたし、市も直接運搬車で搬出したりなどしているが間に合わない。市当局がもっとも頭を悩ましている問題となっている。

注　市内的ヶ浜のあけぼの温泉で淋病感染者が一一人出て、大問題になりました。

「胸くその悪い　公会堂の星の装飾」

（「泉都べっぷ」昭和二十三年五月二日）

別府市公会堂の二階にある日出税務署分室の三階天井は今尚軍国主義の象徴たる星の装飾がそのまま放置されている。この星の装飾は敗戦日本の陸軍のマークで、とっくの昔海軍の錨とともに撤去廃止を命ぜられた筈であるが、別府市公会堂には依然軍国主義日本の残滓があり、心ある人は市当局の注意の足らざることを非難している。

注　建築家吉田鉄郎（一八九四〜一九五六）が設計した別府市公会堂（※現・別府市中央公民館）には、窓を始め照明器具やドアにくりぬかれた模様など、あちこちに彼の好んだ星が取り入れられています。

現在も館内のあちこちにある星のマーク

三階の階段上の天井にも大きな星がデザインされていますが、この星が旧日本陸軍の帽子に刺繍されていた五芒星を思わせるとして、いまだそのままになっていることを「胸くそわるい」という言葉で非難しています。また当時は別府の税務署は公会堂内に同居していたことが分かります。

「懸賞金映画館を裏口から除いたら」抄

（「豊後新聞」昭和二十三年五月十八日）

オリオン座と世界館に、二五円の入場券で千円が当たるという看板が出ている。懸賞金付き入場券を発売しているのである。映画館側の「上映写真に二五円の価値がないから入場のお客様に割り戻しています」との説明は表向きだろう。映画館ほど稼ぎのよい商売はないと市民は噂している。しかし二五円の中、一五円が税金で一〇円が経費だから、映画館建設の金利のほうが上回り、映画館だけを真面目に経営していたら大赤字だろう。映画館は表向きの営業でその実は納税までの資金を短期で他の事業や金融へ流動しぼろ儲けしているとの噂もある。本当のところはどうだろうか。映画館が新円の稼ぎ高の上位を占めているのは事実だ。その証拠に映画館の新設申請は後を絶たない状況だ。

しかしながら別府の映画館のものすごい懸賞付競争は世界館の八坂真兵衛氏とオリオン座の河野壮三郎氏の犬猿の軋轢以外の何ものでもない。新円成金の勢力争奪はやがて百万円懸賞金付きでもやってくれればよいがと市民はその日を待っている。

注　オリオン座は本町にあったアメリカ映画専門館、世界館は別府駅前通りにあった松竹系の映画館です。オリオン座の翌月の懸賞金は満洲から引揚げてきたばかりの女性に当りました。賞金は三万円です。彼女は「これでミシンを買います」と喜んでいました。

「未亡人相談所に求妻申込みが多い」

（「民主新聞」昭和二十三年五月二十五日）

市が戦争の犠牲者となった遺家族や未帰還兵者の家族が生活に甚だしく困窮し各地に於いて生活難による悲劇が新聞紙上をにぎわしていることは国民全体の悲しみとしてこれらの気の毒な家庭に生活打開策の相談に応ずべく新設した「未亡人相談所」は五月七日を第一日として毎週金曜日に社会課内に於いて午後一時から四時まで民生委員婦人部員が二名出張っている。利用者は漸増の傾向にあるがいずれも深刻な生活苦から真剣に相談を持ちかけており、殊に相談相手が同性であるという点で好評を博している。しかし地方から求妻の斡旋を申し込んでくる男性が多く、関係者を面食らわしているが市がかつて戦時中結婚相談所を設け、好成績をあげえなかった原因が男性の求婚者の多くが真面目でなかったのに鑑み、今回の求妻が未亡人に同情した真面目はものとは思うが出雲の神様は却々むずかしいと尻込みの様子である。

注　後報によれば、うち一人は佐伯市の六〇歳の一人暮らしの男性で、結婚が決まれば結納金とは別に別府市中央市場の店を贈るという話です。真面目な話かどうかは判断がつきません。

「亀の井バスに一偉力　二百五十人乗りバス」抄

（「豊後新聞」昭和二十三年六月二日）

泉都別府のシンボル亀の井バス株式会社では遊覧観光都市の「足」に相応しいサービスに鋭意土努力中であるが近く写真の如き大型バスを購入することになった。この新型バスは全長一四米、定員九十六名、ちょっと詰めれば優に二五〇名を運べる超大型で時速四五キロ、乗客車（トレーラー）と、これを引っ張るヂーゼルエンヂンの一五〇馬力のトラクターにわかれているのでエンヂンの騒音も低く、震動も極めて軽くその上車内が明るいので観光バスにはあつらえむきである。同社は大分、別府間の急行バス並びに地獄巡りに使用する予定で、泉都にまた一名物を数へることになり同社の今後の発展を期待されている。

注　このバスは別として、亀の井バスはこの時期はまだ木炭を燃料としていました。

「忘れられた大仏さん」抄

（「九州観光タイムス」昭和二十三年六月十一日）

別府の毘盧舎那大仏さんは、古来日本一と称せられた奈良の大仏が五丈三尺なら、これより高いこと約三〇尺の八〇尺である。今でこそ簡単に大仏さんと見て片付けるが建立者の苦心や建立に精神的侠援した人々の業績を思うとき、自然と頭の下がらぬものがあろうか。この建立者こそは故岡本栄信師である。大仏建立の発願は大正十三年八月十三日で、翌十四日には別府市議会議長山田耕平氏を訪ねて死人の火葬灰を風雨に曝すのは亡者の霊を弔う礼にも背き、また社会風教上から見ても面白からぬことだからこの灰をセメントに混ぜて鉄筋混凝土（※コンクリート）の大仏様を造りたいから火葬場残灰使用

平成元年まで天満町にあった大仏

許可をしてくれと懇願した。山田氏は大いに感動し、直ちに時の市長神沢又市郎氏に謀り臨時参事会を招集、満場一致で可決。大正十四年四月別府をはじめ近接市町村有志を招いて建立の趣旨を発表したところ、時の松村大分県知事をはじめみな感激し協力を誓った。現在では大仏参詣者も指折る情景だが観光都市として立ち上がる別府市の一名所となっているだけに、この際何とか市の手で生かしていかねば。来春の博覧会には付近の天神さんあたりを分会場として大仏詣での客を送り込むことも故岡本師の霊に対する供養となるものと信じる。ことに建立除幕が時恰も別府市主催の中外博覧会開催と時を同じくしたという因縁があるから来春の博覧会には観覧客を大仏へ導くための分会場を付近に持っていくべきだと思う。

注　昭和三年に建造された別府大仏は日本一の大きさを誇っていました。残念ながら平成元年に解体されました。

「トマト、西瓜は野菜！　果物商　売るべからず」

（「民主新聞」昭和二十三年七月一日）抄

今回野菜類の配給統制強化に伴う取締に、果物商の店頭で我物顔で売られているトマト、西瓜がひっかかり、法文の解釈によればトマト、西瓜は果物ではなく、従って統制違反になるから蔬菜登録店以外では「販売することならぬ」とキツイお達しがあった。ところが果物商側ではトマト、西瓜は夏の命だと大あわて「トマトは野菜で仕方がないが、西瓜は果物だ」と抗議に及んだ。警察側では「トマトは野菜として明文があり公営価格もあって当然野菜である。西瓜、マクワ瓜は法文の解釈では野菜に属する」と反抗、押問答の結果、警察側では「一応県に照会し、県で確答できねば主務省に照会するから両三日待て」と言い、果物商もその回答を待つことになったが「植物学で瓜科に属する西瓜やマクワ瓜も実用には果物として供せられる慣習があるから固い解釈をせず果物商にも売らしてやったらよかろう」と言っている。

注　青果物は戦争中、価格統制がおこなわれていましたが、果物は昭和二十二年秋に自由販売となります。トマトは野菜ですが、果物として扱うことで値段を法外に吊り上げる業者がいて、問題となっていました。

「ダンサー労働組合結成で最低生活の確保に見通しつく」抄

（「民主新聞」昭和二十三年八月六日）

別府市内の各ダンスホールに労働騒動旋風が巻起こって一時はどうなるかと大衆の注目を惹いたが、以下のように解決の段階に近づいた。

◇立花ホール　去る十四日にダンサー達が労働組合を結成し、経営者の矢野龍生氏に労働協約の締結を要求。あっさり拒否された上、今後、当ホールは同伴者専門ホールになることを理由に、全員クビを通告されたので、ただちに闘争に入る。その後二十六日夜経営者から要求に応じる意思表示があり、ほぼダンサー達の要求が認められる見込み。

◇鶴水園ホール　去る二十一日従業員四二名で労働組合結成、組合長にダンス教師浜田光氏、副組合長に楽士の高木博氏とダンサーの藤澤妙子さんが就任。経営者との間に労働協約を結ぶとともに、ホール経営の民主化について協議。ダンサー達の収入が増加し最低生活確保ができるようになった。

◇スターダンスホール　去る二十日ダンサーだけで労組結成、堀（一字不明）美江組合長。まだ労組設立届けを出していないが、経営者の宇都宮親綱氏が東京から帰ったので近く今後のホール経営方針について話合うことになっている。

注　各ダンスホールともソウルや大連など大陸から引揚げてきたダンサーが多くいました。昭和二十一年十月には舞踏税が十割の課税となります。昭和二十一年十二月の雑誌には「入場券が当日限りのチケット五枚分で一〇円、それに十割の付加税一〇円。ダンサーの収入はこのチケットをホール側とで四分、六分が普通。ダンサーの収入は平均して一日八〇円くらい」とありました。しかし生活費とは別に最低でも五〇〇円はする靴や一〇〇〇円はするドレスなどは自前であるため生活は苦しかったと思われます。

「度肝抜かれる化粧品」抄

（「豊後新聞」昭和二十三年九月一日）

一番高いのは観光社の宣伝にある銀座街の舶来香水黒水晶七千円、白粉の最高五百円には驚かされる。そのほか頰紅百円（中位）、ポマード二百五十円、ルージュ（口紅）最高四百円、拙劣品で百円位、化粧品店主にきいて見ると「夏は案外だめですよ。化粧をしても汗で流れるからでしょう、まあ別府あたりでチョットお洒落をすると月に三千円は突破するでしょうね」とのことです。化料一金千円也とはインフレ時代の顔作りも楽じゃないとほうほうの態で退散。東京では一ヶ月のオシャレ代金五千円というが泉都別府の娘さんやパンパン嬢はどうか。記者は楠通り銀座街のショーウィンドウや店先をのぞいて見たが、なるほど東京並の化粧をすれば月三千円はかかると感じた。

注　昭和二十三年の国家公務員大卒の初任給が二九九〇円でしたので、別府でも月給一ヶ月分の金額を化粧品に費やす人達がいたということでしょうか。因みにコーヒー一杯二〇円、タバコのピース一〇本入りは三〇円でした。

「未だに残る性悪な別府の浮浪児」抄

（「民主新聞」昭和二十三年九月十一日）

別府は一頃、全国の浮浪児から「吾らのパラダイス」と云われた。しかし徹底的な浮浪児狩りに加え、脱走絶対不可能と日本一の折紙をつけられた高島海洋少年共和国（注）を持つ別府は今や彼らにとっては危険地帯とされ、僅かに野口墓地、山の手付近に十数名がいるに過ぎない。

しかし彼らは数々の脱走経歴を持ち、窃盗、空巣はおろか強盗もやるという悪質の連中で被害額も相当である。警察はその検挙に躍起となっているが、彼らの巧妙な作戦で現在までほとんど成果はあがっていない。街頭バクチと同様に、見通しのきく場所に見張りを置き、係官を手こずらせている。その他、浮浪児ではないが、駅や盛り場にはいまだに物貰いの「辻占売り」の子供たちが一四、五名おり、家も親もありながら浮浪児同様の生活をなしている。一日の稼ぎは五百円から七百円にもなり、親に二、三万円は渡すというから大したものだ。

注 高島海洋少年共和国とは佐賀関町高島にあった児童保護施設です。戦後、浮浪児を収容するために設置されましたが、昭和二十八年に放火により焼失しました。

「占領軍芸能協会創立」抄

（「民主新聞」昭和二十三年十一月十一日）

占領軍への慰安提供の強化と地方芸能の発展のために大分占領軍芸能協会が創立された。会長は西田県議，副会長に岩屋別府市助役、大分市助役が就任し、左の五部を設置することになった。

第一部　バンドクワルテット、合唱、ピアニスト等音楽を主とするもの
第二部　バラエティショウ
第三部　奇術、曲芸等
第四部　柔道、剣道、レスリング、フェンシング
第五部　スケッチ、ピンポン、どう球

尚十一月か来年四月までの予算は九十万円で県から八万円、大分市から二万円、別府市から五万円の補助金が含まれている。

注 音楽、奇術などはともかく、柔道、剣道が芸能に分類され、「占領軍への慰安」として提供されるという発想には違和感を覚えます。いずれもGHQの指令により、文部省から日本の軍国主義を鼓舞してきたとして「柔道、剣道等の武道を禁止する通達」がだされていましたから、武道ではなく「芸能」に分類されることで生き残る道を選んだ時期があったということでしょうか。第五部のスケッチは具体的にどのようなことをするのか想像がつきません。

「別府のもらい子殺し容疑者捕まる」抄

（「九州タイムズ」昭和二十三年十二月十四日、十五日）

〝町の女乞食〟が養育を頼まれた乳飲み後八人のうち七人を栄養失調死や餓死させた事件が今月別府書の調

べでわかった。預かり主である女乞食の行方を手配中、十三日夜八時半、容疑者の梅原タケを小倉で検挙した。「時折姿を見せる三味線弾きの女乞食は連れている子供がいつもちがう」という噂がきっかけだった。逮捕時にも小倉市到津橋下の通称「コジキ部落」と呼ばれる掘立小屋には数人の乳幼児がいた。調べによると、タケは別府市西蓮田町の平野光昭氏の世話で生後十ヶ月の〇〇子という女児を預かったのをはじめ、別府市内で生後二週間から一年の乳幼児八人を、一月三〇〇円から三万円の養育費で預かったものの、宇佐、中津、門司などを連れ回し、途中、肺炎、感冒などでつぎつぎと死なせた模様。「子供が好きで、頼まれたから預かった。世話もした。死亡届もだしているし、解決済み」と言っている。なおこの女乞食は昨年、別府市で墓地から味噌入れにするために骨壷を盗み、窃盗罪で懲役一年半の判決を受け、執行猶予を言い渡されている。

注　同じような事件は全国的に起きています。有名なのは東京の寿産院事件です。こちらは一〇三人の乳幼児を餓死させています。養育費目当てで預かり、配給されるミルクや砂糖を闇で売っていました。昭和二十三年一月に逮捕されました。

昭和二十四年

「国旗はどうした」（投書）抄

（「別府タイムス」昭和二十四年一月十五日）

元旦に国旗を立てている家の少なかったのには驚いた。理由を尋ねると、終戦直後に売ってしまった。風呂敷、雑巾、座布団にしたとの返事である。無条件降伏したので国旗の必要はなくなったと解釈したと言う者もいた。こういう考え方をする日本人だから世界的にレベルが低いのである。本年初頭、国旗の無制限使用許可のマ元帥のメッセージが発表された。日本人が考えていたように永久に国旗を立てられないようなことはなかったのである。にもかかわらず国旗を無くしてしまったのは軽率である。市内の小学校に対して国旗の有無の調査をしたが、ほとんどの学校が国旗を持っていなかった。この際我々は周囲の諸問題をよく考えるべきある。

注　日の丸は、終戦直後にはGHQにより「いかなる場合においても掲げることはできない」とされていましたが、昭和二十四年の正月には「マッカーサー元帥の温情のお年玉」として、「いつでも、どこでも、日本人の自由意思により国旗掲揚」ができるようになりました。ところが別府では元旦に日の丸を立てている家が少なかったようです。そのことを嘆く投書です。

「私の野球人生　荒巻淳」

(「日豊タイムス」昭和二十四年一月一日)

私が自身の事を書くのは初めてであり、また書く柄でもないが思ったままにこれまで歩んできた道を書いてみよう。

小学校時代

大分の荷揚町小学校の四年の時にグローブを買って学校に遊びに行ったのが野球生活の第一歩で、この日から野球部に入った。四年の時は補欠でボール拾いで過ごした。五年の時下手ながらも投手とし優勝戦迄進み、別府北小学校に敗れた。六年の時は投手兼主将で運よく優勝した。又こんな事もあった。別府の人が別府に野球を見に連れて行ってあげると約束していたが、時間に遅れたため取り残された。その時は大声で泣いて母を困らせた。

大分商業時代

二年の秋から正選手となり、左翼をやりながら大塚さん(明大出)のリリーフをした。三年の秋投手となり、四年の夏、文部省主催第一回全国中等学校野球大会で甲子園に駒を進めたが一回戦に仙台一中に敗れた。当時大東亜戦も苛烈の度を加え野球が国策に沿わぬと、五年の春に中止となり涙をのんでボールと別れを告げた。当時の野球日誌に、私は必ず又ボールを握る日が来ると書いた事を記憶している。四年の冬に法政の藤田監督から誘いがあったが、野球ができないならと通学のできる大分経専へと進んだ。

大分経専時代

三年間の空白後、再びボールを握る日が来て、大分経専に野球部を編成した。人員は揃ったが野球経験者は二、三人であった。監督兼主将兼投手の重責を負い、インターカレッジの九州予選に優勝。十月に大阪の藤井寺で全国大会があり、三振二十三、ノーヒットノーランの記録を立てて優勝。大分経専の全国大会優勝はこの時が初めてだった。卒業も間近になりいろいろと勧誘があったが家庭の都合で別府の星野組へと進んだ。

星野組時代

入社当時、星野組は軟式から硬式に切替えたばかりだったが、永利、長沢、酒井、小島等一流選手がいてまとまっていた。南九州第二次予選で優勝し全国都市対抗に出場した。二回戦で敗れたが、編成後一年で全国大会に出場したのだから星野組は全国的に名を売った。翌二十三年三月、サン写真新聞社主催の選抜大会に出場。これも二回戦で敗れた。今年の都市対抗はメンバーも充実し絶対優勝の英気に燃えていたが、なんと対横浜金港戦に右サ骨を折ってしまった。「シマッタ」と言ったがもう遅い。泣けて仕方がなかった。皆にすまぬ。その気持ちで一杯だった。西鉄に優勝戦で負けたが、皆よくやってくれたと頭の下る思いがした。夏以来有力選手の退部を見たが、星野組の実力が低下したのではない。技術的に上手であろうとも精神的な結合が無かったら価値はない。野球を楽しく愉快にやってこそ向上が見られると思う。私も大分県人である。微力ながらも郷土のため力を尽したいと思っている。どうか皆様方のご鞭撻ご指導をお願いする次第であります。

一九四八　十二月二十一日記述

注　荒巻淳（一九二六～一九七一）大分市出身のプロ野球選手。大分経済専門学校（※現・大分大学）から社会人野球の名門別府星野組に入り、第二〇回全国都市対抗野球大会でエースとして貢献しチームを優勝に導きます。「橋戸賞」を獲得。その後プロ野球に入り、毎日、大毎　阪急で活躍。昭和六十年に野球殿堂入りしました。

「避妊薬公認さる」抄

（「九州探偵新聞」昭和二十四年三月九日）

四月から避妊薬が公然と販売されることになった。これまで花柳病予防薬とか膣内殺菌薬の名目で暗に避妊をうたった薬品が激増していたが、弊害をともなうものが多いので厚生省では薬事委員会を開いた結果、優生保護的立場から避妊薬を認めることになり、人体実験を行ったうえ三月の同委員会で正式決定の予定である。今まで認められていないため苦肉の策の宣伝が行われてきた花柳病予防薬を避妊薬に用途変更するメーカーの申し込みは二十数種類に上っている。

注　戦争中の「産めよ増やせよ」の人口政策から一転して、母体保護と、爆破的な人口増加を抑制するために、昭和二十三年には優生保護法（※現・母体保護法）が制定されます。

「我輩は夜の市長である」抄

（「九州探偵新聞」昭和二十四年三月十六日）

戦後、別府で勇名を馳せたのは、北浜海岸二条館に進駐軍の将兵のために開かれた立花ダンスホールのダンサー、カルメンの優子である。身長五尺四寸体重三貫スタイル満点。高峰三枝子似でマリンやアーミーと並んでも恥ずかしくない。黒い羽飾りの帽子に毛皮のオーバーで銀座裏をあるく姿に市民はみな驚いて振り返った。宮崎出身、女子師範卒だが生来の放浪癖から、満州やハルピンの花街をさすらう。憲兵准尉の妻となるが、長続きするはずもなく、宮崎へ逃げかえるが、田舎におさまることもできず、終戦をむかえ自由な天地となった別府へやってくる。

そこいらのインチキダンサーではないと、パッションダンス研究所で技を磨き、たちまち人気者になった。酒にはめっぽう強く、飲めば一人で騒ぎ、真夜中に海岸の突堤で海に向かって歌を歌っていたことは有名だ。ツルミダンスホールで働いていたある日、人力車で、ウイスキー片手に別府中を「私のボウヤはいないか」と逃げた恋人を探し回ったときは、さすがにみな驚いたものだ。カルメンの優子は今どこに。夜の市長としては彼女の幸福を祈るばかりである。

注　立花ダンスホール、ツルミダンスホールは占領軍専門のダンスホールでした。パッションダンス研究所は中浜筋五丁目に、桜町には日米ダンス研究所、弥生町にはモナリザダンス研究所がありました。

「桃色寄宿舎　置屋三十余軒も新発足」抄

（「泉都べっぷ」昭和二十四年五月十五日）

戦前の芸妓の大部分はおかかえで前借のすむまでは束縛された身体だった。この身代（※身売り代金）を回収するために置屋制度が設けられ、芸妓はそこから検番を通じて宴席に出ていた。置屋組合は、解散はしたものの、芸妓さんと完全に手が切れたとは見られず、こんどは芸妓さんの寄宿舎といった形で発足しようとしている。現在芸妓さん否「料亭の女中さん」の世話をしている旧置屋は▽中川▽新丸万▽丸万▽常盤▽政の家▽ふじ▽喜代家▽杵卯▽初梅▽大和▽初音▽今村▽新輝の家▽分だて▽ちとせ▽輝の家▽扇勝▽辰巳▽立花　▽大梅▽津喜の家▽花の家▽たけむら▽伊藤▽新政の屋▽千もと▽英の家▽きよみ▽新田中▽富屋▽近藤

以上の三二軒（ママ）でこれからの芸妓さん達がどのような「下宿代」を支払うことになるかは色街裏面史を知る人達に注目されている。

注　昭和二十二年七月五日、ＧＨＱが食糧難対策として、外食券食堂などを除く全国三三万軒の飲料店に休業を命じた指令です。指令がだされた日付に因んで七・五指令と言われ、昭和二十四年五月七日まで続きます。なおこの記事は活字が不鮮明なため読み取りに間違いがあるかもしれません。ご了承ください。

「芸妓さん百四十名　組合結成の準備も進む」抄

（「泉都べっぷ」昭和二十四年五月十五日）

別府芸妓組合が解散したのは二年前の七・五指令（注1）の直後だった。現在、旅館女中として宴席にはべっている元姐さん達は百四十名ばかりいる。指令解除になれば、料理屋に芸妓はつきものだから、再び座敷に出られるようになる。芸妓組合も結成されるらしい。芸妓も料理屋同様、仕度も練習もいらないが、四十余年間芸妓取締まりをしてきた中村藤太郎さんは「芸妓も資格審査をやって別府に恥ずかしくないものにしたい」と言っているのでお酌上手だけでは百点はとれないことになる。検番にかわる事務所もでき、事務員や箱持ち（注2）も近く募集することになるらしく、志願者も多いようだ。

注1　昭和二十二年七月五日、ＧＨＱが食糧難対策として、外食券食堂などを除く全国三三万軒の飲料店に休業を命じた指令。別府の料亭や芸者をかかえる置屋、検番などが大きな打撃を受けましたが同時にもぐり営業も盛んになりました。指令が出された日付に因んで七・五指令と言います。昭和二十四年五月七日まで続きます。

注2　三味線などを持って、宴席に出る芸妓について行

く男衆。箱屋。

「カマボコ教会　米の教團からプレゼント」抄

（「九州タイムズ」昭和二十四年八月六日）

湯の街別府にカマボコ兵舎型教会堂が建てられた、別府市西野口に完工をあと数日に控えてお化粧を急いでいる風変りな教会堂がそれで、クロスが青空にさえている、この教会堂の建設にまつわって話は一昨年六月にさかのぼる、ナザレン教團日本総理ウィリアム・エコール氏は（三字不明）別府支部を訪れたとき教会堂がないことを聞いてびっくりした。教会堂を持たぬ別府支部の大江信牧師ら五〇名の信者はあるときは洋裁女学院の板の間で、あるときは喫茶店のホールでずっと聖なるいのりを続けて来たのだ。大江牧師ら一同の敬虔な信仰の姿に感激したエコール氏は私が何とかお力添えしましょう」と約して帰米した。それから間もなく「カマボコ兵舎を積んだ船が横浜に入港しますから受け取って下さい、改造すれば教会堂として立派に役立つと思います」という朗報が同牧師のもとに届いた。建設資金にもなやんでいたが、これもエコール氏から送金され今年六月に着工して工事はとんとん拍子に進みいま晴れの装いをこらしている

このカマボコ兵舎型教会堂は建坪三〇坪、丸形の赤屋根、礼拝堂、小集会場のほかに祭壇の下に洗礼用タンクが特設され屋根裏にも一〇畳位の祈りの部屋が設けられてある。大江牧師は九月にエコール氏を招いてお礼を述べるとともに盛大な献堂式を挙げようと喜びの日を待っている。

カマボコを思わせる室内での結婚式。昭和25年頃

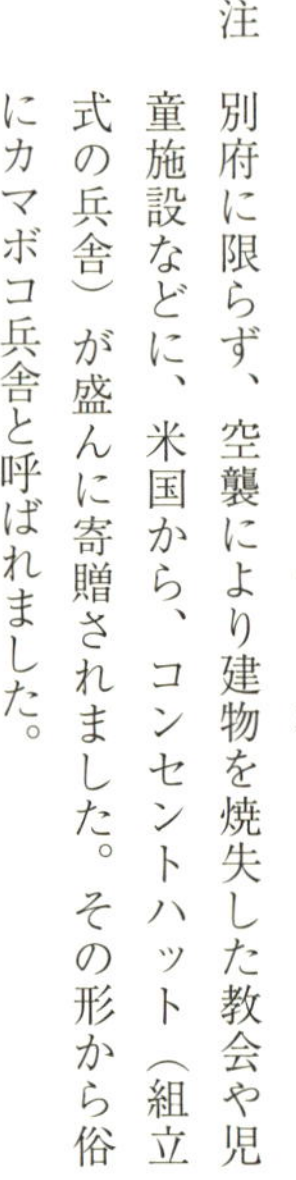

注　別府に限らず、空襲により建物を焼失した教会や児童施設などに、米国から、コンセントハット（組立式の兵舎）が盛んに寄贈されました。その形から俗にカマボコ兵舎と呼ばれました。

「黒獅子旗船上にはためく」抄

（「日刊別府」昭和二十四年八月十九日）

別府桟橋には細田知事、脇市長、県体育連盟野球部長をはじめ多数が出迎えるなか、西本監督、今久留主（兄）主将、荒巻投手らが先立って下船、関西汽船別府支店のバルコニーでＨＮＫの録音班につかまり第一声を放つ。その後バンドを先頭に黒獅子旗をかざしつつ花吹雪と沿道を埋める歓呼の声に迎えられながら炎天下の流川通りを行進。この栄えあるチームを生んだ星野建設工業社長岡本忠夫氏の経営する日名子旅館下角には県、市の歓迎アーチが立ち選手一行を迎える。かくて日名子旅館前でひとしきり万歳を叫んだ群衆はなだれを打って当日の祝賀会場である市公会堂へ続々とくり込んだ。

注　都市対抗野球第十九回大会で準優勝に甘んじた星野組野球部が第二十回大会で優勝。「火の玉投手」と言われた荒巻淳投手が五試合すべてに登板し橋戸賞を獲得しました。別府市は「郷土の為万丈の気を吐いた星野組選手に対し感謝を示し率先歓迎陣に参加いたしましょう」と呼び掛けました。

「国際泉都建設縦横談　欲しいハイアライ大競技場」抄

（「泉都べっぷ」昭和二十四年六月二十二日）

新別府に別荘を構えている上海実業界で鳴らした三川皮革毛皮工業ＫＫ社長仁尾重人氏談―別府にひところハイアライと称してちっぽけな遊技場が続出したが、国際都市をめざす別府があんなチャチなことではだめだ。私の計画は経済九原則（※日本経済安定のための政策）ですぐには無理だが、競技場は縦六〇メートル、横一六メートル、天井の高さ約二五メートルの四階建で、五千席、立見席一万人収容の国際的な規模にするつもりだ。ハイアライはスペインが本場で公認選手は世界中に三〇〇人しかいない。スペイン政府から日本におけるハイアライ興行権はすでにとっており、施設さえできれば六二人の選手を迎えることができる。東京では後楽園、大阪に一ヶ所、別府に一ヶ所建設したいと希望している。

注　この記事の約一〇ヶ月前に別府の「ちっぽけな」ハイアライ遊技場は建設統制令違反で取締まりをうけています。

「遂に乱闘さわぎ　浮浪者に悩む市社会課」抄

（「日刊別府」昭和二十四年八月三十日）

別府市社会課には浮浪者で救助を求めに来るが毎日数名は必ずあるが、とくに金詰まりの昨今はひどく課員を悩ませている。市としてはできるだけの救助を行っているが就職をあっせんしても長続きせず、帰国するというので旅費を支給すればまた舞い戻ってくるという風で、全く始末に負えない実情。なにしろ別府は温泉があり非戦災都市だというところから聞き伝えてワンサと押しかけ浮浪者は増える一方、予算は減る一方で精神的にもイライラしている。三日十四時過ぎ、四、五才くらいの女児を連れた短躯屈強の男が救助を乞いに来て中川社会課長に向かい高飛車にドナリつけているので一課員が「もっと静かに話せ」といったことから立廻りとなり中川課長はワイシャツを破られ、警察に電話をかける、子供は泣き出す、野次馬は役所の内外に集るという時ならぬ騒ぎを演じたが、結局多勢に無勢でかなわず浮浪者の方が泣く子供をつれて引きあげたのでようやくケリとなった。

注　非戦災地である別府には実に多くの人々が移入してきました。そのため県の行旅病人、行旅死亡人に関する予算のほとんどを別府が使うことになり、当局を悩ませていました。

「さすが湯の町　恋文代筆」抄

（「新別府」昭和二十四年九月二十八日）

金がカタキの今日この頃逆さに振っても鼻血も出ないカラ財布からなんとかしぼろうと商人の方も血眼であれやこれやと知恵をしぼり、今まで見たこともないような珍商売が姿を現しアプレゲール決定版として町の話題となっている。

「恋はいなもの味なもの、ラブレター代筆致します、なんでも書きます。恥もかきます　主人敬白」このふざけたポスターが中浜筋のある代書屋さんの店頭に下げられてから毎日毎晩恋に悩める（いまどきめずらしいですな）人々で押すな押すなの大盛況、一回八〇円也で恋文から三行半まで御意のままに書いて進ぜようという戦後新商売ヒット版―「この年をしてラブレターでもあるまいと冷やかされますが、なかなかエエもんですヨ、若い人たちの気持ちを理解しパッションを湧き立たせるためにも毎日恋愛映画を見たりエロ雑誌をコッソリ読んだり！」と恋文製造屋の主人二宮さんが薄くなった頭髪を丹念にかきつけながら苦心談をこう語った。

注　昭和二十八年に出された丹羽文雄の『恋文』によって有名になった渋谷の恋文横丁ですが、別府でも、すでに恋文の代筆業が行われていました。

仲浜筋にあった代書屋

「亀川駅名改称と発展座談会」抄

（「別府新聞」昭和二十四年九月二十一日、十四日）

亀川駅の名を改称したいという陳情が亀川住民から出ている。亀陽泉で公聴会を開いたが意見がまとまらない。亀川が別府市内であり、りっぱな温泉があるのを知っている観光客は一人もいない。なぜもっと宣伝しないのか、そもそも市は亀川に冷たいのではないか。いや、そんなことはない市の宣伝物には必ず亀川の名は入れている。別府は温泉がありすぎて別府温泉として宣伝されすぎるので、亀川とか鉄輪とか分けて宣伝して欲しい。いや、とにかく亀川が発展するには駅名を改称して駅前を美化し温泉があることを明示すべきだ。駅名を改称して発展するなら東別府と改称した浜脇は発展せねばならぬのに段々さびれているではないか。改称するなら「上別府」が妥当だ。「上別府」もよいが、「東別府」に対して「西別府」とするのが穏当で、西大分、南小倉、南宮崎などほとんどの駅が東西南北の方位をとっており、「上別府」では高い地帯のような感じを与えてよくない。方角から言えば北だが、北別府ではえんぎが悪い。また東別府に対して西別府もよいが、四、五日滞在した客は方角の間違いに気づくだろうからまずいのではないか。市が懸賞募集してはどうか。

注　同年二月にも別府商工会議所、国立亀川病院、亀川貸間組合など九団体が駅名改称の陳情書を脇別府市長に提出しています。亀川駅は今でも亀川駅です。

「土地柄　さすが　エロ本横行時代」抄

（「新別府」昭和二十四年十月三日）

今日から読書週間。露店をめぐり別府人士の読書傾向を調査してみたところ、「やはりエロ本が読まれますネ」と本屋さんが口をそろえて言うのを聞いて情けないやら口惜しいやら、〝別府の皆様ほんとにしっかりして頂戴ね〟一番売れるのは婦人雑誌で、それも付録が悪いと売れないそうだ。流行の戦記文学ならどんなものでも確実に売れる。最近は一流雑誌もエロ味を帯びる傾向があり、加えてモグリ屋がかつぎこんだエロ雑誌が市内に氾濫しているというからほかの都市はいざ知らず別府に限ってエロ雑誌は容易にほろびそうもない。

注　昭和二十三年夏に全国的に大がかりなエロ本の一斉取締が行われ、取締りを免れた雑誌類が大量に別府に流れ込んできたと思われます。別府市でも一一七〇冊が摘発押収されました。一方図書館の調査では、利用者の半数は学生、その六割は新制高校、中学生で、谷崎潤一郎『細雪』、マーガレット・ミッチェルの『風とともに去りぬ』、レマルクの『凱旋門』などの翻訳物、吉川英治の『太閤記』といった大衆文学がよく読まれているということが報告されていました。ほっとしました。

「別府の対面交通徹底指導」

（「新別府」昭和二十四年十月五日）

「人は右　車は左」十一月一日より対面交通が実施される。別府市ではこの普及と徹底のため二十四日から十一月三日までを対面交通徹底週間として交通整理を行い、ポスター展を開く。各学校に学校安全交通整理隊設け、登下校の交通整理を児童生徒が自治的に行い右側通行の徹底を図る。また市と市警共催でポスターを募集する。

注　交通事故が絶えないのは、日本人が交通マナーを守らないからだと判断した進駐軍の指導もあり、道路交通法が改正されました。それまで、とりわけ地方では車の数が少ないこともあり、歩行者が道路のどちら側を歩くべきかなどということを意識することはありませんでした。占領軍のジープの往来が増えたのに伴い、交通事故も増え、別府だけでなく全国的に進駐軍が指導に乗り出し「人は右、車は左の交通道徳高揚」を図るため、各地で交通訓練日や「お稽古日」が設けられました。

児童生徒のためには対面交通を織り込んだ童謡や紙芝居も作られます。どういう計算をしたのかは不明ですが「対面交通により救える死傷者四四〇〇人」ということです。また呉市など交通違反の車には発砲も辞さないという通達が出された地域もあります。

「別府に生まれ出た　踊る真宗様」抄

（「新別府」昭和二十四年十月十三日）

〝踊れ、踊れ〟世はまさに踊る宗教ばやりだが、別府に〝踊る神様〟の向うを張る〝踊る仏様〟が出現した。とは言えそこいらの新興宗教ではなく真宗お西派ときているから驚きだ。昨年の蓮如上人四百五十回忌に本山で、一般に解り易いように記した〝正信念仏偈〟を配布したが、別府分院（※別府別院）ではそれを更に一般信徒のために七五調に直し歌えるようにしようと、信徒代表の仲町の岡田留千代さんらに相談したところ、「天然の美」「鐘の鳴る丘」の曲をそのまま拝借して歌うことに

お経に合わせて踊る信徒たち。盆踊りではありません。

なったという。これがなかなか調子がよく、今まで木魚を叩きながら「きーみょーむーりょー」と何のことかさっぱりわからなかったがこれは「命と光、極みなき仏を頼みたてまつる」と分かりやすい。ドラム入りで楽しいし、と年寄りにも若者にも評判がいい。ではもうひとつ進んで踊ったらどうかという話になり、花柳寿三鶴師匠に振付を依頼。盆踊り式の振り付けが完成した。踊っている信徒に感想を聞くと「眠い念仏よりよほどいい。わしは白装束で浄土の花嫁さんになるんじゃ」と張り切っていた。

注　中央アジアの考古学的調査で有名な浄土真宗本願寺派第二十二世法主大谷光瑞の仮葬儀が本願寺（北浜三丁目）で昭和二十三年十月五日に行われ、そのことが機縁で昭和二十四年五月に別府別院と改称されます。戦後、大連から引揚げてきた大谷光瑞は別府で病気療養をしていました。

おわりに

私が生まれたのは大分県別府市です。生まれる一年前に、ちょうど現在の別府公園を中心とする場所に、突貫工事でチッカマウガと呼ばれる占領軍のベースキャンプが完成し、隣の大分市から第二十四歩兵師団第十九歩兵連隊が移ってきました。昭和二十一年十二月のことです。湯の街に突然出現したベースキャンプから星条旗がおろされるのは昭和三十二年三月、ちょうど売春防止法が施行された年です。しばしば「戦後生まれ」とか「戦後民主主義で育った」という枕詞がつく団塊の世代に属していますが、私は占領期に、占領軍基地の町に生まれ、育ったということになります。戦後日本の歩みと並走してきたとも言えます。

子供のころの遊び場であった別府駅近くの海門寺公園には、家なき人々が小屋を作り、夕暮れ時には街娼が立っていたことを記憶しています。かくれんぼの場所に窮して、公園の入り口にたったままの体格のよかった従姉が最後までみつからなかったこともありました。それほど街娼の姿は自然だったのです。「公園の浮浪者が腹を裂いて食べる」からという理由で、外に出ないように柱に縛られたまま飼われる猫もいました。若いころは、こうしたことに特別の意味を感じることはありませんでした。しかし戦後七〇年を経過し、日本国内だけでなく、国際社会にも、日々さまざまな課題が噴出しています。そうした課題に向き合うために、出発点となった故郷の混沌とした占領期を、振り返ってみたいと思いました。日本の民主化は、ある意味で占領によってもたらされたと言えます。プランゲ文庫は非民主的な検閲と、その後の日米の協力から生まれたものです。占領期がもたらしたものを振り返り、そのことが現在と未来に向き合う助けとなるなら、プランゲ文庫に収められた地域の新聞を読んでみることは意義のあることだと考えました。

まず『メリーランド大学図書館所蔵ゴードン・W・プランゲ文庫新聞目録』により別府市で刊行された新聞の一覧を作成しました。大分県全体では二六六タイトル、そのうち別府市のものは五二タイトルありました。「プランゲ文庫について」で述べたように実物は米国メリーランド図書館にあります。新聞は劣化が激しく、平成二十三年にメリーランド大学を訪問した時も、手に取ってみることはできませんでした。実際に一つ一つ読むために国立国会図書館にあるマイクロ化されたプランゲ文庫所蔵新聞からの複写を取り寄せることから始めました。ご存じのように一度に複写依頼ができる数には制限がありますので、五二タイトルを一通り入手するのに二年ほどかかりました。

本書は、そうして入手してきたものを読み、参考文献で挙げた資料なども参考にしつつ、平成二十五年六月五日から翌七月までの約一年間、週一回のペースで地元紙の今日(こんにち)新聞（昭和二十九年創刊　別府市野口元町）に連載した「原色の町　混沌の別府」に基づいています。かすれて読み取りが難しい町名や人名などは、今日(こんにち)新聞の小野弘記者に度々助けていただきました。お礼申しあげます。出版を勧めてくれた川崎賢子氏、励ましてくれた「大分プランゲ文庫の会」の会員の皆様にも感謝いたします。また本書はメリーランド大学をはじめとするプランゲ文庫に関わる日米の多くの人々の保存整理とアクセスへの努力に負っていることも忘れてはならないと思います。渡米し、未整理だったプランゲ文庫と格闘した故奥泉英三郎氏は「大分プランゲ文庫の会」の活動に関心を寄せ、平成二十年十一月に一時帰国した際にご夫婦で別府を「表敬訪問」してくださいました。合わせて感謝いたします。

二〇一五年七月

白土康代

「**大分プランゲ文庫の会**」はプランゲ文庫に収蔵されている大分県の出版物を調査、研究しその成果を地域文化の向上に資することを目的とした会です。平成十八年末に結成し、「大分プランゲ文庫の会記録」を第四号まで刊行しました。日本が大きな転換を迫られた占領期の雑誌、新聞などが地域の共有財産であるとの思いをもって活動しています。平成二十四年度に別府市社会教育関係団体として認定されました。

〈参考文献〉

佐賀忠男『ドキュメント　別府と占領軍』(「別府と占領軍」編集委員会、昭和五十六年八月)

脇鉄一『ある市長のノート』(脇事務所、一九六四年)

脇鉄一『かりそめの日本ならず』(国会財政研究委員会出版局、一九七三年)

『別府市誌』(別府市役所、一九八五年)

小屋晴彦(元別府占領軍米軍通訳)「いまだから書ける　別府の戦後秘話」(昭和五十四年十月より十一月二十日まで三十一回にわたり今日新聞に連載)

「プランゲ文庫収蔵大分合同新聞」(昭和二十一年一月一日～昭和二十四年十月十六日)

〈著者略歴〉

白土康代（しらつち・やすよ）

昭和二十二年、大分県別府市生まれ。
九州大学大学院文学研究科博士課程満期退学（フランス文学専攻）。
大学非常勤講師、日本文理大学（平成二十四年退職）をへて、現在「大分プランゲ文庫の会」主宰。

〔論文等〕

「プランゲ文庫に見る大分県の活字文化と検閲　地方誌は閉ざされた言語空間に囚われていたか」（『インテリジェンス』20世紀メディア研究所）
「別府市史にとってのプランゲ文庫」（『別府史談』別府史談会）
「大分プランゲ文庫の会記録」一号〜四号

占領下の新聞
——別府からみた戦後ニッポン

二〇一五年八月五日発行

著　者　白土康代
発行者　小野静男
発行所　株式会社　弦書房
（〒810・0041）
福岡市中央区大名二－二－四三
ELK大名ビル三〇一
電　話　〇九二・七二六・九八八五
FAX　〇九二・七二六・九八八六

印刷　アロー印刷株式会社
製本　篠原製本株式会社

ISBN978-4-86329-124-9　C0021